U0857254

教育部人文社会科学研究青年基金资助项目(13YJC880025)

教育发展战略与决策研究丛书

课程改革的治理机制创新研究

——基于民间公益组织的视角

何珊云　著

《教育发展战略与决策研究丛书》

总　序

为了引领教育事业的科学、健康、快速发展，人们必须宏观把握教育趋势、深入分析影响教育发展的内外因素、全面探究教育发展的规律、科学制定教育决策与政策。可以说，对教育战略与决策认识与把握程度，决定了一个国家、地区教育发展的水平与速度。

人类文明史充分表明，教育是下金蛋的母鸡。为了国富民强，发达国家普遍将教育视作提升国际竞争力的基础，高度重视教育发展战略与决策研究，以教育优先理念统领社会发展，制定相关教育政策法规，完善运行保障机制，大力推进各级、各类教育改革与发展。

纵观第二次世界大战后发达国家的发展历程，人们不难发现，教育与人才是其可持续发展的根本保障。为推进教育改革与发展，发达国家深入研究教育趋势与战略，制定了一系列教育法律和政策，大力推动教育优先发展。

美国仅在1957—1958年间，国会议员就提交过1500多份有关教育问题的议案，通过了几十项涉及教育的法令。其中《国防教育法》把教育视作关系国家生死存亡的关键性因素，推动美国高等教育跨入黄金时代。1983年，美国政府又通过了《国家在危机中：教育改革势在必行》报告，警示美国国民应充分认识教育改革和创新的重要性。1991年，布什总统签发了《美国2000年：教育战略》，对6项“国家教育目标”做出了具体规定。克林顿总统上台后次年便提请国会通过了《2000年目标：美国教育法》，使美国的教育目标更加细化。2001年，小布什总统签署了《不让一个孩子落伍》的教育改革法，要求所有学校都必须在12年内使所有学生阅读与数学达标，并对规定时间内不合格的学校提出相应的整改措施。2006年出台的《美国竞争力计划》反映出美国政府对新时期科技、创新和教育的高度重视，力图通过利用知识与教育资源，提升美国国家知识竞争力和国际竞争战略地位。同年，美国教育部在《迎接变化世界的挑战：强化21世纪的教育》报告中强调，布什总统把创新和教育放在了首位。从美国的一系列教育政策中，我们不难发现政府从国家发展战略高度对教育的持续关注与支持。

欧洲许多国家素有重视教育的传统，对教育问题的前瞻性、战略性研究成为其社会与教育可持续发展的重要保障。20世纪末，英国首相布莱尔上台后，提出教育是社会保障的重要部分，应该由政府负主要责任。1998年，英国政府发表题为《我们竞争的未来：建设知识经济》白皮书，指出在世界市场上，要使英国占据竞争优势地位，最需要的是知识、技能和创造能力。德国也于1998年发布了《全球竞争能力——教育、科学和经济前景》报告。该报告明确指出：德国良好的先决条件是拥有高效率的教育、科学和研究体系，为了将来在全球竞争中占据领先地位，必须确保和进一步扩大现有的优势。苏联解体后，俄罗斯联邦政府围绕俄罗斯教育发展的战略问题，制订了一系列教育发展计划。如：2000年通过《俄罗斯联邦教育发展计划》、2001年颁布《2010年前俄罗斯教育现代化构想》、2005年制订《国家教育优先发展计划》等。前瞻性教育战略与决策对这些国家教育改革与发展产生了重要的指导性作用。

进入21世纪以后，欧盟制订与实施一系列教育战略，推动欧洲区域教育的整体发展与质量提升。如：里斯本战略（Lisbon Strategy，2000）提出把经济增长和就业确定为优先目标，计划到2010年将欧盟经济增长率提高到3%，就业率提高到70%；欧洲2020战略（European 2020 Strategy，2010）提出了智能经济、可持续发展、包容性增长等战略性任务与举措；教育与培训2020战略框架（Strategic Framework for European Cooperation in Education and Training,“ET 2020”,2009）提出了推进终身学习、提升教育质量与效益、促进公平与社会和谐、在各教育层次加强创新创业等战略设想。

随着大数据时代的到来和世界经济社会新格局调整，以教育为基础的综合国力较量、以科技为核心的国际竞争日趋激烈，许多发达国家正根据其发展战略需求积极调整教育政策，力图通过教育的基础性作用、大力培养人才提升其核心竞争力，推动经济可持续发展与国家富强。

在当前日趋激烈的综合国力较量、国家知识竞争力和人才资源角逐等国际竞争潮流中，谁掌握了21世纪的教育，谁就把握着未来国际竞争的主动权。改革开放以来，我国教育事业取得了显著成就，为经济社会发展奠定了良好的教育基础与人力资源保障。但是，面对新机遇和新挑战，我们必须更加准确把握教育发展的主要矛盾和基本规律。毋庸置疑，当前我国教育改革与发展面临着一些深层次的问题。我们必须既着眼于研究国家长远发展的前瞻性、全局性、综合性和战略性问题，提出促进教育发展的大战略，探索解决我国教育重大问题的政策措施。我们尤其需要在全球化背景下立足我国实际，针对国家与民族未来发展的重大需求，推动教育发展方式科学化、人本化发展，促进社会与教育协调发展，我们要把握教育发展的关键性问题，如：教育公平、教育质量提升、创新创业教育、人才培养与选拔机制等领域的战略与政策问题，提出行之有效的应对策略，为我国政府优化教育决策提供咨询服务。

同时，我们必须认识到，教育战略研究是多层次、多方位、多视角的。我们要重视分析、解决不同区域、层次、类型等教育发展的综合型、长远性、复杂性问题，促进相应教育领域的协调发展。

时代呼唤着我国教育理论工作者为教育改革与发展做出更多的贡献。在这个背景下，教育战略与决策研究应该成为当前教育理论界的热点问题。许多学者从不同视角对教育战略问题开展了卓有成效的研究，许多成果在教育决策与实践中发挥出重要的指导作用与参考价值。在广泛的教育战略研究过程中，我们欣喜地看到国际教育组织、国内外学术机构与学者开展了多种形式的合作。如：联合国教科文组织根据国际教育改革与发展趋势，组织了一系列战略性研究并发布研究报告，其中《学会生存》、《教育——财富蕴藏其中》提出的发展理念与策略成为各国教育发展的重要参考依据；欧盟组织各成员国围绕终身学习、职业教育、创业教育等领域提出了影响深远的战略性计划；我国华东师范大学、浙江大学、国家教育发展研究中心、中央教育科学研究院、上海教育科学研究院等单位共建"国家教育决策协同创新中心"，围绕教育战略与决策问题开展协同研究；南京师范大学、浙江大学、南京大学等单位共建了"江苏基础教育人才培养协同创新中心"，围绕基础教育发展与人才培养等区域战略性问题开展协作研究。这种合作研究无论是研究视野、研究内容的拓展，还是研究方法的创新，对解决国内外教育发展战略问题都是非常有益的。

在学界同仁的关心与支持下，本丛书试图追寻国内外教育改革与发展的重要趋势，选择若干教育发展中战略性问题，从宏观与微观等不同角度探析教育改革与发展的热点问题，以期抛砖引玉，引起人们对教育战略与决策问题的更大关注与思考，恳请各位同仁与读者批评指正。

徐小洲

2014年5月25日

前言

如何革新基础教育领域现有的决策管理功能，发展多元主体协同解决教育改革与发展问题的“教育公共治理”体系，是近年来教育决策层与理论界共同关心的前沿议题。现有的以教育行政为主的课程决策及管理体系与机制不足以驾驭转型期的课程改革治理挑战，同样需要革新。关于这一点，课程理论界已形成两大思路：一是由省级政府乃至国家直接出面，架构级别更高的“课程领导”机制；二是争取“社会力量”的支持，“向社会分权”。本书认为，需要将两大思路融合起来，开创“国家主导、社会参与”的课程改革治理格局，发展这一格局的突破口在于能否找到“具体的社会力量”以及它们确实可以发挥积极的课程改革治理功能。

近十年来已在基础教育领域扮演重要角色、但却被课程决策层及理论界忽视的民间公益组织正是值得争取的“具体的社会力量”。深入考察民间公益组织的所作所为，能为发展新的课程改革治理机制，开创“国家主导、社会参与”的课程改革治理格局，找到一条切实可行的路径。由此，本书选择了中国青少年发展基金会、21世纪教育研究院、南都公益基金会、真爱梦想基金会、百年职校等四类当前发展最成熟的民间公益组织作为研究对象，并依靠问题建构论、社会资本、关系网络等理论工具，对民间公益组织到底做了哪些对课程改革治理有益的事情，进行初步分析。从中可以看出，通过发挥自己的资源整合能力、社会资本及关系网络，依靠合理把握国家基础教育动向与公众普遍关心的教育议题，民间公益组织不仅开拓了相当广阔的课程改革参与空间，而且建构了四大主要的参与领域，并在每个领域都采取了富有成效的参与行动。

立足民间公益组织的所作所为，本书提出，民间公益组织建构的诸多问题解决领域及其行动，如地方教育制度创新、多重力量的动员与关系协调、课程改革治理绩效的民间评价与监督等，涉足了国家现有课程决策与管理体系难以有效应对的问题领域，其行动可以弥补国家现有课程决策及管理体系的治理机制缺失。因此只要重视民间公益组织的所作所为及其积极的课程改革治理功能，将其引入国家现有课程决策与管理体系，便可以获得诸多课程改革治理新机制，为开创"国家主导、社会参与"的课程改革治理格局奠定基础。最后本书认为，在正式引入民间公益组织之前，国家及民间公益组织仍需采取调整与优化措施，使民间公益组织成为结构更健全、更能发挥其积极功能的课程改革治理新机制。

目 录

导 论

1830 年，初到美国的近代法国政治思想家托克维尔(A. Tocqueville)看到美国社会的特殊形态，就像是哥伦布发现了“新大陆”一般。他满怀激情地写道：“美国人无论老少、贫贱、脾性，都永远在成立组织……在所有的情况下，特别是在新领域的开拓过程中，在法国你会看到政府的作用，在英国你会看到贵族的作用，而在美国，你一定会看到一个民间组织在发挥力量。”①

历史演变到今天，形势依然如托克维尔所言，各种民间组织仍旧在美国公共生活中发挥重要作用。② 教育领域的情况也是如此。美国民间组织的活跃身影对本书选题产生了影响。然而本书的问题之所以能够形成，仍主要是受启于近年来中国本土课程决策与管理改革所面临的重要议题，这便是如何革新已有的课程决策与管理体系，开创能让“社会力量”积极参与进来的课程改革治理新格局，从而有效应对转型期课程改革治理的巨大挑战。

一、发展“教育公共治理”亟须争取社会力量

2010 年 7 月，《国家中长期教育改革与发展规划纲要(2010—2020 年)》(以下简称《规划纲要》)正式颁布。国家在构思未来十年的“政府教育管理职能”转型时，首次引入“教育公共治理”这一新理念，并明确提出，要“积极

---

① Tocqueville, A. Democracy in America[A]. 卢咏. 第三力量：美国非营利机构与民间外交[M]. 北京：社会科学文献出版社，2011：5—6.

② Tocqueville, A. Democracy in America[A]. 卢咏. 第三力量：美国非营利机构与民间外交[M]. 北京：社会科学文献出版社，2011：6.

发挥行业协会、专业学会、基金会等各类社会组织在教育公共治理中的作用”。[①] 或许这些政策话语会是一种历史起点，它意味着未来中国教育决策与管理将进入“公共治理”时代。

尽管《规划纲要》并未进一步界定“教育公共治理”的内涵、结构与运行机制，在列举“教育公共治理”中发挥作用的“各类社会组织”时，也没有提到“基金会”以外近40万元被民政部民间组织管理局认可的其他两大类社会(民间)组织(即“社会团体”与“民办非企业单位”)，但《规划纲要》却为本书从治理角度分析为什么政府现有的课程决策与管理体系不足以有效应对当前的课程改革治理挑战，探索民间公益组织参与课程改革，发展“国家主导、社会参与”的课程改革治理格局，提供了重要的现实依据与动力。

（一）决策层与理论界的前沿议题

从文本内容来看，《规划纲要》是在探讨“转变政府教育管理职能”时提出要“积极发挥行业协会、专业学会、基金会等各类社会组织在教育公共治理中的作用”。不久，国务院通知启动《规划纲要》中的“国家教育体制改革试点”项目时，再次强调，必须把“整体部署与尊重基层结合起来”，“努力形成全社会共同推进教育事业改革发展的良好局面”。[②]

事实上，1985年，中国“改革开放”以来首次决定实施“教育体制改革”时，就已经提出，要“鼓励各民主党派、人民团体、社会组织、离休退休干部和知识分子、集体经济单位和个人，遵照党和政府的方针政策，采取多种形式和办法，积极地自愿地为发展教育贡献力量”。[③] 也就是说，吸收包括“社会组织”、“人民团体”在内的政府体系以外的社会力量参与教育事业，其实是近30年来国家推动教育改革与发展的基本经验之一。此后，国家实施教育体制改革时，都会思考如何发挥这一基本经验。

正如1999年颁布的《面向21世纪教育振兴行动计划》重点从“办学体制”入手探讨了如何吸收社会力量参与教育发展，制订了“以政府办学为主

① 中共中央，国务院. 国家中长期教育改革与发展规划纲要(2010—2020)[A].《教育规划纲要》工作小组办公室. 全国教育工作会议文件汇编[C]. 北京：教育科学出版社，2010：126.

② 国务院办公厅. 国务院办公厅关于开展国家教育体制改革试点的通知[EB/OL]. http://www.gov.cn/zwgk/2011-01/12/content_1783332.htm，2010-10-24/2011-1-12.

③ 中共中央. 中共中央关于教育体制改革的决定[A]. 中华人民共和国国务院公报[J]. 1985(15)：476.

体、社会各界共同参与、公办学校和民办学校共同发展的办学体制”改革计划，[①]2010 年的《规划纲要》在调动社会力量这一点上同样有其开拓之处。这一开拓不仅体现为，开始由“办学体制”转向“管理体制”入手思考社会力量的作用，而且将 1985 年的体制改革方案中只是点到即止的“社会组织”，进一步展开为“行业协会、专业学会、基金会等各类社会组织”，试图明确“社会组织”的定义与内容，使“各类社会组织”成为“教育公共治理”的新机制。

在 1985 年颁布的《中共中央关于教育体制改革的决定》中，国家虽然就已开始思考如何发挥社会力量的积极作用，但在国家各项事业均要“拨乱反正”的 20 世纪 80 年代初期，国家自身还没有形成能够有效推动全国教育改革与发展的政府组织体系，远未到将社会力量参与教育决策与管理列为“体制改革”基本议题的时候。因此 80 年代初国家在探讨“教育管理体制”改革时，只能适时将重心放于“成立国家教育委员会”，同时按照“简政放权”、发挥地方教育行政力量的积极性与创造性等原则，思考如何合理界定国家与地方的教育发展权力与职责。[②]

但此后形势发生了极大变化：一方面，在国家、政府的领导下，国家教育事业取得了显著发展；另一方面，国家主导的经济、社会建设又对教育改革提出了新的要求，国家因此必须进一步适时调整已有的教育决策与管理。尤其是 20 世纪 90 年代末以来，随着经济社会转型加速，民主、公平、和谐等呼声与要求日益高涨，更是如此。事实证明，正如国家在政治经济等领域的体制改革准确把握了转型期的趋势与要求，因此可以持续有效地推动当代中国的经济发展与社会进步一样，[③]在教育改革领域，国家也在根据社会转型期的新形势及新要求，积极探索新思路与新机制，优化 80 年代中后期以来的教育决策与管理体系。

以《规划纲要》为例，其思路创新之处表现为，在继续坚持国家及政府的主导作用的基础上，首次引入“教育公共治理”这一可以有效适应时代新要求的新理念，使“各类社会组织”成为“教育公共治理”的机制之一。诚如国

---

① 教育部. 面向 21 世纪教育振兴行动计划[Z]. 人民教育，1999(4)：8.

② 中共中央. 中共中央关于教育体制改革的决定[A]. 中华人民共和国国务院公报[J]. 1985(15)：475.

③ 林尚立. 社会主义与国家建设——基于中国的立场和实践[J]. 社会科学战线，2009(6)：1—10.

务委员刘延东 2010 年 7 月在全国教育工作会议上强调的那样，启动新一轮的国家教育管理体制改革时，要“尊重基层和群众首创精神”，争取“形成自上而下和自下而上共同推进教育改革创新的局面”。①

毫无疑问，这些教育决策与管理改革方面的新思考，充分说明国家十分注重回应转型期社会、教育领域日益高涨的“民主”、“公平”与“和谐”等时代新要求，因此引入“公共治理”理念。在地方教育行政界，近年来同样已开始探索如何变革已有的教育决策与管理体系，而且也引入了“公共治理”这一旨在吸纳“社会力量”乃至“个人”参与教育决策与管理的新理念，并在实践中进行了尝试。如上海浦东新区近年便在“尝试建立政府、市场、社会、学校和公民个人共同参与的教育公共治理格局”。②

与国家、地方政府的前沿探索相一致，20 世纪 90 年代末以来，当“管理体制”取代“办学体制”成为国家“教育体制改革”的重点时，教育理论界也非常关注如何创新中国教育决策与管理体系，正如陈学飞教授所提醒的那样，无论办学体制与机制多么丰富，如果不改革当前“行政化的教育管理理念与制度”，仍难以营造“充满生机和活力的教育局面”。③ 为了创新教育决策与管理体系，许多学者近年来开始引入“治理”这一新理念，来思考如何建构可以吸纳“社会力量”参与“教育公共治理”的新体系。

孟繁华教授认为，教育理论界已形成了从“治理”、“社会”等角度探索教育管理变革的热潮。他本人也在思考怎样在政府、学校、社会之间，建立“合作的教育治理运行机制”。④ 尹后庆教授更是明确提出要“从教育管理转向教育治理”，认为“政府不能包办一切”，而应形成“政府与非政府组织管理上的合力”，因此提出，必须引入“教育治理”这一新模式，来变革由政府单独操办一切的教育管理模式，如政府以“契约”方式，将“管理的实施交给非政府的、专业的机构承担”。⑤ 张民选教授甚至还引入了“全球治理”理念，来考

---

① 刘延东. 在全国教育工作会议上的总结讲话[A].《教育规划纲要》工作小组办公室. 全国教育工作会议文件汇编[C]. 北京：教育科学出版社，2010：70—71.

② 姜美玲. 教育公共治理的国际经验及其启示[J]. 世界教育信息，2010(6)：88.

③ 陈学飞. 高校去行政化，关键在政府[J]. 探索与争鸣，2010(9)：63.

④ 孟繁华. 从竞争到合作：教育公共治理的运行机制[N]. 中国教育报，2008-11-14.

⑤ 尹后庆. 从教育管理走向教育治理——政府转变管理职责方式的思考[J]. 上海教育科研，2008(1)：4—6.

察“国际组织”在“教育发展”中的作用。[①]

而课程理论界重点关注怎样建立健全“三级课程管理”体系，发展分权合理、可以调动“地方”及“学校”的课程创造活力的“三级课程管理”体系，尚未形成“治理”探讨热潮，因此很难看到从“治理”理论出发，探讨建构政府与民间组织共同承担课程改革的管理重任。但课程学者在思考如何“深化课程改革”时，已开始注意当前诸多不利于课程改革推进的“社会舆论”状况，[②]进而提出应“争取社会的理解与支持”，因为“课程改革是全社会的一项公共事业”，“需要全社会一起努力”。[③] 尤其值得一提的是，正如文献综述部分即将展开的那样，课程学界已开始从“市民社会”、“第三领域”、“课程权力”等角度，探讨如何变革国家“课程权力”结构。虽然这些探索主要是理论思考，但也为本书从治理角度探索民间组织参与课程改革治理提供了有益的理论参考。

为落实《规划纲要》，国家课程决策层同样在考虑怎样进一步优化国家的课程决策与管理体制。近期采取的第一项行动便是，成立“国家基础教育课程教材专家咨询和工作委员会”，在“基础教育课程教材质量、全面推进素质教育，提高人才培养质量”等方面，“向咨询委员会的专家们请教”。[④] 创立这一新的“专家”机制，可以进一步在教育体系内部调动积极力量参与课程决策与管理，但要落实《规划纲要》提出的“转变政府教育管理职能”和“教育公共治理”的精神，建立能够充分鼓励“各类社会组织”积极参与课程改革的治理新体系，各级政府、课程决策层及理论界都还需要继续展开探索。

（二）前沿议题的深化途径及其意义

从本书问题形成的背景中可以看出，面对利益群体分化、社会民主化呼声高涨等转型时期的新形势，国家、地方教育决策层和许多教育学者近年来都已开始探索，如何通过引入“治理”这一新理念，来优化20世纪80年代中期发展起来的国家教育决策与管理体系，使“社会力量”参与进来。课程理论界则已开始思考怎样根据当前经济社会转型的发展趋势与教育要求，建

---

① 张民选．国际组织与教育发展[M]．上海：上海教育出版社，2010：35—37.

② 钟启泉．中国课程改革：挑战与反思[J]．比较教育研究，2005(12)：22—23.

③ 崔允漷，俞英．进一步推进课程改革的政策建议[J]．教育理论与实践，2006(11)：35.

④ 光明日报．国家基础教育课程教材专家咨询和工作委员会成立[EB/OL]．http://www.gov.cn/zwgk/2011-01/12/content_1783332.htm，2010-4-15/2011-10-26.

立"向社会分权"、能够有效鼓励社会力量参与课程决策与管理的新型"课程管理"体系与"课程权力"结构。

然而就《规划纲要》提出的要积极发挥"各类社会组织在教育公共治理中的作用"而言,无论是国家政策,还是理论研究,都还没有对这一管理体制创新任务必然涉及的基本问题,展开更进一步的探索。这些基本问题包括:①在思考教育决策与管理创新时,为何要引入"治理"与"各类社会组织"?②在国家目前的"社会组织"管理政策与基础教育体制下,"社会组织"拥有多少教育改革参与空间?在参与教育治理方面可以或已经采取了哪些行动?③"社会组织"究竟可以发挥什么样的教育治理参与作用,其参与作用对于创新我国的教育管理体系,发展"教育公共治理",究竟有何意义?④要使"社会组织"正式成为有效的"教育公共治理"机制,国家及"社会组织"自身又该采取哪些相应的政策与体制措施?

正是受启于上述国家教育决策层和理论界正在面临的一系列亟需深化的教育决策与管理变革议题,本书才将主题界定为"课程改革治理机制创新:基于民间公益组织的视角",旨在尝试从民间公益组织与课程改革治理的角度,对某一具体的"社会力量"或"社会组织"参与"教育公共治理"必然涉及的基本问题给出贴合实际、建设性的解答。但在此之前,显然还需厘清,中国目前是否可以看到民间公益组织正在分担国家基础教育发展事业。如果中国不存在参与基础教育发展的民间公益组织,那本书的探讨就纯粹只是一种理论构想了。

令人欣慰的是,20 世纪 90 年代以来,随着国家日益鼓励民间力量参与经济、社会领域的各项事业发展,以及经济社会转型造成的巨大需求,中国社会的一大显著变化便是诞生了大量的民间或非政府组织,它们在许多公共事业领域,"志愿"分担了大量的国家、地方政府因为体制、信息、资源与机制不足而难以承担的公共治理任务。[①] 教育正是民间组织首选的活动领域

---

① Wong,L. et al. Dilemmas Confronting Social Entrepreneurs:Care Homes for Elderly People in Chinese Cities[J]. *Pacific Affairs*,2006,79(4):623-642;俞可平. 中国公民社会的兴起与治理的变迁[M]. 北京:社会科学文献出版社,2002;蔡勤禹. 民间组织与灾荒救治[M]. 北京:商务印书馆,2005;郁建兴,周俊. 公共事务治理中的公民社会[J]. 二十一世纪,2008(4):100—107;刘明珍. 公民社会与治理转型——发展中国家的视角[M]. 北京:中央编译出版社,2008;韩俊魁. NGO 参与汶川地震紧急救援研究[M]. 北京:北京大学出版社,2009;陈映芳. 行动者的道德资源动员与中国社会兴起的逻辑[J]. 社会学研究,2010(4):50—75.

之一，[①]其为推动基础教育发展所做的贡献，均有利于解决国家的课程改革深化难题。这就为本书研究当前民间公益组织参与课程改革治理，探讨民间公益组织对于创新国家课程改革治理体系与治理机制具有何种意义，奠定了切实的本土经验基础。

应该说，对于本书提出的问题，课程理论界已经有所涉及，不仅强调深化课程改革必须争取社会的理解与支持，还引入了“市民社会”、“第三领域”等概念，探讨如何将“社会力量”引入国家“课程权力”结构，发展“向社会分权”的“课程权力”结构。不过已有的研究多是以理论探索为主，并且西方意义的“市民社会”概念是否适合我国“国情”，依然存有争议。至于本土民间公益组织参与课程改革的实际情形，其参与行为对于完善课程决策与管理，以及发展课程改革的“公共治理”机制具有何种意义，课程理论界尚未正式开始研究。

本书通过引入“治理”这一新理念，来架构“课程改革治理”，同时从本土民间公益组织出发，考察民间公益组织参与课程改革治理的实际表现及其治理机制创新意义，无疑可以丰富课程学界对于“社会力量”参与课程改革的研究。其次，从决策层来看，由于国家及地方政府均已开始思考如何转变现有的教育决策与管理模式，建构能让“各类社会组织”发挥积极参与作用的“教育公共治理”体系，所以本书还将为国家、各级政府发展课程改革“公共治理”机制，开创“国家主导、社会参与”的课程改革治理格局，提供有益的理论、经验与决策参考。

二、社会力量、教育公共治理与课程管理变革

关于当前中国民间公益组织参与课程改革及其治理机制创新意义，国内外课程学界还找不到可以直接参考的研究成果，但综观 20 世纪 90 年代以来的学术进展，国内外诸多课程与教育学者已在本书相关的议题领域展开过大量探讨，其中与本书最密切相关的议题有两个：①如何引入政府、市场以外的社会力量来完善政府的教育决策与管理，发展“教育公共治理”？②怎样建构能够“向社会分权”的课程决策与管理体系？国内外课程与教育学者在这两大议题上的探索不仅能为本书提供有益的理论参考与基础，而且有助于进一步明确本书的理论特点与突破之处。

---

① 王名.中国 NGO 的发展分析[J].管理世界，2002(8)：30—43.

(一)社会力量与政府教育治理

自20世纪80年代起,英美等国政府开始增强对于教育改革的领导功能,试图将教育发展推上"国家标准"轨道。当90年代西方政治学、经济学界兴起治理理论时(对此本书第一章将会展开论述),英美等国各级政府的教育领导也开始从治理角度革新教育决策与管理模式。国家及地方政府的教育治理变革随之成为决策层与理论界共同关注的热点议题。从美国"督导与课程发展学会"(The Association for Supervision and Curriculum Development)1994年专门推出年度报告《课程治理》(*The Governance of Curriculum*),[①]到1999年美国各级教育领导精英发起成立"全国学校治理委员会"(National Commission on Governing America's Schools),都显示了90年代以来,无论是理论界的教育治理研究,还是决策层的教育治理实践,都十分关注社会各"利益团体"(interest groups)在政府教育治理中的地位与影响。

政府决策层主要依靠企业与市场力量,其中心议题是如何变革各项"规则",重构各地各级的课程决策与管理的博弈格局,使公立教育体系内部与社会各"利益团体"都能在国家质量标准的大框架下展开活动。[②] 政府决策集团的教育治理动向立即引发理论界的强烈回应,以麦克拉伦(P. Mclaren)、阿普尔(M. Apple)为代表的美国教育批评家将考察焦点放在"官方意识形态"上,批判"官方意识形态"介入课程改革造成的反"民主"和反"公共性"后果;[③]以波尔(S. Ball)为代表的英国教育批判家则十分关注"中产阶级"如何按自己的阶层利益管理课程改革。[④] 另一些价值取向同样鲜明的学者则是立足于某一更宽泛的社会力量,尤其是势力强大的教师工会组织和在教育治理中表现活跃的教师教育机构,受到广泛关注的利益团体。只是不同的学者的立场有所不同,有的从政府立场出发,认为这些教育类的社会组织是政府治理课程改革的阻碍或多余力量,有的如琳达·哈蒙德

① Elmore, R. et al. eds. *The Governance of Curriculum: 1994 Yearbook of the Association for Supervision and Curriculum Development* [M]. The Association for Supervision and Curriculum Development, 1994.

② National Commission on Governing America's Schools. *Governing America's Schools: Changing the Rules*[R]. Denver: Education Commission of the States, 1999:1.

③ Apple, M. *Official Knowledge*[M]. New York: Routledge, 1993.

④ Ball, S. J. *Education Policy and Social Class*[M]. London: Routledge, 2006.

(Linda D. Hammond)则针锋相对,在各种场合捍卫教师专业团体的尊严与积极变革作用。[①]

进入21世纪以来,英美等国政府继续增强其教育治理力量,同时由非政府团体组成的社会力量也不甘示弱。理论界一直在捍卫社会民主观点,拓展教师专业团体的影响力,如麦克拉伦、阿普尔、波尔等人近年来都扩大了对于政府教育治理的批判力度,甚至呼吁全世界的民主力量联合起来抵制英美等国政府的教育治理模式。[②] 而社会上的各类教育非政府组织本身的影响力也在增长。为此,理论界除继续关注教师工会组织和教师教育机构外,还开始考察另一些影响日益强大的社会力量,包括各地的"教育研究协会"(Educational Research Association)、"民间志愿组织"等在政府教育治理中的作用关系。[③] 值得一提的是,近些年西方教育理论界已有许多学者更倾向于采取较为客观的学术立场,考察20世纪90年代以来政府与各社会组织在政府教育治理中形成的复杂较量关系,如实揭示政府具体在哪些方面增强对于学校教学的控制,而各社会"利益团体"又在哪些方面占据上风。[④]

关于"社会力量"参与政府教育治理,国内教育决策层只是近年来才开始探讨。不过,国内教育理论界的探索倒是稍早几年,至今已形成一股孟繁华教授所说的"公共治理"探讨热潮。孟教授本人关注的问题,即如何处理教育决策与管理中"政府、学校与社会的关系",正是国内教育公共治理探索

---

① Tamir, E. *The Politics of Education Reform: State Power and the Field of Educational Policy in New Jersey*[D]. Michigan State University, 2006: 2-3.

② McLaren, P. The Return of the Transformative Intellectual[J]. *Left Curve*, 2009 (33): 18-121; Apple, M. *Global Crises, Social Justice, and Education* [M]. New York: Routledge, 2010; Ball, S. J. Privatising Education, Privatising Education Policy, Privatising Edcuational Research: Network Governance and the "Competition State"[J]. *Journal of Education Policy*, 2009, 24(1): 83-99; Ball, S. et al, Education Policy and Philanthropy -the Changing Landscape of English Educational Governance[J]. *International Journal of Public Administration*, 2011, 34(10): 646-661.

③ Mershon, S. Education, Science and the Politics of Knowledge: The American Educational Research Association, 1915-1940[J]. *American Journal of Education*, 2008(5): 307-338; Ranson, S. The Participation of Volunteer Citizens in School Governance[J]. *Educational Review*, 2005(3): 357-371.

④ Tamir, E. *The Politics of Education Reform: State Power and the Field of Educational Policy in New Jersey*[D]. Michigan State University, 2006; Armstrong, P. A. *What Teachers Expect in Reform*[M]. Lanham: Rowman & Little Field Education. 2008.

的核心议题。《规划纲要》正式引入"教育公共治理"是在2010年，理论界的相关探索则可以追溯到21世纪初。从20世纪90年代末政府允许民间力量办学以来，理论界就开始反思启动市场机制引发的问题。

2003年，劳凯声教授从教育是"非营利的公共产品"出发，认为教育公共服务虽然可由市场机制提供，但政府必须对其采取有效监控，维护教育生产与服务的"公共性"。[①] 2004年，刘复兴教授提出"公共教育权力转移"这一新概念，主张国家及各级政府应"在教育政策活动中建立政府、市场和公民社会之间权力博弈的机制"。[②] 随后，谢维和、袁振国等学者又从"公共利益"、"教育公平"等角度，继续强调教育改革必须坚持"公共性"，增强教育政策的"公共性"。[③] 在理论界教育"公共"决策与管理意识日益强烈的背景下，2006年，有学者开始专门梳理"西方教育公共治理"的内涵与结构，提出"教育公共治理改革"的前沿问题是如何革新"官僚制"。[④]

至今，国内教育理论界的公共治理探索主要涉及以下几个主题：①继续分析教育公共治理的内涵，有的认为主要是指政府合理"向学校分权"，[⑤]有的则从更广域的视角提出，教育公共治理是指"有限的政府、规范的市场、专业的社会、自主的学校、自觉的公民共同构成的治理格局"；[⑥]②分析地方政府（如浦东新区）的教育公共治理建构实验，其分析工具正是广域的公共治理视角；[⑦]③探讨如何从"政府职能转变、教育社会组织培育、公共参与意识等方面"入手，发展"公民参与"的"教育公共治理"；[⑧]④从公共治理的理念、

---

① 劳凯声．面临挑战的教育公益性[J]．教育研究，2003(2)：3—9.

② 刘复兴．论我国教育政策范式的转变[J]．北京师范大学学报(社会科学版)，2004(3)：15—19.

③ 谢维和．公共利益：基础教育改革的首要坐标[J]．校长阅刊，2005(4)：24—27；袁振国．缩小差距——中国教育政策的重大命题[J]．北京师范大学学报(社会科学版)，2005(3)：5—15.

④ 潘希武．突破官僚制：教育公共治理改革的前景[J]．比较教育研究，2006(8)：39—43.

⑤ 刘孙渊，马超．治理理论视野下的教育公共治理[J]．外国教育研究，2008(6)：15—19.

⑥ 姜美玲．教育公共治理：内涵、特征与模式[J]．全球教育展望，2009(5)：39—46.

⑦ 李彦荣．浦东新区参与式公共教育治理模式研究[J]．教育发展研究，2009(3)：63—68.

⑧ 胡伶．教育公共治理与公民参与[J]．教育探索，2009(10)：15—16.

功能与手段等角度出发，通过研究地方"教育局长"的管理意识与行为，发现许多地方教育主管部门在"效率与公平"、"宏观调控与微观干预"、"市场机制与政府机制"等之间存在明显的定位不清、思路混乱。[①]

国内理论界最近的教育公共治理研究是由武汉大学教育科学学院蒲蕊教授完成的，其主题是从"治理的视角"出发，探索当代中国的"公共教育服务机制创新"。从中可以看出，蒲教授对于罗茨(R. Rohdes)、赫斯特(P. Hirst)等西方治理理论开拓者的基本观点，已经有了比较深入的了解。蒲教授正是从这些经典治理理论中提炼出"治理理念与精神"，进而主张"为了满足多元化的公共教育需求，解决公共教育产品短缺和公共教育服务不到位等问题，有必要从治理的视角重新思考政府在公共教育产品与服务中的角色和作用，运用治理的理念和精神变革公共教育服务体制，实现公共教育服务供给主体的多元化、公共教育治理权力的多中心化和公共教育服务结构的多样化"。[②]

本土教育公共治理的理论探索表明，怎样变革政府教育决策与管理体系，发展可以让社会力量乃至"个人"、"公民"可以有效参与教育决策与管理的"教育公共治理"，乃是国内教育治理理论提倡者共同关注的基本议题。虽然与西方教育理论界的探索相比，无论在治理理论建构，还是在分析由政府及各种"社会力量"组成的复杂教育治理格局方面，国内理论界都存在不小差距，但国内理论界的教育公共治理研究仍可以为本书探讨如何通过引入民间公益组织，开创"国家主导、社会参与"的课程改革治理格局，发展课程改革治理新机制，提供有益的精神动力与理论参照。

(二)课程管理创新的治理视野与社会取向

自从美国"督导与课程发展学会"(The Association for Supervision and Curriculum Development) 1994 年专门推出年度报告《课程治理》(*The Governance of Curriculum*)，西方课程及教育学界便广泛兴起从治理角度探索如何革新政府课程管理的热潮。如该年度报告所示，关于如何革新美国课程管理，发展更有效的"课程治理"体系，理论界最初的关注点是"课程决策"，而不是学校层面的教学管理，其基本假设包括：①美国教育正日益受

① 吴景松. 公共治理视野中我国教育局长领导行为的实证研究[J]. 国家教育行政学院学报，2008(3)：76—80.

② 蒲蕊. 公共教育服务体制创新：治理的视角[J]. 教育研究，2011(7)：54—59.

制于“国家统一的以绩效为本(performance-based)的课程政策”,为此,联邦政府必将敦促各州及地方落实“国家标准”;②在各州及各地,最终决定谁有资格成为“国家标准执行主体”的仍是各州及各地选区的“投票人团体”(constituencies)。

根据这两点假设,年度报告从治理角度出发,对美国为了变革课程决策与管理模式,发展“课程治理”正在解决哪些基本问题,做了深入梳理。报告显示,美国重点是从四个方面展开“课程治理”探索:①强化国家领导与地方控制的互动关系;②清理各级课程决策主体的基本政治属性;③优化教育体系内的跨部门合作(spanning institutional boundaries in the educational system);④重视各类机构与个人在课程政策制定过程中的作用。[①]

上述四个方面的动向表明,美国不仅于20世纪90年代初就将治理理论引入了国家课程改革领域,而且充分发挥了治理理论本身可能提供的新思路,堪称从一开始就比较完整地把握了改革政府课程决策与管理、发展“课程治理”必须采取的多重行动。因为正如本书第一章在界定治理理论内涵时将会指出的那样,治理理论作为政府决策与管理改革的新思路,既意味着政府教育领导体系内的权力与功能的统一部署与调整,各政府部门之间的协调与合作,又涉及在政府管理部门与非政府机构乃至个人之间培育沟通与合作的课程治理关系及机制。

和《课程治理》报告中的治理视野相比,起步稍晚的国内研究也已注意到“教育公共治理”的总体结构是由“有限的政府、规范的市场、专业的社会、自主的学校、自觉的公民”组成,但这仍像是一种治理精神或西方治理理论家所说的“元治理”(meta-governance)概念。下面有许多具体的制度与机制建设问题都未涉及,比如“有限的政府”内部各部门之间的沟通、协作制度与机制,再比如,“自觉的公民”如何“合法”地组织起来参与教育公共治理?政府为动员“自觉的公民”参与课程改革,又提供了什么样的激励与实践机制?这些问题都需要国内理论界进一步展开探索。而西方决策层与理论界当初采纳治理时,就注意到了这些课程改革治理牵涉的具体问题。近十年来仍在探索如何解决这些具体问题:例如各类社会组织在课程改革治理中

① Elmore, R. et al. eds. *The Governance of Curriculum*: 1994 *Yearbook of the Association for Supervision and Curriculum Development* [M]. The Association for Supervision and Curriculum Development, 1994.

到底发挥了什么样的作用，其作用对于国家的教育领导与教育发展有何影响，西方课程与教育理论界都已有过深入研究。①

在如何变革本土课程决策与管理体制这一点上，本土课程决策层与课程理论界虽然至今也没有广泛采纳治理理论，但自新课程改革实施以来，课程决策层与课程理论界的管理体制探索却为发展课程改革治理提供了一定的政策与制度基础。具体来说，这一政策与制度便是《基础教育课程改革纲要（试行）》中提出的“三级课程管理”制度。该制度表明，国家课程决策层将“实行国家、地方和学校三级课程管理”，合理规划“教育部”、“省级教育行政部门”和一线“学校”在课程发展方面各自应当承担的责任。②

有学者曾敏锐地指出，“三级课程管理”制度改革只是在国家教育体系之内展开课程决策与管理革新，丝毫没有涉及教育体系外各种对课程改革可能产生影响的社会力量，因此即使在全国范围内把“国家、地方与学校”的课程管理权调整好了，其实仍“只有教育行政权力一极”在起作用。③ 不过，“三级课程管理”制度的提出，对于发展本土课程改革治理仍具有重要意义，因为调整好政府教育体系内部的课程决策与管理，正是治理理论的基本主张之一。同时，也只有理顺了政府内部的课程管理体系，才可以为社会力量参与课程改革治理奠定清晰的体制与制度基础。

更值得一提的是，随着课程改革在实施过程中遇到了一系列始料不及的困难，课程理论界已发现，课程改革启动前，其理论与政策准备就显得不够充分、细致，亟需根据难题做出调整与完善。④ 近些年来，课程理论界确实在调整分析视野与政策理论。首先值得关注的是，课程理论界有许多资深学者都意识到，仅在教育体系内发展课程改革，并不能顺利实施课程改

---

① Tamir, E. *The Politics of Education Reform: State Power and the Field of Educational Policy in New Jersey* [D]. Michigan State University, 2006; Ball, S. et al, Education Policy and Philanthropy: the Changing Landscape of English Educational Governance[J]. *International Journal of Public Administration*, 2011, 34(10): 646-661.

② 教育部.基础教育课程改革纲要(试行)[N].中国教育报，2001-7-27(2).

③ 蒋建华.权力多极化的课程权力定位——超越中央与地方的思维框架[J].教育学报，2005(2):26—31.

④ 杨爱玲.基础教育课程改革存在缺憾的原因反思[J].教育学报，2007(1):24—30；申超.中美基础教育课程改革的政策比较——以《基础教育课程改革纲要(试行)》和《不让一个孩子掉队法》的比较为切入点[J].教育学报，2008(4):34—38.

革，必须直面当前诸多不利于课程改革推进的“社会舆论”状况，[①]采取有效措施来“争取社会的理解与支持”，并提出“课程改革是全社会的一项公共事业”。[②] 只是这些课程学者并未进一步思考，如何发展“公共治理”机制，使课程改革切实成为“公共事业”。

另一些课程学者也赞同课程改革是一项“公共事业”，并开始引入诸多“社会取向”的新理论，来探讨如何革新已有的课程决策与管理体系，使课程改革真正成为社会各界广泛参与的“公共事业”。具体来说，国内课程学界的社会取向探索大致可分为三种路径：①从“市民社会”、“权力多极化”等理论出发，认为今后课程决策与管理变革的合理思路乃是向“向社会分权”，“建立多种社会权力主体行使课程权力”的新体系，满足当前快速成长的“市民社会”及“课程民主化”要求；[③]②通过引入“第三领域”理论，将各种“社会力量”视为“课程变革的第三领域”，进而探讨政府应该如何“有意识地培育社会力量”，以及“社会力量”怎样“发挥舆论作用以充分实现自己的课程权力”；[④]③分析当前“课程决策过程的公共机制缺失”，提出应大力发展“能让越来越多的人参与课程决策”的“政策问题共享机制”、“咨询与沟通机制”。[⑤]

这里无法弄清“社会取向”的课程管理变革探索是否与国家课程决策层形成了一定的互动，甚至影响后者的决策。但《规划纲要》颁布后，国家课程决策层确实开始发展新的课程决策与管理机制，这便是成立“国家基础教育课程教材专家咨询和工作委员会”，在“基础教育课程教材质量、全面推进素质教育，提高人才培养质量”等方面，“向咨询委员会的专家们请教”。[⑥] 这一新的“教育专家咨询”机制无疑可以进一步调动教育体系内的治理力量，但要将牵涉千家万户利益的中国课程改革治理好，仍有许多治理机制建设

---

① 钟启泉. 中国课程改革：挑战与反思[J]. 比较教育研究，2005(12)：18—23.

② 崔允漷，俞英. 进一步推进课程改革的政策建议[J]. 教育理论与实践，2006(11)：35—37.

③ 蒋建华. 权力多极化的课程权力定位——超越中央与地方的思维框架[J]. 教育学报，2005(2)：26—31.

④ 罗生全，靳玉乐. 社会力量：课程变革的第三领域——一种基于课程权力的有效参与[J]. 中国教育学刊，2007(1)：45—47，56.

⑤ 屠莉娅. 课程政策过程的权力生态[J]. 全球教育展望，2009(11)：15—18.

⑥ 中国教育报. 王湛：健全管理制度，推动基础教育课程改革科学决策[N]. 中国教育报，2010-04-05(2).

任务等待课程决策层与理论界展开探索。

例如,如何增强、优化对课程改革影响更大的各级政府组织尤其是县一级地方政府的课程改革意识、课程决策与管理能力;再比如各种有益的"社会力量"如何组织起来,发展"社会力量"参与课程改革治理的有效机制,等等,都是当前中国课程决策与管理改革无法回避的重要问题。本书正是在课程及教育学界已有旨在"向社会分权"的课程决策与管理改革探讨的基础上,从治理理论出发,通过考察民间公益组织这一已在课程改革领域发挥积极治理作用的"具体的社会力量",为探索如何创新、完善国家及各级政府的课程改革决策与管理,为各级政府发展课程改革治理新机制,提供经验与理论参考。

三、到民间寻找课程改革治理新机制

为了探讨"社会力量"可以怎样参与国家及各级政府主导的课程改革,其参与结果对于开创"国家主导、社会参与"的课程改革治理格局有何意义,本书设计了以下一套研究方案,该方案的核心精神正是在已有"社会取向"视野的基础上,重新深入民间,寻找课程改革治理新机制,为开创"国家主导、社会参与"的课程改革治理格局,探索一条切实可行的路径。

(一)核心目标及研究内容

本书的核心目标是从治理理论出发,通过考察本土民间公益组织参与课程改革的实际行动,探索、解答三大问题:①为什么国家及各级政府已有的课程决策与管理体系不足以应对当前课程改革的治理挑战?②民间公益组织在参与课程改革方面究竟能做什么事情,其所做的事情对于完善国家及各级政府现有的课程改革治理能力,发展课程改革治理新机制,开创"国家主导、社会参与"的课程改革治理格局,具有何种意义?③在国家目前的民间组织管理制度与民间公益组织自身的发展状况下,民间公益组织和国家各自应该采取什么样的变革措施,使民间公益组织不仅正式成为国家课程改革治理新机制,而且能更好地发挥治理参与功能?

为了探索、解答以上三大核心问题,本书将由以下几块研究内容构成:

1.什么是治理,将它引入课程改革意味着什么?也就是考察治理理论的发展情况及其基本内涵,分析为什么要引入"治理理论",来革新、完善政府的课程改革决策与管理?揭示治理理论为革新、完善政府的课程决策与管理,发展课程改革治理,提供了什么新思路。

2. 从治理理论的角度探讨为什么国家及各级政府已有的课程改革治理体系与能力不足以应对当前课程改革治理的双重挑战——不仅能够进一步推进课程改革，而且使课程改革有利于实现“促进公平、提高质量”、“让每一个孩子都有好学上”的教育发展战略目标；分析为了有效应对当前的课程改革治理挑战，可以采取什么样的治理机制创新路径。

3. 分析20世纪90年代中后期兴起的民间公益组织为什么可以在国家主导的课程改革中获得参与空间，然后在其中开拓出颇为丰富的活动领域，进而分析民间公益组织在分担国家课程改革的治理重任方面，具体做了哪些对推进课程改革有益的事情？

4. 探讨民间公益组织的参与努力能够起到什么样的积极的课程改革治理功能？民间公益组织的积极作用对于完善国家课程改革的决策与管理，发展课程改革治理新机制有何意义？

5. 从国家目前的民间组织管理制度和民间公益组织自身的发展状况出发，分析如果要使民间公益组织正式成为课程改革治理新机制，国家以及民间公益组织各自需要做出什么样的政策与体制改革？

（二）研究方法与技术路线

为完成上述研究目标与内容，本书将首先采取文献研究法，具体而言，就是广泛查阅以下几类文献：①国家战略调整、教育体制改革、课程改革及课程管理与机制发展方面的政策文本，国家近十年来的政府改革与社会建设方面的政策文本，国家管理民间组织的制度文本等，以便弄清国家、政府层面与本书相关的各种信息；②国内外的治理理论、转型期政治社会变革、中国教育公共治理、课程改革管理与实施困境等方面的研究成果；③中国青少年发展基金会、21世纪教育研究院、为中国而教、南都公益基金会、真爱梦想基金会等四类主要民间公益组织的组织文献、关系网络、项目活动记录等方面的原始信息以及媒体、网络、学术会议等渠道的关于这些民间公益组织的二手材料。

其次，本书还将通过访谈法、田野研究等方式，进一步了解民间公益组织的课程活动及其影响，具体包括：①访问一些民间公益组织的创建人、关键成员及项目执行人员，把握民间公益组织的内部架构与关系网络；②访问曾与21世纪教育研究院、真爱梦想基金会等民间公益组织展开合作的地方政府、专家学者；③前往21世纪教育研究院、真爱梦想基金会等民间公益组织开展活动的现场，观察其活动过程，访问参与活动的志愿者、社会公众、教师、学生及地方教育行政部门，从多重参与方的视角出发，全面分析民间公益组织的活动及其影响。

获得足够的研究材料后，本书将从所要解答的问题出发，采取适宜的理论框架及分析工具。具体来说，就是：①在架构"课程改革治理"体系时，将依据国家相关政策及本书所研究的民间公益组织的实际情况，形成"国家主导、社会参与"的课程改革治理总框架，然后吸纳各种有效的治理分析工具，而不是简单移植当前理论界流传较广的"公民社会"、"伙伴关系"等理论框架；②探讨国家课程改革治理重任时，将深入分析国家教育战略目标和学术界的相关文献，从中归纳课程改革治理的双重挑战，并按本书的治理分析思路，把国家在课程治理方面所面临的变革任务界定为：完善政府课程治理体系的不足之处，发展课程改革治理新机制；③在考察民间公益组织参与课程改革时，将立足本文的课程改革治理总框架，同时充分借用政治社会学的权力结构理论、"社会关系网络"、制度化与非制度化等分析工具，探讨民间公益组织如何在"国家主导"的课程改革中开拓参与空间，分析民间公益组织的参与行动及积极影响与功能；④最后便是围绕"国家主导、社会参与"这一符合当前国情的课程改革治理总框架，探讨民间公益组织对于完善国家课程改革的决策与管理，发展课程改革治理新机制，有何意义。

总的来说，本书将按如图 0-1 所示的技术路线展开研究。

（三）理论特点与创新之处

如前所述，课程及教育理论界近年来已深刻意识到，推进课程改革，必须"争取社会力量的理解与支持"，发展"向社会分权"的新型"课程权力"结构。当代中国也的确涌现出许多值得课程学界重视、争取的"社会力量"，但理论界既未进一步分析为什么国家及各级政府现有的课程决策与管理结构不足以应对当前课程改革，也未进一步顺着强烈的"社会"意识，走入"社会"，去考察那些已在课程改革中发挥积极作用的民间公益组织，并以此考察为基础，思考如何通过这些民间力量来完善已有的课程改革治理体系与治理机制。

本书的理论特点即由此而形成，它将通过考察民间公益组织参与课程改革的实际表现与作用，深化课程政策与理论研究领域已有的国家"课程管理"或"课程权力"变革视野与主题，为开创"国家主导、社会参与"的课程改革治理格局，发展课程改革治理新机制，提供有益的理论与经验参考。

本书的理论创新之处在于：①将公共政策及行政管理学领域的治理理

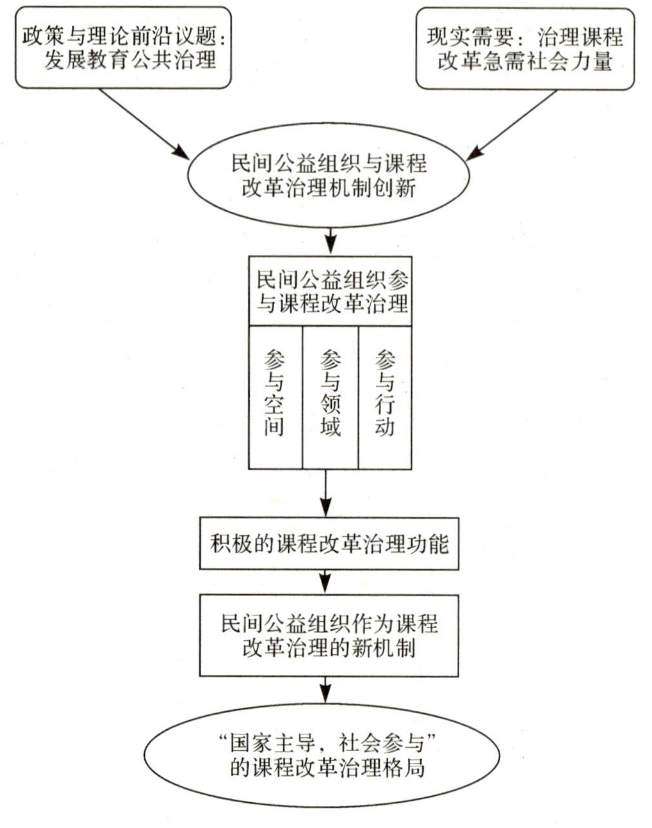

图 0-1　本书的研究路线

论引入课程改革的决策与管理研究，分析国家如何完善政府现有的课程改革治理体系，同时把民间公益组织这一具体的“社会力量”纳入课程改革研究领域，从民间公益组织出发，尝试拓宽课程政策与管理研究的考察对象与主题，以期起到“抛砖引玉”的作用，引发学界重视、关注民间公益组织的课程改革参与作用，以及民间公益组织对于国家发展课程改革治理新机制的积极意义；②通过扬弃“公民社会”、“第三种力量”等常见的民间或非政府组织研究模式，以及课程学界已有的“市民社会”、“第三领域”等分析模式，将“国家主导、社会参与”这一更符合国情的治理框架，引入中国课程改革的决策与管理变革研究，研究民间公益组织已在如何“志愿”分担国家课程改革的治理重任，弥补国家课程改革治理能力的不足，并在尊重国家相关管理制度的基础上，探讨如何使“志愿”为国分担责任的民间公益组织正式成为国家有效调动社会力量积极参与课程改革与基础教育发展的新机制。

第一章

治理、民间公益组织与课程改革

在正式探讨如何通过民间公益组织发展课程改革治理之前，显然需要对一些基本问题做出界定，这些基本问题包括：①何谓治理？对于课程决策与管理变革而言，引入治理理论到底可以带来什么样的新思路？②民间公益组织是什么？为什么需要它来参与课程改革治理？参与之后它会与国家（政府）形成什么样的治理关系？第一章便是对这些基本问题给出适宜回答。

第一节　治理理论的兴起及其课程管理变革意义

国内外学者普遍认为，学术界兴起治理（governance）理论，乃是20世纪90年代以来的事情，其源头是1989年世界银行发布的一份著名报告《撒哈拉地带的非洲：从危机到可持续发展》（*Sub-Saharan Africa：From Crisis to Sustainable Growth*）。在这份报告中，世界银行首次提出"治理危机"（crisis in governance）一词。随后"治理"开始流行。[①] 政治学、经济学和行政管理学等学科的学者纷纷转向"治理"（以下为行文方便，将不再给治理加双引号），形成一股至今仍在延续的治理理论运动，其所涉及的领域十分广泛，包括英美等国中央及地方政府实施旨在提高公立学校教育质量的课程改革时，也将"公司治理"模式作为其最信赖的管理模式，并发展起了相当健全的课程改革治理体系。

① 俞可平．治理与善治引论[J]．马克思主义与现实，1999(5)：37．

一、学术界的治理转向及其内涵

20世纪90年代学术界之所以会大规模兴起治理转向，首先缘于一些国际著名组织的推动。继1989年公布非洲发展报告后，世界银行又在1992年发表了题为《治理与发展》(*Governance and Development*)的年度报告。1995年，全球各界精英与知名人士发起成立“全球治理委员会”(Commission on Global Governance)，在世界范围内提倡“全球治理”的新思路，藉此动员政府机构以外的“个人和组织、公共或私人机构管理全球公共事务”，携手解决世界矛盾与冲突。[①] 同一时期，OECD、联合国教科文等国际机构先后发布报告，目的也是呼吁各界应该采用治理这一新概念，来更好地分析、创造“经济发展”与“人类的可持续发展”。[②]

作为众多研究与发展项目的领导者与赞助者，世界银行、OECD、联合国等国际著名组织的积极提倡无疑可以激起学术界的广泛响应。到20世纪90年代末，治理理论便成为学界探讨“政府管理”创新的主流概念工具。[③] 有学者甚至感叹道“治理，到处都是治理”[④]。包括中国学术界，其实也是从90年代末开始流行治理理论。[⑤] 但学术界兴起治理转向，绝不仅仅是因为国际著名组织的大力推广，而更是由于学术界充分意识到了传统的“统治”或行政管理模式与机制已不能满足当代政治经济及社会转型的多元需要与挑战，因此启用治理这一新概念，来革新传统的管理模式与机制。

关于这一点，已有许多学者做过分析。归纳起来，大致是以下三点政治社会需求造成了学术界兴起治理转向：①20世纪70年代“石油危机”引发的经济危机宣告了“福利国家”(政府)和“市场”这两大管理机制的“失灵”，甚至它们自身都陷入发展危机(如福利政府的财政亏空和机构膨胀)，从而

---

① 张民选.国际组织与教育发展[M].上海：上海教育出版社，2010：35-36.

② 俞可平.治理与善治引论[J].马克思主义与现实，1999(5)：37.

③ Pierre, J. Introduction: Understanding Governance [A]. Pierre, J. ed. *Debating Governance*[M]. New York: Oxford University, 2000: 1-10.

④ Frederickson, H. G. Whatever Happened to Public Administration? Governance, Governance Everywhere [A]. Ferlie, E. et al. eds. *The Oxford Handbook of Public Management*[M]. New York: Oxford University Press, 2005: 282-304.

⑤ 1999年1月，中国社会科学院和联合国教科文组织合办的《国际社会科学杂志(中文版)》推出“治理”专号，是20世纪90年代中国学术界兴起治理理论的标志性事件。

必须进行自我改良；[①]②在政府、市场机制均遭受怀疑的背景下，自助与自治传统本来就强的西方社会迎来新一轮更蓬勃的"结社革命"。如美国"非政府组织"的数量到 80 年代末便由 60 年代的 30 万个，猛增到 100 多万个。新增的"非政府组织"不仅在公共领域向政府、市场的"统治"地位提出了挑战，而且为社会自救与社会依靠自己的力量满足需求提供了有效机制；[②]③80 年代以来科技、通信等技术进步和"经济全球化"进程加速也进一步使得传统的国家管理体系难以驾驭日益复杂多元的要求。[③]

正是上述几大政治经济及社会变革力量促成了学术界广泛兴起治理转向。对此，有学者曾以更为简洁的语言加以表述："市民社会的发展、经济全球化和传统机制的弊端促使产生了更多样化的公共需求，'政府治道的变革'便迫在眉睫，治理理论随之而生。"[④]问题就在于，治理理论兴起后，其流行速度似乎过于迅速，不仅研究政府管理的政治学、行政学及公共管理学者转向治理，经济学、社会学和教育学界的学者也纷纷加入了治理理论的行列，不同学科的学者都在发展治理理论，以至于学术界对于治理到底是什么，很难达成清晰且相对统一的认识。

英国兰卡斯特大学社会学教授鲍勃·杰索普(B. Jessop)在 20 世纪 90 年代末论及治理理论的兴起状况时，就曾指出："它(治理)在许多语境中大行其道，以至成为一个可以指涉任何事物的或毫无意义的时髦词汇。"[⑤]杰索普所言，正点出了治理理论迅速泛滥之后引发的理论迷惘：大家都在探讨那个被视为比传统的"统治"概念更好的治理，但谁也不知道大家所探讨的治理究竟是什么。为了使大家能在相对一致的框架下讨论治理，一些学者不得不对纷繁复杂的治理理论进行反思与清理。

---

① 周弘. 福利国家向何处去[J]. 中国社会科学，2001(3)：93—112；中共中央. 中共中央关于教育体制改革的决定[J]. 中华人民共和国国务院公报，1985(15)：93—112；[美]约翰·F. 沃克，哈罗德·G. 瓦特著，刘进，毛喻译. 美国大政府的兴起[M]. 重庆：重庆出版社，2001.

② 史柏年. "全球性结社革命"及其启示[J]. 中国青年政治学院学报，2006(3)：55—60.

③ Krasner，S. D. Sovereignty：An Institutional Perspective[J]. *Foreign Policy*，2001，122：20-29.

④ 高秉雄等. 公共治理：理论缘起与模式变迁[J]. 社会主义研究，2010(6)：108.

⑤ 鲍勃·杰索普. 治理的兴起及其失败的风险[J]. 国际社会科学杂志(中文版)，1999(1)：32.

1996年，政治学界的治理理论开拓者之一、英国纽卡斯尔大学政府学院教授罗茨(R. Rhodes)在梳理了大量相关文献后指出，当人们用治理一词来讨论如何革新国家、政府的“统治”、“官僚”体制等传统的行政管理模式时，至少存在以下六种用法：

1. 小政府治理(governance as the minimal state)。这一治理理论旨在重新调整福利政府的公共干预范围与方式，鼓励政府缩减直接负责的公共事务，在政府让出的公共领域(如医疗)，改以“私营化”(privatization)、“市场”或“准市场”(quasi-market)的管理机制来实施资源配置与管理，提供公共服务，政府在这些公共领域只承担规制(regulation)功能。

2. 公司治理(corporate governance)。使用“公司治理”理论来革新政府管理，往往意味着承认一些私人企业的资源配置与管理模式有益于完善政府的公共管理，甚至觉得，政府的行政管理活动也可以“企业化”，进而形成“像企业那样高效运作的政府”(entrepreneurial government)。

3. 新公共管理(new public management)。新公共管理是更为细化的公司治理模式，它在探讨变革政府管理模式时，主要是从以下两点主张展开：一是“企业管理主义”(managerialism)，将企业管理方法引入政府的公共事务管理，包括清晰的业绩标准、各部门之间的协调一致、专业化管理、结果取向的考核、亲近顾客等；二是“新制度经济学主义”(new institutional economics)，将市场化的激励与竞争机制引入政府的公共服务供给。罗茨认为，新公共管理是一种真正可以改变传统政府管理模式的治理理论，具有很强的可操作性，而所谓的“小政府”模式则常常是一种蛊惑人心的“意识形态宣传”，英国政府在变革公共事务的管理模式时所采纳的正是“新公共管理”这一治理模式。

4. 善治(good governance)。这是世界银行向第三世界国家推荐的一种治理理论。在世界银行看来，对第三世界国家而言，治理就是发挥政治权力，对国家事务进行有效管理，从而实现善治。为此，第三世界国家需要发展以下几大善治机制：高效的公共服务、独立的司法体制、确保合同生效的法律框架、可靠的公共基金管理体系、独立的公众听证制度、多元的制度结构、新闻自由等。

5. 社会一控制体系(socio-cybernetic system)。作为另一种用来革新政府管理模式的治理构想，社会一控制体系理论的基本假设是，政府应该正视现实，即政治权力与利益群体已日益分化，当前正处于“无中心的社会”

(centerless society),在此形势下,政府所面临的管理体制变革重任乃是尽可能多地调动不同的社会政治力量共同参与公共问题处理,大力发展多元权力与利益主体互动的"社会一政治管理体系"。

6. 自我组织网络(self-organizing networks)或自治体系(autonomous system)。该治理理论首先强调以"社会网络"或"体系"来代替"政府",认为公共事务能否治理好,固然需要政府部门出力,但更有赖于各种提供公共服务的社会组织能否在信息、资源和技术等方面形成有效的交换机制;其次,自我组织网络或自治体系理论认为,政府并不可靠,各社会组织更应该依靠自身的力量来发展能让彼此在信息、资源和技术等方面互通有无、荣辱与共的自我组织或治理体系,治理公共事务,提供公共服务。①

罗茨归纳完以后,治理理论又有新的发展。包括罗茨本人后来也增加了第七种治理模式,即"国际社会的相互依赖"(international interdependence)。② 但全面考察治理理论的演变情况并非本文的核心议题,对本书来说,真正值得关注的乃是治理理论提供的政府变革分析思路。正如著名治理理论家、英国斯特拉思克莱德大学(University of Strathclyde)政治学教授斯托克(G. Stoker)所提示的那样,无论治理理论如何发展,其理论使命都不是为了拿出一种放之四海而皆准的治理模式,并以它来"规范"政府的公共事务管理,而是为人们认识、革新"变化中的国家的统治"提供有效的分析思路。③ 这正是治理理论的价值所在。

就像罗茨提炼了六种有益于分析政府管理变革的治理理论,斯托克本人也从各种相关文献中梳理出了五大有益于认识政府管理模式变革的治理观点,分别是:①治理是指出自政府、但又不限于政府的一套社会公共机构与行为者;②治理理论十分关注政府在处理经济与社会问题方面存在的界限与责任空白之处,并强调社会组织应充分发挥自身力量去解决那些没有人负责或不知找谁负责的事情;③治理理论非常重视各类公共组织(包括政府和非政府组织)在集体解决问题的过程中形成权力共享与依赖关系;④治

---

① Rhodes, R. The New Governance: Governing without Government[J]. *Political Studies*, 1996, 44(4): 652-667.

② Rhodes, R. *Governance and Public Administration*[A]. Pierre, J. ed. *Debating Governance*[M]. New York: Oxford University Press, 2000: 57.

③ 格里·斯托克. 作为理论的治理:五个论点[J]. 国际社会科学杂志(中文版), 1999(1): 28.

理理论将解决问题的希望寄托于各类公共组织自觉经营好彼此之间形成的协作关系;⑤治理理论认为,政府必须承认,能否办好公共事务,并不仅仅取决于政府有多大权力,或下了多少命令,而更在于政府能否创造新的治理机制与工具,来优化自己的管理与引导功能,进而调动社会提供公共服务。[①]

上述五大观点其实也是斯托克本人分析政府管理模式变革的基本理论工具,而为了跟上政府管理模式的变化趋势与以及社会组织承担治理的实际需要,斯托克一直在努力完善自己的五点治理观点。近期,斯托克便引入了新制度经济学的"制度"分析工具,来探讨如何为各类公共组织之间形成良好的治理关系提供"制度"支持。[②] 需要指出的是,虽然斯托克会在细节上不断进行完善,但其治理理论的核心内容一直保持不变。这一核心内容便是认为,与政府管理公共事务的传统模式不同,治理是指"公共事务领域的集体行为"(collective action),它既"表现为各公共部门的跨界合作",又包括"公共部门与私人组织、志愿团体之间合作处理公共事务"。总之,就治理主体而言,这一新的公共治理模式是由"一组行动者构成,它们既可以是政府体系的公共部门,也可以是政府之外的组织机构"[③]。

斯托克的理论梳理与架构无疑进一步彰显了治理理论的基本观点及其理论价值,在另一位治理理论代表人物罗茨那里,这些基本观点,从强调新时期的政府必须革新传统的公共事务管理模式,到重视社会组织的治理能力,也都不同程度地得到了强调。言外之意,虽然20世纪90年代以来兴起的治理理论在迅速流行的过程中衍生出了纷繁复杂的治理话语,以至于一时很难把握其基本内涵,但只要立足于斯托克、罗茨等代表人物的理论清理与架构努力,还是可以界定治理理论的基本内涵,同时明确其理论价值。

具体来说,20世纪90年代以来兴起的治理理论为人们认识政府管理模式变革,发展能够满足新时期需要的新型公共治理,提供了以下几点有效的分析思路与概念工具:①分权或"去中心化"(decentralization)。国家、政府必须顺势调整自己在公共事务中的传统支配地位,认可并向公共事务中

---

① 格里·斯托克.作为理论的治理:五个论点[J].国际社会科学杂志(中文版),1999(1):20—21.

② Chhotray,V. & Stoker,G. *Governance Theory and Practice,A Cross Disciplinary Approach*[M]. London:Palgrave MacMillan,2009.

③ Stoker,G. Urban Political Science and the Challenge of Urban Governance[A]. Pierre,J. ed. *Debating Governance*[M]. New York:Oxford University Press,2000:93.

的其他治理主体分权。②多元协商与合作。国家、政府必须尊重社会的利益分化、多元需求,以及社会的自我治理能力与要求,积极发展多元治理主体协商与合作的治理关系。③反思市场机制。国家、政府必须改变过于相信市场力量的“新自由主义”政治路线,在启用市场机制提供公共服务的同时,对市场机制的非公益性保持警惕。④内外健全的多重治理机制。面对社会多元需求和公共事务牵扯的复杂关系,国家与政府必须有能力在政府内部各部门之间、政府与非政府组织之间形成高效的协商与合作机制。

本书所采纳的治理定义也来源于以上四点,至于其理论价值,则如斯托克所提示的那样,它们不是什么终极意义或“放之四海而皆准”的治理范式,而是为从治理角度分析如何革新、完善国家、政府的课程决策与管理提供了一些基本思路。这些基本思路,从政府分权,到采取社会化的治理视野,再从调控市场机制,到发展高效的内外关系协调机制,其实都来自这一广泛被接受的治理哲学或“元治理”概念(meta-governance),其基本观点是认为,治理意味着改变以往的“统治”或单方决策的管理模式,发展合理的机制来调动更多力量共同参与公共事务与公共服务。这一治理发展过程既表现为完善政府内部的沟通与协作体系,又表现为政府向各种非政府组织分权,并与后者携手建构能把公共事务处理得更好、能提供更多公共服务的治理共同体。[①] 在这一新的公共事务治理体系中,政府各部门之间、政府与社会之间,将会以新的机制、方式展开信息、资源与管理实践互动,从而有效应对因为关系日益复杂、需求日益多元而引发的各种公共政策与管理难题。[②]

二、治理理论的课程管理变革意义

对于课程政策与管理研究来说,治理理论究竟有何启示意义呢?很明显,就治理理论本身的议题关切而言,它主要是为分析、革新国家与各级政府的课程决策与管理提供了一种新思路。如果仅从理论层面展开探讨,可以发现,顺着前面提到的治理理论的任何一种观点,都可以架构出某一课程

① Whitehead, M. In the Shadow of Hierarchy: Meta-governance[J]. *Policy Reform and Urban Regeneration in the West Midlands*, in *Area*, 2003, 35(1): 6-14.

② Kooiman, J. Social-political Governance[J]. *Public Management*, 1999, 1(1): 67-92.

决策与管理改革的新思路。[①] 倘若将视线转到课程决策与管理实践领域，更是可以看到，其对优化课程改革决策与管理的积极意义。

以美国为例，近三十年来，美国联邦及地方政府一直试图改革市区公立学校的课程与教学体系，以便大范围满足国家及社会对于提高学生学业成绩与学校教学质量的需求。为实现这一被视为关乎美国经济领导地位的课程改革计划，美国政府陆续采用了许多政策工具与管理机制。例如，1994年，美国国会通过旨在提高教学质量的《2000 年目标：美国教育法》后，联邦政府便开始牵头商讨如何研制全国统一的教育质量标准。进入 21 世纪后，为了进一步激励学校达到国家教学质量标准，以科罗拉多州议会为代表的州政府机构还推出了“教育券”政策和“择校”机制，允许成绩差的贫困生通过“教育券”和“择校”机制，向私立学校乃至教会学校“购买”教育服务，促使公立学校与后者展开教学质量竞争。

赵中建教授在考察美国基础教育改革时曾指出，全国教育标准、教育券等政策工具的出台，以学生成绩是否提高作为政策评估的首要依据，以及启用“择校”这一新机制，“实质上是将商业运行机制引入学校体系中”。[②] 而将商业管理模式引入政府公共事务管理，正是治理理论的基本主张之一，即“公司治理”。事实上，20 世纪 90 年代初，国际组织以及政治学、经济学界兴起治理理论之际，美国教育决策层便形成了浓厚的“治理”兴趣，试图由此找到一条推动公立学校致力于提高教学成绩、为公众提供优质教育服务的新路。[③]

到 1999 年 2 月，美国各级教育领导者更是专门成立了“全国学校治理委员会”(National Commission on Governing America's Schools)，在全国范围内掀起一场教育管理改革运动，以求完善、增强政府此前的课程改革行

---

① 例如，靳玉乐教授等国内课程学者近年来一直在提倡“向社会分权”，这一旨在重构“课程权力结构”的新思路其实正是治理理论的题中必有之义之一(尽管靳玉乐教授探讨“向社会分权”时并未立足于治理理论)。见：罗生全，靳玉乐. 社会力量：课程变革的第三领域——一种基于课程权力的有效参与[J]. 中国教育学刊，2007(1)：45—47，56；靳玉乐，罗生全. 课程决定的权力关系及其运作[J]. 教育发展研究，2009(8)：74—78.

② 赵中建. 质量为本——美国基础教育热点问题研究[M]. 合肥：安徽教育出版社，2010.

③ Leithwood，K. et al. A Framework for Research on Large-scale Reform[J]. *Journal of Educational Change*，2002，3(1)：7-33.

动:此前,美国课程改革决策者与领导者的注意力是在改革课堂教学上;到20世纪90年代末,在意识到仅仅关注课堂教学改革总是难以真正促使教师提高教育质量之后,注意力便转移到了改革教育决策与管理体系上,从资源、机制与技术等方面架构更健全、有效的教育治理体系,实现以新的管理模式与机制,来推动广大教师致力于提高教学成绩,满足国家战略与社会的教育质量需求。

成立9个月后,"全国学校治理委员会"便发布了一份著名报告《治理美国学校:改变规则》(*Governing America's Schools:Changing the Rules*),其中明确指出:"启动治理是为了制定游戏规则,即通过法令、集体协商、法律协议、规章制度等手段,将谁必须负责什么样的事情规定清楚。"[①]在选择何种治理模式来改革美国教育管理这一点上,许多教育决策者与领导者都倾向于"商业"或"公司治理"(corparate governance)模式,认为目标、责任都非常明晰且高效的公司治理模式值得效仿,可以改变教育行政及公立学校的运行体系与组织功能。

由此,"公司治理"模式成为美国教育决策与管理改革的主流思路。只要确定在哪一级实施改革,便会将"公司治理"模式引入那一级。例如近十年来,当许多教育决策与领导者认为影响课程改革实施"最关键的因素"不是教师,也不是州一级政府,而是地方政府的"学校董事会"(school board)时,便用"公司治理"模式来重构地方"学校董事会"的管理体系。事实上,"公司治理"甚至堪称当前美国各级政府最推崇的管理模式,包括现任教育部长邓肯(A. Duncan)也是"公司治理"专家,并在各地推广公司治理,试图使地方政府的教育管理机构与其所辖学校,都能像"绩效卓著的公司"那样,上下目标一致,信息通畅,分工清楚,并通过高效的组织行动实现目标。[②]

当然,就美国地方教育治理体系的建构与发展而言,各地之间仍存在不小差异,有的是将治理权下放到学区,甚至将希望寄托于"校本管理"(school-based management),有的则是反其道而行之,尽力把教育治理权往上收。以芝加哥市为例,它的突出之处便是启动了所谓的"整合治理"

---

① National Commission on Governing America's Schools. *Governing America's Schools:Changing the Rules*[R]. Denver:Education Commission of the States,1999:1.

② McAdams,D. R. *What School Boards Can Do:Reform Governance for Urban Schools*[M]. New York:Teachers College Press,2006.

(integrated governance)计划。该计划始于1995年芝加哥市颁布的《芝加哥学校改革修正案》(*Chicago School Reform Amendatory Act*),其特点正是将此前高度分化的教育治理权整合起来,使"整个芝加哥公立学校体系像是成了直属市政府的一个教育部门",而且归市长一人控制,由市长挑选合适的人统一管理全市公立学校的课程与教学改革。[①] 需要指出的是,芝加哥完成"整合治理"后,其管理仍是采取"公司治理"模式。芝加哥也因市长独掌决策与组织大权,雷厉风行地在全市公立学校推行公司化的质量标准与绩效管理,并提高了芝加哥公立学校的学业成绩而声名大振。芝加哥教育CEO邓肯后来也被奥巴马调往白宫,主持全国教育。[②]

与美国政府的情况相一致,在英国,政府也是从20世纪90年代起开始采纳"公司治理"模式来变革教育决策与管理,希望公共教育管理部门及其所辖学校能变成为"顾客"(学生、家长)生产、提供优质教育服务的集团公司。与之相对应,课程与教学改革领域也引入了"新公共管理"这一治理模式,其具体措施包括"引入竞争机制、新管理技术、新激励机制、加强业绩考核,以及鼓励契约主义(contractualism)"等,从而使英国政府的基础教育决策与管理进入了所谓"新教育治理"(the new governance of education)阶段。[③]

为此,英国政府采取了以下几种基本的政策治理工具:"①根据学生数量配置经费,提高学校在吸引学生方面的竞争程度;②鼓励公众尤其是家长参与学校决策过程;③加强教师及其他教育专业人员对于家长的责任感;

---

① Kirst, M. W. Mayoral Influence, New Regimes, and Public School Governance[J]. *Yearbook of the National Society for the Study of Education*, 2005, 102(1): 205; Wong, K. & Dreeben, R. et al., Education Policy: Integrated Governance as A Reform Strategy in Schools[J]. *International Journal of Economic Development*, 2000, 2(2): 218.

② Bryk, A. S. & Sebring, P. B. et al. *Organizing Schools for Improvement: Lessons from Chicago* [M]. Chicago: University of Chicago Press, 2010. Giroux, H. A. Obama's Dilemma: Post Partisan Politics、and the Crisis of American Education [J]. *Harvard Education Review*, 2009(2): 250-265. 当然,也有人怀疑芝加哥及邓肯的教育改革成绩乃是政治"神话",参见 Brown, J. et al., Arne Duncan and the Chicago Success Story: Myth or Reality? [EB/OL]. http://www.rethinkingschools.org/restrict.asp?path=archive/23_03/arne233.shtml, 2011-10-11.

③ Pierson, C. The New Governance of Education: The Conservatives and Education 1988—1997[J]. *Oxford Review of Education*, 1998, 24(1): 131-142.

④减少政府教育部门直接插手办学，赋予学校更多的自主权，地方教育当局的管理功能转向以战略规划与指引为主。”[①]而为了使这些政策治理工具发挥更大的威力，激励更多学校响应政府的质量竞争计划，英国政府同样发展了一系列市场化的质量竞争机制，其中也包括“教育券”和“择校”。

进入21世纪，英国政府仍在沿用市场化或半市场化的教育治理模式。如著名教育社会学家波尔(S. Ball)2008年所言，英国教育决策者思考教育(管理)问题时，“首选的视角是经济学”。[②] 2009年，波尔又进一步指出，所谓英国“新教育治理”的核心特征正表现为政府从“经济学的角度”大量采纳市场化甚至“私有化”(privatisation)的管理模式与运作机制，同时积极吸收民间团体参与教育政策制定与教育绩效评估，这使得英国政府组建起了一个结构多元的“教育治理网络”，来分担政府的教育治理与教育服务供给重任。[③]

至此已不必再去进一步考察英美等国政府的治理思路及其课程改革治理建构实践，而应反思治理理论对于课程决策与管理改革的意义。前文曾提到，罗茨、斯托克等治理理论家都倾向于认为，政府应将公共事务的治理权让渡给“社会”，由非政府组织来处理，因为公共事务本来就属于“社会”，当前“社会”的自我组织与自我治理能力也完全可以胜任“没有政府的治理”(governing without government)。[④] 然而从英美等国政府的课程改革治理实践来看，固然存在政府将治理权让给非政府组织的“分权”趋势(这一点波尔等人都曾有过揭示)，[⑤]但英美政府并不会完全退出，或彻底由非政府组织全权负责课程改革，相反，政府一直在通过整合社会力量，寻求扩大自己

---

① Arnott, M. A. et al. eds. *The Governance of Schooling: Comparative Studies of Devolved Management*[M]. London: Routledge, 2000: 10-11.

② Ball, S. J. New Philanthropy, New Networks and New Governance in Education[J]. *Political Studies*, 2008, 56(4): 747-765.

③ Ball, S. J. Privatising Education, Privatising Education Policy, Privatising Edcuational Research: Network Governance and the “Competition State”[J]. *Journal of Education Policy*, 2009, 24(1): 83-99.

④ Rhodes, R. The New Governance: Governing without Government[J]. *Political Studies*, 1996, 44(4): 652-667.

⑤ Ball, S. J. Privatising Education, Privatising Education Policy, Privatising Edcuational Research: Network Governance and the ′Competition State′[J]. *Journal of Education Policy*, 2009, 24(1): 83-99.

的教育治理业绩与影响，进而增强政权的政治合法性。从美国联邦政府在制定课程改革政策时反复与全国教育协会（National Education Association）这一最大的教师工会组织进行协商，达成互惠协议；到芝加哥市政当局与企业、学术、社会等领域的精英人士联手展开行动，都可以看到各级政府多渠道扩大治理影响力的努力。① 至于英国的情况，则如伯明翰大学政治学新秀古德温（M. Goodwin）2011 年所指出的那样，英国政府近十多年来在课程改革方面采取的"市场化"或"私营化"治理模式，并不像波尔等人所批判的那样，是在"把教育治理权拱手让给私人部门"，而是"通过启动市场化的治理机制进一步加强了政府对于教育的控制。"②

英美等国政府的课程改革治理建构实践表明，罗茨、斯托克等西方治理理论家所提出的理论，如"无中心的社会"，即使放在西方语境，也并不完全符合现实。或者说，就课程改革这一公共事务而言，英美等国政府早已形成了自己的治理模式与实践。当然，真正重要的还是以下两点：

首先，在发展课程改革治理这一点上，英美等国政府已积累了相当丰富的经验，至少从 20 世纪 90 年代中期开始，就依靠启用公司治理，将政府的教育决策与管理引上了所谓"新公共管理"的发展阶段，形成了相对成熟的公司或市场化的治理模式，尽管英美等国政府远没有建成令广大教师、家长都满意的教育公共服务生产与供给体系，仍需处理公司模式引发的复杂教育治理关系，③发展更有效的政策形成机制、成绩评价工具、教学改进机制以及政府与教师、社会的沟通机制等一堆课程治理难题。④

其次，虽然罗茨、斯托克等治理理论家的理论并不完全与英美等国政府的课程改革治理建构实践相符，但他们提出的治理理论仍能解释英美等国政府引入治理这一新思路来革新其课程改革决策与管理的种种趋势。具体

---

① Bryk, A. S. & Sebring, P. B. et al. *Organizing Schools for Improvement: Lessons from Chicago*[M]. Chicago: University of Chicago Press, 2010: 168-187.

② Goodwin, M. *Education Governance, Politics and Policy under New Labour*[D]. Birmingham: University of Birmingham, 2011: 10.

③ Timar, T. B. School Governance in California[Z]. UCLA's Institute for Democracy, Education & Access, 2002.

④ Manna, P. *How Governance of K-12 Education Influences Policy Outputs and Student Outcomes in the United States*[R]. Philadelphia: The Annual Meeting of the American Political Science Association, 2006. 8. 31-9. 3.

来说，治理理论可以解释英美等国政府为革新课程决策与管理所投入的以下几种努力：①分权与启动市场化的竞争机制；②引入公司治理或新公共管理模式进行组织重构，如目标一致、结果取向的问责制与绩效管理体系、在组织内部各部门之间发展高效的协商与合作机制；③多元化的治理结构，尽可能多地吸纳政府以外的有益力量，同时减少消极力量，如邓肯担任芝加哥教育 CEO 时，与各界精英联手研制并推行质量标准，同时严禁受助学校教师加入工会；④发展可以有效应对复杂关系局面的多重治理机制与协调机制，并依靠它使各相关组织与利益群体能够知晓课程改革的质量目标、措施与实际结果，进而可以协同参与教育生产的决策和管理。

可以说，从治理理论的角度看，英美等国政府在课程改革方面的确发展出了相当成熟的能对各方力量进行有效处理（吸纳或化解）的决策与管理体系，各级政府的教育治理意识与能力也因为治理结构与机制相对健全而可以得到提高。关于这一点，即使是波尔等批判者，也不得不承认，只是波尔一直不忘提醒，按公司模式或市场化思路治理下去，英国的“国家教育”（state education）必将支离破碎，其公益性也将日益受到破坏。[①]

持建设性立场的学者则在探索如何进一步完善政府已有的教育治理体系。如古德温便在思考为了进一步推动“学校竞争”，英国政府可以怎样落实其新近提出的“大社会”（big society）治理理念。[②] 美国的情况也是如此，尽管自联邦政府从 20 世纪 80 年代发动课程改革起，就有阿普尔、吉鲁等人站出来，批判其“新自由主义”路线的反民主性，直到今天，反对声音仍然不绝于耳，[③]但也有许多学者是以建设的立场思考如何完善政府的课程改革治理，比如当政府的教育治理能力与体系日益发达时，一些学者便在探索如何避免使学区、一线学校和教师疲于应付上级的各种考试、报表与考核制

---

① Ball, S. et al, Education Policy and Philanthropy - the Changing Landscape of English Educational Governance[J]. *International Journal of Public Administration*, 2011, 34(10): 646-661.

② Goodwin, M. *Education Governance, Politics and Policy under New Labour*[D]. Birmingham: University of Birmingham, 2011: 239-240.

③ Anderson, N. NEA Attacks Administration's Education Reform Plan[N]. *The Washington Post*, 2009-8-1.

度,丧失教育创造性。[①]

中国近十几年来也在实施课程改革,并且国家与地方教育决策层近几年也开始从治理角度思考创新已有的教育决策与管理,发展“社会力量”广泛参与的“教育公共治理”格局。在此教育决策与管理改革背景下,课程理论界近些年也开始探索如何改革已有的课程管理与“课程权力”结构,建构“向社会分权”的“课程权力”新结构框架。与英美等国已积累了相当丰富的课程改革治理经验相比,国内的课程改革治理探索则尚未正式开始。不过,国家最高决策层的“教育公共治理”意识及课程理论界已有的课程管理与“课程权力”革新思考,却为本书从治理角度探索如何完善国家及各级政府的课程决策与管理,提供了宝贵的政策与理论支持,使得本书可以从治理理论出发,探讨怎样立足于民间公益组织这一“具体的社会力量”,来弥补、完善国家及各级政府已有课程改革治理的不足之处,为国家及各级政府处理好课程改革,稳步推进课程改革,寻求新的动力机制。

第二节　民间公益组织与课程改革治理

治理理论为分析政府的课程决策与管理变革提供了许多新思路。比如,仅仅立足于治理理论的这一点内涵,即治理理论重视政府内部各部门在处理公共事务中形成目标一致的“跨界协作关系”,便可以分析教育主管部门与相关政府部门在课程改革方面的“跨界协作关系”。而实际上,正如北京师范大学公共政策学教授张秀兰所指出的那样,在中国,国家最高决策层在教育发展上其实一直都有十分明确的战略目标,但“教育发展涉及多个政府部门”,当前所缺的恰恰是“部门间的横向谈判机制”,和“政府间责任的分担机制和责任追究机制”。1993年制定的4%教育经费目标之所以迟迟难以实现,就与政府部门间缺乏目标一致的商议协作机制有关。[②]

---

① Timar, T. B. The “New Accountability” and School Governance in California[J]. *Peabody Journal of Education*, 2003, 78(4): 177-200; Sunderman, G. L. *Holding NCLB Accountable*[M]. Thousand Oaks: Corwin Press, 2008.

② 张秀兰. 中国教育发展与政策30年[M]. 北京:社会科学文献出版社,2008:16—17.

张教授的分析从一个侧面说明了治理理论对于分析国内课程改革治理体系的启示意义。然而本书并不是借助于治理理论的政府内部协作观点，探讨如何发展政府教育主管部门与政府其他相关部门之间的沟通协作机制，而是从治理理论的另一点内涵——政府部门与社会组织、民间志愿团体等"社会力量"合作处理公共事务——出发，研究民间公益组织参与课程改革及其对于革新、完善政府课程改革治理具有何种意义。但在此之前，显然需要弄清何谓民间公益组织，以及为什么要把民间公益组织引入课程改革治理。

一、何谓民间公益组织

民间公益组织首先是指具有合法身份的社会组织或团体。广义地看，判断某一社会组织是否具有"合法性"(legitimacy)，就是分析该社会组织能否获得某一公认的"权威"机制的认可。历史上，公认的"权威"机制包括国家与政府制定的法律与行政规则、民间道德文化习俗、社会行业规范等，它们均可以让某一组织具有一定程度的"合法性"。[①] 本书选择的是狭义的"合法性"，即当代德国著名社会理论家哈贝马斯(J. Habermas)所说的国家"政治秩序"赋予的"合法性"。[②]

在中国目前的国家法律与行政体系中，民间公益组织有四种基本途径获得"合法"身份(见图 1-1)。

1. 按照 1998 年 10 月国务院颁布的《社会团体登记管理条例》中的规定，形成"50 个以上的个人会员或者 30 个以上的单位会员"的组织规模，同时找到对应的挂靠"业务主管单位"，然后向民政部门登记成为合法的"社会团体"。[③]

2. 按照 1998 年 9 月国务院颁布的《民办非企业单位登记管理条例》，组织数量不限的"与业务活动相适应的从业人员"，"经业务主管单位审查同

① 马克思·韦伯. 论经济与社会中的法律[M]. 张乃根译. 北京：中国大百科全书出版社，1998：118；Rhoads, J. K. *Critical Issues in Social Theory* [M]. Pennsylvania ：The Pennsylvania State University Press，1991：167.

② 哈贝马斯. 交往与社会进化[M]. 重庆：重庆出版社，1989：184.

③ 国务院. 社会团体登记管理条例[EB/OL]. http://www.chinanpo.gov.cn/web/showBulltetin.do? id=16084&dictionid=1202，1998-10-25/2011-11-30.

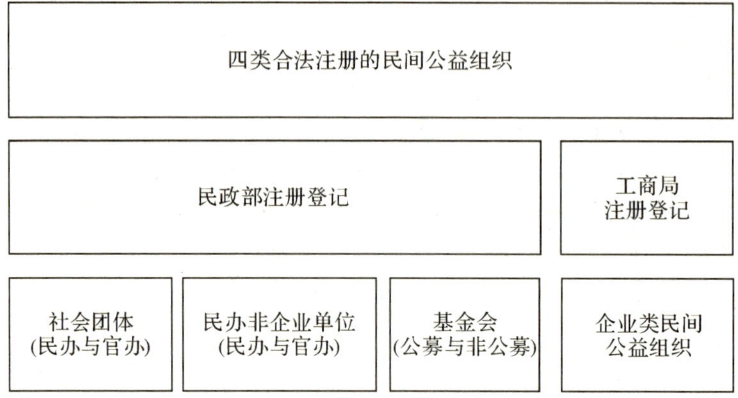

图 1-1 民间公益组织获得“合法”身份的四种基本途径

意”，向“县级以上”民政部门登记成为合法的“民办非企业单位”。①

3. 按照国务院 2004 年 2 月颁布的《基金会管理条例》的规定，成立“全国性公募基金会”（原始基金不低于 800 万元人民币）或“地方性公募基金会”（原始基金不低于 400 万元人民币），或“非公募基金会”（原始基金不低于 200 万元人民币）。②

4. 如果找不到挂靠单位，或原始资金不够以及即使够也无法成立注册基金会，还可以去工商局登记成企业。在本书考察的民间公益组织中，21 世纪教育研究院就选择去工商局登记成了“企业”。

1998 年，国务院针对两大主要民间组织颁布了管理新条例。这一年可以说是中国“社会组织”管理大调整的一年。同样是在这一年，国务院还将“设于民政部的社会团体管理局改为民间组织管理局”。③ 民政部民间组织管理局的基本职能正是对国内的“社会团体”、“民办非企业单位”、“基金会”进行“登记管理与执法监督”，“指导和监督地方对社会团体、基金会、民办非企业单位的登记管理工作”，同时“承担境外非政府组织在华机构的登记管

① 国务院. 民办非企业单位登记管理条例[EB/OL]. http://www.chinaacc.com/new/63/74/1998/10/ad561211115201899l442.htm，1998-9-25/2011-11-30.

② 国务院. 基金会管理条例[EB/OL]. http://tradeinservices.mofcom.gov.cn/b/2004-03-08/24310.shtml，2004-2-4/2011-11-30.

③ 王名. 中国 NGO 的发展分析[J]. 管理世界，2002(8)：30—43.

理和执法监察工作”。[①] 本书所考察的民间公益组织不包括“境外非政府组织”，而正是民政部认可的本土“社会团体”、“民办非企业单位”、“基金会”。这意味着就民间公益组织而言，民政部其实已为本书提供了最权威的参考定义与三大分类。

按照国务院颁布的管理条例，这三类民间公益组织的定义是：①“社会团体”，是“指中国公民自愿组成，为实现会员共同意愿，按照其章程开展活动的非营利性社会组织”；②“民办非企业单位”，是“指企业事业单位、社会团体和其他社会力量以及公民个人利用非国有资产举办的，从事非营利性社会服务活动的社会组织”；③“基金会”，是“指利用自然人、法人或者其他组织捐赠的财产，以从事公益事业为目的，按照本条例（指 2004 年《基金会管理条例》）的规定成立的非营利性法人。”[②]

这些官方定义显示，作为被民政部认可的合法“民间组织”，三大类民间公益组织在背景方面存在不小差异，这种差异最突出的表现为，与“社会团体”相比，“民办非企业单位”和“基金会”在资金来源方面的本质特点在于它们分别是依靠“非国有资产”和合法的“捐赠”，而有的“社会团体”则可以依靠国有或政府资源并且拥有可观的国有或政府资源依靠空间。事实上，学术界之所以常常认为，在中国，许多民间组织都不是真正意义的民间或非政府组织，各民间或社会组织之间也不存在平等的地位，缺少公共事务治理竞争机会，正是因为许多“社会团体”往往拥有明显的政府背景。[③]

不过，官方定义在规定“民办非企业单位”、“基金会”本质上是依靠“非国有资源”的同时，并没有严格限制它们不可以获得国有资源。这意味着它们仍有可能依靠自己的公共服务表现以及私人关系网络和不断完善的民主化机制，去争取国家或政府的“捐赠”与平等的制度待遇，甚至有可能被政府纳入（如果双方觉得这样做可以双赢）。当然，就民间公益组织的定义与类型而言，更值得注意的一点是，国家十分强调，民政部门管理的三类“民间组织”都必须是“非营利性”的公益机构。同样，选择登记成“企业”的民间公益

---

① 参见民政部民间组织管理局官方网站，http://mjj.mca.gov.cn/article/jgzn/，2011-10-30.

② 参见新华网，http://news.xinhuanet.com/zhengfu/2004-03/18/content_1372870.htm，2011-10-30.

③ 康晓光.转型时期的中国社团[J].中国青年科技，1999(10)：11；王名.中国 NGO 的发展分析[J].管理世界，2002(8)：31.

组织，如21世纪教育研究院，也是将“非营利”、“公益性”作为自己的基本组织特征。本书之所以不用民间组织，而是用民间公益组织，正是为了突出本书所考察的乃是非营利性和公益性的民间组织，因为中国确实存在许多营利性的民间组织（如房产中介、教育中介）钻政策空子，也登记成“社会团体”或“民办非企业单位”，造成税收流失，破坏公共领域的健康发展，[①]同时还挤占了业务领域相近的民间公益组织的登记空间，甚至使后者无奈登记成纳税的企业。[②]

优化政府民政部门的民间组织管理与监督机制，整顿当前民间组织的混乱局面，为公益性民间组织创造更好的发展空间，是本书探讨国家如何进一步激发民间公益组织参与课程改革治理时必然会涉及的议题，但此刻只想强调，从民政部民间组织管理文件来看，可以对本书所说的民间公益组织给出以下几点基本界定：①它们不包括“境外非政府组织”，诸如福特基金会、国际青年基金会、关爱儿童、中国之友等等（尽管如张民选教授所言，这些国际非政府组织为中国贫困地区的教育发展做了许多事情，很值得深入研究）；[③]②本书所考察的本土民间公益组织是指被国家法律与行政条例认可的“非营利性”民间组织，其基本类型包括“社会团体”、“民办非企业单位”、“基金会”和非营利“企业”；③在这四类民间公益组织中，本书尤其关注那些在课程改革治理方面志愿做了许多有益事情、本应获得更多国家制度支持但至今仍未获得的“民办非企业单位”、“基金会”和非营利“企业”。

为了进一步呈现本书所考察的民间公益组织的性质，还应该参考学术界的相关研究成果，从而弥补政策文本在民间组织的组织特征方面的不详之处。就学术界的相关成果来看，国内民政部门管理的民间组织以及本书所考察的民间公益组织一般被统一称为“非政府组织”（Non-government Organization，简称NGO）或“非营利组织”（Non-profit Organization，简称NPO）。偶尔也会被称作“政府”、“企业”之外的“第三部门”（the third sector）。西方学术界专门的非政府或非营利组织研究兴起于20世纪80年代。非政府组织作为概念正式进入中国，则是在1995年世界妇女大会在北

---

① 袁红，黄文江，聂云．理顺民办非企业单位登记权属迫在眉睫——对荆州城区民办非企业单位登记情况调查引出的思考[J]．工商行政管理，2002(16)：24—25.

② 王名．中国NGO的发展分析[J]．管理世界，2002(8)：31.

③ 张民选．国际组织与教育发展[M]．上海：上海教育出版社，2010：291—292.

京召开之际。当时，国家层面开始用“民间组织”来称呼非政府组织。[①] 此后几年，清华大学、北京大学、中国人民大学和浙江大学等高校相继成立NGO研究所、非营利组织研究中心或公民社会研究中心，在中国学术界掀起一股持续至今的非政府组织研究热潮。

中外学术界往往认为，就非政府组织的定义或基本组织特性而言，西方非政府组织研究的开山鼻祖、约翰·霍普金斯大学公民社会研究中心主任莱斯特·萨拉蒙(L. Salamon)教授给出的基本定义广被学界接受。该定义认为，非政府或非营利组织必须具备以下五点基本特征：①组织性，拥有合法、固定的组织机构；②非政府性，体制上和政府分离，并且组织的主要资源不是来自政府；③非营利性，组织运营不是为组织及组织成员积累利润，且如果有盈利，也必须用于组织使命所规定的公益事业；④自治性，内部管理与活动展开都不受政府、企业等外部意志控制，而是按照自己的组织理想与章程自主进行；⑤志愿性，组织治理与活动都表现出相当程度的志愿性，甚至可以吸引大量的志愿者。[②]

萨拉蒙的定义尤其看重非政府或民间组织的“非政府性”和“非营利性”。关于民间组织的“非营利性”，国内的管理条例也持相同观点。但论及“非政府性”这一点，国内许多被民政部门认可的民间组织便很难算是真正意义的民间组织。尤其是国内民间组织中的“社会团体”，更是具有强烈的“政府性”。而且拥有合法身份的民间组织或“社会团体”也会积极寻求“嵌入”国家体制，以获得更大的发展空间。[③] 另一方面，国家为了推动政府职能转型，又在鼓励体制内的“社会团体”走出去，成为国家宏观指导下自力更生、主动开拓的社会组织。

一定意义上，正是这种“剪不断、理还乱”的复杂局面使得人们很难按照西方学者的权威界定来把握国内的民间公益组织。也许随着国家对于民间或社会组织的管理制度与调控机制更加健全，这种略显凌乱的概念状况也会慢慢消除。但在此之前，任何围绕民间或非政府组织展开的研究仍需要

---

① 王名. 中国NGO的发展分析[J]. 管理世界，2002(8)：30.

② Salamon, L. Nonprofits: The Results Are Coming In[J]. *Foundation News*, 1984(26): 116-223; Salamon, L. *The Emerging Sector*[M]. Maryland: The Johns Hopkins University, 1994.

③ 康晓光. 分类控制：当前中国大陆国家与社会关系研究[J]. 社会学研究，2005(6)：73—89.

在概念上做出相对清楚的界定。就这一点而言，中国高校已有的非政府组织研究中心和专业的非政府组织研究者所面临的理论压力尤为紧迫，而他们也采取了果断且明智的理论界定。例如中国人民大学非营利组织研究中心主任康晓光教授便认为，在考察中国非政府组织时，不能也不应拘泥于萨拉蒙的权威界定，在中国，只要是依法注册的正式组织，从事非营利活动，满足志愿性和公益性要求，同时具有一定程度的独立性和自治性，便可以称为“中国的 NGO”。[①]

清华大学非政府组织研究所所长王名教授也认可康教授的定义。而一些年轻的非政府组织研究者则干脆避开不同称呼之间的内涵差异，把民政部门登记的三大类民间组织（即社会团体、民办非企业单位和基金会）、工商局注册但以慈善公益为目的的企业和难以注册的“草根”公益组织，一并称为非营利组织或非政府组织。[②] 这些都是国内学者为了操作方便而不得不采取的概念变通方法。

学术界的非政府组织研究及国内学者的概念变通策略表明，本书所考察的本土民间公益组织也可以称作“中国的非政府组织”或“中国的非营利组织”。加上“中国的”，正好可以显示本土民间公益组织的特殊“双重性”：在中国的政治社会语境中，无论本土民间公益组织内部怎样健全、增强“自治机制”，都不同程度地要受到“行政机制”的支配，而不可能完全成为萨拉蒙界定的“非政府组织”。[③]

进而言之，如果西方的民间或“非政府组织”确如萨拉蒙所说，其最重要的特征是“非政府性”和“非营利性”，那么中国的民间或非政府组织最重要的特征则集中表现为体制上的“双重性”和运行上的“非营利性”。在这一总体组织特征下，各种本土民间组织仍有差异，但这种差异仅在于谁拥有或谁可以获得更多的“体制依赖”。[④] 其次，对照国内学术界的非政府组织研究，本书所考察的本土民间公益组织除了“社会团体、民办非企业单位、基金会”以及“非营利企业”等四类合法注册的民间组织或社会组织外，还包括由于人员、资金有限和机构（办公场所）不固定，达不到注册要求的草根性民间公

---

① 康晓光. NGO 扶贫行为研究[M]. 北京：中国经济出版社，2001：2.

② 韩俊魁. NGO 参与汶川地震紧急救援研究[M]. 北京：北京大学出版社，2009：1.

③ 康晓光. 转型时期的中国社团[J]. 中国青年科技，1999(10)：11.

④ 郁建兴，周俊. 公共事务治理中的公民社会[J]. 二十一世纪，2008(4)：100—107.

益组织或志愿团体。[①]

综上所述，可以对本书所考察的民间公益组织做出以下几点界定：①它们主要是指依法登记注册的民间组织，其基本特征是从事非营利活动，满足志愿性和公益性要求，同时具有一定程度的独立性和自治性；②按照国家相关政策及合法登记渠道，可以进一步将本书考察的民间公益组织分为"社会社团"、"民办非企业单位"、"基金会"（公募与非公募基金会）和"非营利企业"等四类；③虽然它们名义上都是民间公益组织，然而相比于"非公募基金会"、"民办非企业单位"及"非营利企业"，类似中国青少年发展基金会、中国教育学会这样的"全国性公募基金会"或"社会团体"都有一定的体制或政府背景，并非真正意义的非政府或民间组织，在分析民间公益组织的课程改革参与空间与参与行动时需要考虑这些差异，但在分析参与功能时，仍可以把它们整体看作民间公益组织，成为真正成熟的民间公益组织也是这几类民间组织的共同目标；④除合法注册的四类民间公益组织外，本书所说的民间公益组织还包括那些因为注册资格不够、无法获得合法身份的草根民间组织与志愿者团体，它们也在课程改革（尤其是农村课程改革与基础教育发展）中起到了积极的参与作用与治理功能。

二、民间公益组织参与课程改革治理及其与国家的关系

接下来所要探讨的是民间公益组织参与课程改革治理的必要性。在这个问题上，学术界大致提供了以下几种理论参考：①政府与市场机制"失灵"理论，认为"搭便车"、疯狂逐利、信息不对称以及政府被特权阶层支配、专制和腐败等，经常会使得市场与政府机制无法实现公共利益，必须由公益性的非政府组织补充；[②]②民主与"公民社会"理论，认为与传统的专制体制不同，现代民主政治的突出特征便是政府尊重民意，进而培育各种表达民意的

① 此外或许还需补充一点，本书之所以没有用"社会公益组织"，是因为考虑到，广义地看，各级政府和大学的科研机构等公共机构理论上也可以看成是社会公益组织，而民间公益组织不仅可以凸显公益性和非营利性，还可以更直接地表明它是政府或企业组织之外的组织形式。

② Salamon，L. Nonprofits：The Results Are Coming In[J]. *Foundation News*，1984(26)：116-223；王绍光. 多元与统一[M]. 杭州：浙江人民出版社，1997；沈原. 市场、阶层与社会[M]. 北京：社会科学文献出版社，2007.

"公民社会"组织，并与各种"公民社会"组织形成民主、平等的治理合作关系；[①]③非政府组织文化优势理论，认为公益性的非政府组织不仅可以弥补政府、市场失灵造成的公共资源配置与公共服务供给缺失，而且能在日益物质化的"后工业社会"重建一种更人性化、更能给现代人提供"归属感"和"价值实现"的社会组织形式或"生活方式"。[②]

以上是学术界从经济学、政治学及人本主义理论等角度论证了民间或非政府组织参与治理的必要性。应该说，学界提出的几种理论观点都有益于深入思考民间公益组织参与课程改革的必要性与多重价值。但在课程改革治理研究领域，主张民间组织参与的学者们并没有扯得太远，更多的还是从课程改革治理本身的复杂格局与实际需要出发，来分析为何需要民间组织参与课程改革治理。其中，在复杂格局方面，比较一致的观点是认为，课程改革是一项结构关系极其复杂的公共事业，政府无法单独协调好其中的复杂关系，必须依靠各类非政府组织的积极与有效参与，形成集体行动。非政府组织同样无法单独处理好课程改革，而必须与政府携手治理课程改革，才可能实现课程改革的公共目标。[③]

更进一步的分析是将课程改革治理所涉及的"关系网络"(networks)列出来，彰显非政府组织参与的必要性。例如一些学者在考察美国州政府的课程改革治理体系时便指出，州长、州议会和州教育厅(State Education Agency)等"政府治理主体"在政策制定、落实的过程中，必然要从联邦、州、地方等层面寻求治理资源，州政府的课程改革治理因此会形成由"州议员、州长、州教育总监、州法院、公共与私人利益团体、教科书出版商、考试开发与考试服务机构、基金会、民间智库、大学"等庞杂主体构成的复杂格局。[④]

---

① 俞可平.中国公民社会的兴起与治理的变迁[M].北京：社会科学文献出版社，2002；Catlaw，T. J. From Representation to Compositions：Governance Beyond the Three-Sector Society[J]. *Administration Theory and Praxis*，2007，29(2)：225-259.

② 卢咏.第三力量：美国非营利机构与民间外交[M].北京：社会科学文献出版社，2011：17—20.

③ Uvin，P. et al. Think Large and Act Small：Toward a New Paradigm for NGO Scaling Up[J]. *World Development*，2000，28(8)：1409-1419；Kraeger，P. NGO Legitimacy：Challenges with Globalization and Education Reform[J]. *Public Administration Review*，2010，70(1)：168-170.

④ Timar，T. B. School Governance in California[Z]. UCLA's Institute for Democracy，Education & Access，2002：1.

在此复杂格局下，如果政府各部门一意孤行，不能在政府各部门之间、政府与非政府部门之间，形成目标统一、沟通顺畅的治理“关系网络”，课程改革便无法有效进行下去。[①]

至于从课程改革治理的实际需要出发论证民间或非政府组织参与的必要性，则贯穿于整个课程改革的决策与管理实施过程，具体包括：①分析为何需要民间或非政府组织参与课程改革的政策制定，认为许多国家(尤其是第三世界国家)根本无力形成能有效应对社会转型的课程改革政策，急需国际非政府组织的专业与资源援助，[②]即使政策制定相对成熟的西方国家，也会因为信息与机制有限，无法单独做出令公众满意的课程决策；[③]②分析民间或非政府组织参与课程改革的政策实施与管理过程，认为课程政策只要一实施，必然会涉及不同的社会利益群体，此时仍去探讨为何需要民间或非政府组织参与课程改革治理，已经没有意义，而应思考如何让政府与非政府组织形成良好的治理关系。[④]

这里无法弄清课程理论界的上述论证对于政府决策者邀请非政府组织参与课程改革治理产生了何种影响。不过，自 20 世纪 90 年代西方各级政府尝试以治理理论重构政府的课程决策与管理以来，便已达成共识：课程改革需要各类“社会力量”的积极参与，政府必须与民间组织达成良好的治理关系。以美国为例，在各级政府的联络与推动下，以及各类非政府组织主动采取行动，各类非政府组织在课程改革的各个领域几乎都是重要的治理力量，甚至政府的各项课程改革措施顺利实施，首先取决于非政府组织的态度与反应。

---

① Wirt, F. M. et al. *The Political Dynamics of American Education*[M]. Berkeley: McCutchan Publishing Corporation, 1997; Manna, P. School's. *Federalism and the National Education Agenda*[M]. Washington, DC: Georgetown University Press. 2006.

② Silova, I. et al. *How NGOs React: Globalization and Education Reform in the Caucasus, Central Asia and Mongolia*[M]. Bloomfield: Kumarian Press, 2005.

③ Timar, T. B. The Institutional Role of State Education Departments: A Historical Perspective[J]. *American Journal of Education*, 1997, 105(3): 231-260; Goodwin, M. *Education Governance, Politics and Policy under New Labour*[D]. Birmingham: University of Birmingham, 2011.

④ Marinetto, M. Governing beyond the Centre: A Critique of the Anglo-Governance School[J]. *Political Studies*, 2003, 51(3): 592-608; Bevir, M. *Democratic Governance*[M]. Princeton: Princeton University Press, 2010.

例如，会员数量达320万人的“全国教育协会”（即著名的NEA）和会员数量达150万人的“美国教师联合会”（The American Federation of Teachers）两大教师非政府组织，便是可以左右美国联邦政府课程改革能否顺利实施的巨大民间力量。这两大代表教师的组织长期以来曾从自己的考虑出发，抵制“择校”、“绩效工资制”、辞退业绩总不达标的教师等政府为有效治理课程改革采取的政策措施。斯坦福大学教育政策学教授摩尔（T. Moe）甚至认为，课程改革之所以难以改变公立学校的运作体系与教学成绩，就是因为民间教师组织的“特殊利益”从中作梗。① 当然，势力强大的民间教师组织其实并不会像摩尔教授所说的那样，一味抵制政府的课程政策，尤其是当前公众普遍支持课程改革以提高教学成绩的社会背景下，民间教师组织更是会支持政府措施，只是反对“教育券流入私立学校”而已。②

民间教师组织的“理性”行为表明，在课程改革治理方面，美国政府与民间组织、社会团体之间的关系并非像西方一些理论家所勾勒的那样，呈现出“国家与社会”对立格局，而更倾向于形成“双赢”的“伙伴”合作关系。正是在此关系框架下，各类非政府组织得以参与政府课程政策的制定与实施过程。例如在美国联邦教育政策层，国家科学院、美国科学家联盟、电子产业联合会等非政府组织以及“美国竞争力委员会”这样的“著名民间智囊团”近十年间便在联邦政府形成新的科学和数学教育政策方面扮演了重要作用。③ 在地方政府的课程改革治理中，非政府组织的身影同样十分活跃。例如，2005年，当屡屡不能提高教学成绩的洛杉矶市政府决定革新该市的“教育治理结构与体系”时，便邀请著名“民间智库”兰德公司（Rand）加入进来，提供“研究支持”。④

类似的案例可谓数不胜数，它们同样可以说明，英美等国的课程理论界与政府决策层均已充分认识民间组织参与课程改革治理的重要意义。相比

---

① Moe, T. Special Interest: *Teachers Unions and America's Public Schools* [M]. Washington DC: Brookings Institution Press, 2011.

② Kahlenberg, R. *Review on* "Special Interest"[EB/OL] http://www.tnr.com/book/review/special-interest-terry-moe, 2011.8.12.

③ 赵中建.创新引领世界[M].上海：华东师范大学出版社，2007：7—18.

④ Augustine, C. H. et al. Options for Changing the Governance System of the Los Angeles Unified School District: Presented to the Presidents' Joint Commission on LAUSD Governance[Z]. Rand Education, 2005: 1-2.

之下，国内课程理论界与课程决策层尚未形成明确的治理意识，对于民间组织参与课程改革也没有加以重视。与此同时，本土民间公益组织也远没有发展到英美非政府组织的成熟水平。不过，正如本书将会揭示的那样，尚显稚嫩的本土民间公益组织近十年来已在课程改革领域志愿分担了许多治理重任，并因此弥补了国家、政府在课程改革方面的治理机制缺失与不足。现在的问题是，民间公益组织参与课程改革后，将会与领导课程改革的国家或政府形成怎样的治理关系。

关于民间组织参与课程改革之后会与国家、政府形成什么样的治理关系，英美等国的治理实践已显示，其总体关系状况乃是围绕“权力”与“利益”展开“博弈”，以争取“双赢”。国内外学者经过大量的理论分析与实证研究，还提炼出了许多更具体的关系模式，其中较有影响的包括以下几种：

1.“公民社会”(civil society，也译为“市民社会”)理论。该理论缘于意大利马克思主义理论家葛兰西，其基本主张认为，“现代国家”是由“政治社会”和“公民社会”共同组成，二者至今依然处于马克思当年所描写的紧张状态。[①]“公民社会”正是由各种非政府组织构成，其基本使命是遏止“国家权力”在社会或公共领域的急速扩张，保卫本属于“公民社会”自主管理的领域与活动，进而实现社会民主。“公民社会”理论在课程理论界也有广泛影响，阿普尔、吉鲁等课程改革批判家大体上都是以这种“国家权力”与“公民社会”的紧张乃至对抗的理论模式，展开对于美国国家课程改革的激烈批判。

2.“法团主义”(corporatist)理论。一定意义上讲，该理论正是对“公民社会”理论的修正，其基本观点是认为，国家权力进入公共领域，是为了改革与优化公共领域，这一目标可以被公共领域接受，因此“社会”及各种民间组织可以与“国家权力”形成良好的政治合作关系，而不是发生政治对抗。[②]20世纪80年代中后期，西方教育学界开始引入“法团主义”理论来研究教育改革和课程改革，其代表人物是加州大学洛杉矶分校教育系的教授拉斯特(V. Rust)。拉斯特考察完英国、挪威20世纪80年代以来的教育改革，指出这些国家的课程改革都是由“国家权力”发起，但并没有造成激烈的权

---

① 邓正来. 关于“国家与市民社会”框架的反思与批判[J]. 吉林大学学报(社会科学版)，2006(3)：5—9.

② Schmitter，P. C. et al. eds. *Trends toward Corporatist Intermediation*[M]. Beverly Hills：Sage，1979.

力斗争或政治冲突，相反在国家权力强势介入课程改革后，国家与各社会团体之间出现了良好的“协商与互动”。①

3.“伙伴”(partners)理论。该理论的提倡者正是美国非政府组织研究开创者萨拉蒙教授。与“法团主义”理论侧重考察政策制定过程中，国家权力与各社会群体之间的积极政治协商与互动略有不同，“伙伴”理论更关注国家与非政府组织之间在公共承担公共事务的过程中形成的近似“市场化”或“契约化”的“业务伙伴”关系，其中即使存在政治观点上的冲突，也可以暂时悬置起来。② 另一些学者则在此基础上做了些补充，认为国家与非政府的社会团体之间除了达成“合同性”或“商业化”的合作关系外，还可能在公共治理中还逐渐形成具有政治、社会意义的合作，这样才可以更完整地揭示民间组织与国家权力之间的“良性互动”。③

4.“依附关系”理论。该理论往往来自于中国本土经验研究，其基本观点是认为，在当代中国，类似“中国青少年发展基金会”这样的非政府公益组织其实具有很强的国家“体制依赖性”，甚至就是政府组织的下属部门。对于这种体制“依附关系 ”，学者们又进一步提出了“镶嵌与自主”、“分类控制”等理论。所谓“镶嵌与自主”，是指非政府组织必须首先融入国家的管理体制，然后才可以寻求“自主发展”。而“分类控制”则是指国家依据非政府组织的行动能力与作用，“对不同的非政府组织采取不同的体制监控策略”。④

5.“非正式关系”理论。“依附”理论及其后续概念有助于解释合法民间公益组织的国家关系，但仍有不足之处，因为许多民办非企业单位性质的民间公益组织的体制“嵌入”水平往往仅停留在身份获得了国家认可上，它们

---

① Rust, V. et al. Educational Reform in Norway and in England and Wales: A Corporatist Interpretation[J]. *Comparative Education Review*, 1990, 34(4): 500-522.

② Salamon, L. *Partners in Public Service* [M]. Maryland: The John Hopkins University Press, 1995.

③ Evans, P. ed. *State-society Synergy: Government and Social Capital in Development*[M]. Berkeley: Institute of International and Area Studies, 1995; Migdal, J. S. *State in Society: Studying How States and Societies Transform and Constitute One Other*[M]. New York: Cambridge University Press, 2001; 顾昕. 从国家主义到法团主义——中国市场转型过程中国家与专业团体的关系演变[J]. 社会学研究, 2005(2): 155-175.

④ 康晓光. 分类控制：当前中国大陆国家与社会关系研究[J]. 社会学研究, 2005(6): 73—89; 郁建兴, 周俊. 公共事务治理中的公民社会[J]. 二十一世纪, 2008(4): 100—107.

想进一步实现“嵌入”体制，以获得更多的发展资源与空间，却找不到明确的政策与制度渠道，在这种情况下，民间组织往往会通过一些非正式的关系途径，如运用私人关系网络、新闻媒体，来拓展与政府或其他相关实力部门的交往。这种“非正式的关系运作”在处于转型时期、制度尚需完善与健全的当代中国尤为普遍。[①]

此外，还有一些更加“非正式”的关系模式，但因为与本书关联不大，所以不做展开。总的来说，对于民间公益组织参与课程改革治理之后将会与国家、政府形成什么样的关系，国内外学者已经提供了相当充足的理论分析工具。在这些理论工具中，最需要谨慎考虑的也许是“公民社会”理论，因为它并不一定适合中国。1993 年，加州大学洛杉矶分校还曾为此问题专门召开一次研讨会，其基本观点正是认为“公民社会”理论不适合解释中国社会变革，因为中国并不存在西方意义的与“国家权力”并驾齐驱的“公民社会”。[②]

近十年来，国内有学者认为，中国已开始形成“公民社会”，因为“公民社会的发育程度在很大程度上可以由民间组织的发展程度来衡量”，当代中国社会的一大显著特征正是“民间组织自改革开放以来”呈现“爆发式的增长”。[③] 本书作者也注意到民间组织勃兴这一现象，但却不会因此采纳“公民社会”理论，因为本土民间公益组织体制上的“双重性”决定了它们不可能发展成具有政治自主性的“公民社会”组织，它们一直以来都是国家主导的公共事业领域里的志愿参与者和积极贡献者。

至于其他四种关系模式，固然也有益于本书考察民间公益组织在参与课程改革治理的过程中与国家、政府可能形成的种种合作与互动关系，但在参考它们的同时，同样需要尊重本土民间公益组织的制度现实。根据国家的“社会建设”与教育管理体制改革规划，以及复旦大学政治学教授林尚立等人的相关研究，本书将国家与民间公益组织的基本关系概括为“国家主

---

① 孙立平. 民间公益组织与治理：希望工程个案[A]. 俞可平. 中国公民社会的兴起与治理的变迁[C]. 北京：社会科学文献出版社，2002.

② 梁齐姿. 施善与教化[M]. 河北教育出版社，2001：319.

③ 何增科. 中国公民社会发展的制度环境影响评估[J]. 江苏行政学院学报，2006(4)：80—86；郁建兴，周俊. 公共事务治理中的公民社会[J]. 二十一世纪，2008(4)：100—107.

导、社会参与”。[①] 这一框架意味着，无论民间公益组织在参与课程改革的过程中，可能与国家、政府形成怎样的“法团”、“伙伴”或“依附”关系，都不会超过“国家主导、社会参与”的总格局。只有从这一总体格局出发，才能准确把握民间公益组织参与课程改革的空间、行动与功能，及其对于发展课程改革治理新机制的意义。

① 林尚立，王华．创造治理：民间组织与公共服务型政府[J]．学术月刊，2006(5)：22—28；康晓光．转型时期的中国社团[J]．中国青年科技，1999(10)：11.

第二章

课程改革治理挑战与机制创新难题

2001年，国务院批准教育部在全国发起课程改革。至今课程改革已有10多年的历史，期间出现的困难与问题，理论界已从课程、教学与教师等角度做过诸多探讨。从治理理论的角度看，各级政府在课程改革治理方面正面临国家战略调整所提出的双重挑战，但各级政府现有的课程改革治理能力并不足以有效应对当前的课程改革治理挑战，如何寻求新机制，增强现有的课程改革治理能力，因此成为各级政府推进课程改革必须解决的机制创新难题。

第一节　课程改革的形成及其双重治理挑战

自2001年课程改革在全国38个实验区实施以来，不断推进课程改革，实现国家教育发展的战略目标，便成了国家及各地政府教育主管部门必须履行的基本使命。近年来，国家根据社会转型期的趋势与要求，制定了更加完善的未来十年教育发展战略目标。国家的"教育新政"构想既为各地政府在课程改革方面探索新的决策与管理模式指明了方向，也向各地政府的课程改革决策与管理提出了新挑战。

一、"素质教育"理想与课程改革的形成

1999年6月，国家颁布了《关于深化教育改革全面推进素质教育的决

定》。该决定首次将发展“素质教育”提升为国家“科教兴国战略”的基本行动。① 3个月后，国务院便批转教育部执行《面向21世纪教育振兴行动计划》，该计划的首要目标正是实施“跨世纪素质教育工程”，而“基础教育课程改革”则是“跨世纪素质教育工程”的重点内容。正所谓“推陈出新”，除了因为新时期“科教兴国战略”需要外，国家决定“全面推进素质教育”，发展新的课程体系，还因为决策层充分意识到，20世纪70年代末推出的“重点学校”制度及“中考”、“高考”制度在实施过程中引发了无法回避的治理难题。

应该说，在20世纪80年代初各项事业急需人才的情况下，国家的确需要采取这一特殊举措。各地方教育领导也认为，为了“快出人才、早出人才，在抓好普及的同时，应当大抓重点，狠抓提高”，有的甚至把大力发展“重点学校”当作“办活教育的首要工作”。② 如果说恢复高考，让许多人找到了人生方向，那么“重点学校”制度的推出，则为刚刚结束动乱的学校与社会确立了一个非常明确的上学目标。这便是通过“严格考试”，考取“重点中学”和“重点大学”。然而，问题也随之产生。

1981年，《中国青年》杂志第20期发表了一篇题为《羊肠小道上的竞争叫人透不过气来——来自中学生的呼声》。很快《人民日报》便转载其主要内容，其中尤其令人揪心的“中学生呼声”是：

> 从小学到中学到大学，我们整天挤在这条竞争的小道上，同学之间在竞争，学校之间在竞争，家长、老师也在竞争。上上下下都让高考这根“指挥棒”指挥得团团转，叫人透不过气来。为了过好高考这一关，学校把有经验的教师集中到少数几个快班，一摞一摞的复习资料，纯粹是“填鸭”、“催肥”。死记硬背的东西太多，缺乏独立思考和丰富的想象。同学之间成了竞争的对手，互相嫉妒，互相保密。

末尾，《人民日报》援引《中国青年》的结论，指出：“少数重点学校门庭若市，多数普通学校冷冷清清，有些学校过早地给学生分科，教学上重视升学指导，忽视基础训练，题海战术，加班加点，结果既偏离了党的教育方针，也违反了教学规律。‘羊肠小道上的竞争叫人透不过气来’，这发自肺腑的呼喊，

---

① 中共中央.关于建国以来党的若干历史问题的决议[EB/OL]. http://news.xinhuanet.com/ziliao/2002-03/04/content_2543544_3.htm，1981-6-27/2011-11-14.

② 明克诚.认真学习中央书记处关于教育工作的指示，把教育办活办好——在省教育工作座谈会上的发言(摘要)[J].安徽教育，1980(8)：5.

应该引起全社会的重视和反省。”①

著名教育家、教育部顾问叶圣陶不久也在《中国青年》发表文章《我呼吁》。叶圣陶先生的呼吁对象包括:“教育部的领导”、“各省市自治区的教育局的领导们”、“大专院校的教育领导与教职员们”、“中小学领导与教职员们”、认为“进大学是成才唯一道路”的“学生的家长们”、喜欢“鼓吹哪个学校升学率高,哪个地区考分高”的“各种报刊的编辑们”,以及热衷于“印行供准备高考之用的各科问答”的“各个出版社的编辑们”。叶先生一一对之呼吁,是要“恳请大家”切勿漠视,“中学生在高考的压力下已经喘不过气来了,解救他们已经是当前急不容缓的事”。②

其实,20 世纪 70 年代末,高考和“重点学校”制度一恢复,许多地方便出现了“片面追求升学率”,③甚至因此“大量增加数理化的课时”,“随便乱砍、乱减音、体、美或史、地、生等课程”。④ 但教育最高决策层对此问题尚不够重视,叶圣陶先生在发表“呼吁”时也坦承自己听说过考试压力大,但没想到像《中国青年》说的那么大。《中国青年》的调查报告,叶圣陶的进一步呼吁,让教育部开始真正重视这个问题。1983 年,教育部正式下达《关于全日制普通中学全面贯彻党的教育方针、纠正片面追求升学率倾向的十大规定》,从“全面贯彻党的教育方针”出发,要求各地采取“减轻学生过重的学习负担”、“保证学生的睡眠、休息和课外体育、文娱、科技活动时间”等行动,从而有效抵制“只抓升学,忽视对劳动后备军的培养;只抓考分,忽视德育和体育,忽视基础知识和能力的培养”等“片面追求升学率倾向”。⑤

不久,国家最高决策层开始关注“片面追求升学率倾向”问题,并在构思“教育体制改革”时,决定制定更全面的中学教育目标。这一目标被界定为“提高民族素质”,并把它写进了 1986 年的《义务教育法》。1993 年,国家最高决策层又在《中国教育改革和发展纲要》中进一步将“片面追求升学率倾向”概括为“应试教育”,指出基础教育改革的目标是“由应试教育转向全面

---

① 人民日报.来自中学生的呼声:《中国青年》杂志发表调查摘要[N].人民日报,1981-11-26.

② 叶圣陶.我呼吁[J].江西教育,1982(1):2—3.

③ 匿名记者.乱砍课程的作法必须纠正[J].四川教育,1980(8):15.

④ 鲁作之.下决心纠正片面追求升学率的偏向[J].湖南教育,1983(11):24.

⑤ 教育部.关于全日制普通中学全面贯彻党的教育方针、纠正片面追求升学率倾向的十大规定[J].江西教育,1984(2):1.

提高国民素质的轨道。”[①]由此，继“片面追求升学率”、“学习负担”等被国家最高决策层作为分析教育改革问题的基本概念之后，国家最高决策层又启用了“应试教育”、“素质教育”等新概念来架构教育改革思考。

就这样，20世纪80年代初各地暴露的“片面追求升学率”问题，经过《中国青年》、《人民日报》等重要媒体、教育部顾问叶圣陶先生的报道与呼吁，先是引发国家教育最高决策层的重视，然后受到国家最高决策层的重视，最终在1999年促成“全面推进素质教育”被列入了国家“科教兴国”的战略规划。这一国家“素质教育”政策的形成周期略显漫长，但期间的一系列热烈讨论也让各级教育决策层逐渐掌握了一种基本的分析教育改革的两元框架：一元是“叫人透不过气来”的“应试教育”，另一元是承载了各种美好希望的“素质教育”。《中国青年》、《人民日报》等重要媒体最初分析教育改革问题时，只是在呼吁大家正视“叫人透不过气来”的“羊肠小道上的竞争”，尚不知道应该将“透不过气来”的师生们，具体引向何处。但到1999年，大家都明确了应该引向“素质教育”。

基础教育改革的目标问题即因此由如何“纠正片面追求升学率”变成了怎样搭建通往“素质教育”的桥梁。“课程改革”正是国家为搭建桥梁采取的基本措施之一。事实上，20世纪80年代中期以来，在各地教育决策部门的领导与支持下，许多地方已在进行课程改革，以便“纠正片面追求升学率”，探索发展让师生们感到“愉快”或让“差生”们体验“成功”的新教育。到90年代末，一些地方的课程教学改革甚至都深化到了制度创新层面，如上海、江苏等地实验“素质学分制”、“学科学分制”。[②] 但在国家教育最高决策层看来，这些课程与教学实验都不足以改变教育大局。如2001年6月李岚清副总理在全国基础教育工作会议上强调的那样，“素质教育到现在为止，并未取得突破性的进展，基础教育本身还没有从‘应试教育’的桎梏中解放出来。”教育部长陈至立也指出，“在一些地方就像有的同志形容的，素质教育喊得震天动地，应试教育抓得扎扎实实。”[③]

---

① 中共中央，国务院．中国教育改革和发展纲要［EB/OL］．http://www.gmw.cn/content/2010-07/16/content_1182748.htm，1993-2-13/2011-5-3.

② 张秀兰．中国教育发展与政策30年［M］．北京：社会科学文献出版社，2008：113—114.

③ 张秀兰．中国教育发展与政策30年［M］．北京：社会科学文献出版社，2008：115.

言外之意，要想专门从课程教学的角度改变20世纪70年代末以来愈演愈烈的“应试教育”格局，发展“素质教育”，还得依靠国家的统一部署与行动。而国家的课程改革意志也十分坚决，李岚清副总理2001年6月在全国基础教育工作会议上表示，“现行课程设置存在不少弊端，主要表现为‘难、繁、偏、旧’，难以适应素质教育的要求，必须进行改革”。[①] 国家最高决策层将“素质教育”列入国家战略规划，以及国家教育最高决策层对于课程改革的重视，明显加速了全国范围内开展课程改革的进程。2001年6月，国务院教育部颁发了《基础教育课程改革纲要（试行）》和义务教育阶段18个学科的课程标准，并审定了近50种新课程实验教材。到9月份开学，教育部即开始在全国38个实验区启动了课程改革。3年后，高中阶段的课程改革也开始实施。课程改革即因此成为了各地政府的治理对象。

二、国家战略调整与课程改革治理的双重挑战

按照李岚清副总理的讲话，课程改革目标包括：①“要适应社会发展和科技进步的要求，加快构建符合素质教育要求的新的基础教育课程体系”；②“根据不同年龄学生的认知规律，优化课程结构，调整课程门类，更新课程内容，引导学生积极主动地学习”。[②] 教育部制定的《基础教育课程改革纲要（试行）》则在此基础上，进一步提出六大“具体目标”，分别是：

> 改变课程过于注重知识传授的倾向，强调形成积极主动的学习态度，使获得基础知识与基本技能的过程同时成为学会学习和形成正确价值观的过程。
>
> 改变课程结构过于强调学科本位、科目过多和缺乏整合的现状，整体设置九年一贯的课程门类和课时比例，并设置综合课程，以适应不同地区和学生发展的需求，体现课程结构的均衡性、综合性和选择性。
>
> 改变课程内容“难、繁、偏、旧”和过于注重书本知识的现状，加强课程内容与学生生活以及现代社会和科技发展的联系，关注学生的学习兴趣和经验，精选终身学习必备的基础知识和技能。

---

① 李岚清. 深化基础教育改革加快素质教育步伐 为现代化建设提供人才储备和智力支持[EB/OL]. http://www.eol.cn/article/20060111/3170008.shtml，2001-6-11/2011-3-15.

② 李岚清. 深化基础教育改革加快素质教育步伐 为现代化建设提供人才储备和智力支持[EB/OL]. http://www.eol.cn/article/20060111/3170008.shtml，2001-6-11/2011-3-15.

> 改变课程实施过于强调接受学习、死记硬背、机械训练的现状，倡导学生主动参与、乐于探究、勤于动手，培养学生搜集和处理信息的能力、获取新知识的能力、分析和解决问题的能力以及交流与合作的能力。
>
> 改变课程评价过分强调甄别与选拔的功能，发挥评价促进学生发展、教师提高和改进教学实践的功能。
>
> 改变课程管理过于集中的状况，实行国家、地方、学校三级课程管理，增强课程对地方、学校及学生的适应性。①

历史地看，这六大改革目标，从改变“过于注重知识传授”、“过于强调学科本位”、“过于注重书本知识”，到改变“过于强调接受学习、死记硬背”，“过分强调甄别与选拔”，其实都是在继续处理20世纪80年代初期以来基础教育领域形成的“片面追求升学率倾向”和愈演愈烈的“应试教育”格局。对于这一长期干扰基础教育健康发展的老大难问题，教育部最初(1983年)拿出的改革办法是，“规定”各地必须采取有效的“纠正”措施，即教育部部署的按照上级“教学计划”开课、减负、任何单位与个人不得擅自编印考试资料等十大措施。2001年启动的课程改革再度指向这一“老大难”问题，在继承老办法的同时，教育部还推出了新的改革思路，不仅将教育改革目标由最初的抵制“应试教育”转变成了创造“素质教育”，而且将“构建符合素质教育要求的新的基础教育课程体系”从各项教育工作中单独列出来，作为新时期“基础教育改革的核心内容”(李岚清语)。

一定意义上，甚至可以说，20世纪80年代以来，中国基础教育改革与发展在经历了“拨乱反正”、“体制”重建、“普及义务教育”等阶段后，开始进入真正的内涵发展阶段，而这个发展阶段的中心工作正是“课程改革”。②然而，这一历史性的序幕一经拉开，便给各地政府带来了新的教育治理挑战，这便是如何通过课程改革，使基础教育发展能够满足转型期社会经济发展的切实需要，实现国家战略目标。

言外之意，对各级政府来说，不能仅仅从课程改革本身的六大目标出发

---

① 教育部.基础教育课程改革纲要(试行)[N].中国教育报，2001-7-27(2).

② 有学者甚至提出，“我国教育发展进入了一个崭新的时代”，即“课程改革时代”。参见蒋建华.权力多极化的课程权力定位——超越中央与地方的思维框架[J].教育学报，2005(2):28.

来考虑课程改革带来的教育治理新挑战，还必须从国家战略目标及转型期的经济社会发展需要出发，更宏观地把握课程改革带来的教育治理挑战。由此，也引出了国家课程改革目标以及各地政府的课程改革治理挑战也并不是一成不变的，而必须随着国家战略目标完善、经济政治社会发展以及国家教育改革总体目标调整，发生一定程度的变化。这意味着，各级政府随时都要迎接来自各方面施加的课程改革压力与挑战。例如，2008 年政协会议期间，郁钧剑、宋祖英等 21 位政协委员就联名提出，要“在小学增设繁体字教育”，而另一些委员则试图“提倡京剧进中小学课堂”，此外还有金融界人士说，要普及“理财知识”，一些媒体便因此要教育部长周济就“新课程改革何以安排这么多的东西”发表意见。①

如果各界与媒体提出的“这么多东西”被国家决策层采纳，就直接意味着各级政府将增加一系列的课程发展与治理任务。而事实上，国家最高决策层近些年也的确根据经济社会发展的新要求，提出了更为完善的国家战略及教育改革目标。各级政府的课程改革治理挑战因此需要在视野与主题上做出相应的调整与完善。进而言之，正如第二次世界大战以来的美国课程改革曾因国内政治经济社会转型，在视野与主题上发生过数次变化，并因此先后出现“生活经验”、“回归基础”、“教育优质”、“课程标准化”等四大课程改革发展阶段，②从中国国家战略演变及其对于课程改革的要求来看，或许也可以将近十年的课程改革分为两大阶段。③ 与之相对应，各个阶段的课程改革治理挑战也要有一定的主题变化，尽管国家教育决策层还未拿出与国家战略新要求相符合的课程改革新纲要。

第一阶段是从 1999 年到 2004 年。1997 年 9 月 12 日，“十五大”召开，

---

① 黄芳．新课程改革是一项系统工程：澳门澳亚卫视记者采访周济[EB/OL]．http://news.sohu.com/20080314/n255708137.shtml，2008-3-14/2011-11-5．

② Kliebard，H. M. *Changing Course：American Curriculum Reform in the 20th Century*[M]．Columbia：Teachers College Press，2002．

③ 关于近十年课程改革的发展阶段，决策层与理论界的代表性划分是从课程改革本身的进程出发，认为从 1999 年到 2004 年，可分为“酝酿准备阶段”、“实验试点阶段”和“全面启动阶段”，2005 以来至今，则属于“深化阶段”或“深入推进阶段”。见：本刊记者．新课程：实践、反思与行动——刘坚教授访谈录[J]．小学青年教师，2004(1)：7—9；张亚星．我国新课程形成与政策分析[J]．教学与管理，2007(6)：37—38．这类划分揭示了课程改革本身的形成与发展步骤。而本书的两大阶段划分则是立足于近十年来国家战略目标调整及其对于课程改革治理提出的要求。

国家最高决策层决定实施进一步推动、优化"经济发展"的"科教兴国战略"。[①] 接着,从1999年6月开始,"科教兴国"战略在基础教育领域的落实被国家正式定为"全面推进素质教育"。"大力推进素质教育,注重创新精神和实践能力的培养,使学生在德、智、体、美等方面全面发展"也因此成为当年国务院计划要"做好"的基本"工作"之一。[②] 在国家教育决策层看来,基础教育之所以不能很好地落实国家"科教兴国"战略,主要是因为"存在为应付考试而学、为应付考试而教的'应试教育'倾向",因此必须"全面推进素质教育",采取"狠抓教育观念、教育思想的转变","促使社会各界进一步增强搞好素质教育的责任感、使命感和紧迫感","加快教材、课程和教学方法的改革"等措施。[③]

课程改革的第一阶段及其治理主题即由上述"科教兴国"战略构思而得以形成。从国家的战略思考与布局来看,其给各级政府提出的课程改革治理挑战正是如何采取有效措施,扭转为"应付考试而教的'应试教育'倾向",创造以"创新精神和实践能力"培养为重心的"素质教育"。如果比较一下美国20世纪90年代以来联邦政府发起的课程改革,可以看出,就主题或所要解决的难题而言,中国课程改革自一开始就与美国联邦政府的课程改革明显不同。后者的课程改革治理难题是如何在公立学校推行相对统一的课程、教学与评价标准,清理长期以来目标杂乱、自由松散的美国公共教育体系,提高美国公立学校尤其是种族结构复杂的市区公立学校的教学质量与学生成绩;[④]中国课程改革治理难题却是怎样解开过于受"高考指挥棒"控制、注重考试成绩的教育体系,使之能够接纳考试以外的各种意义更加重大的培养目标,从而"搞好素质教育"。

第二阶段是从2004年开始。这一年,在"十六大"四中全会上,国家最

---

① 江泽民.高举邓小平理论伟大旗帜,把建设有中国特色社会主义事业全面推向二十一世纪——在中国共产党第十五次全国代表大会上的报告[J].政策,1997(10):14.

② 朱镕基.1999年政府工作报告[EB/OL].http://www.gov.cn/test/2006-02/16/content_201143.htm,1999-3-5/2012.2.6.

③ 李岚清.关于实施科教兴国战略工作情况的报告[J].全国人民代表大会常务委员会公报,2000(5):533-543.

④ Porter, A. C. et al. Reforming the Curriculum[A]. Fuhrman, S. et al. eds. *The Politics of Curriculum and Testing: The 1990 Year Book of the Politics of Education Associations*[M]. London: Taylor & Francis, 1991: 11-36.

高决策层从转型期“社会利益关系更为复杂，新情况新问题层出不穷”的新形势出发，将“建设社会主义和谐社会”，作为各级领导提高“执政能力”的五大任务之一。[①] 接着在2006年10月召开的“十六大”六中全会上，为有效应对“社会结构深刻变化，利益格局深刻调整，思想观念深刻变化”这一“空前的社会变革”及其引发的“这样那样的矛盾和问题”，国家最高决策层又进一步将“建设社会主义和谐社会摆在更加突出的地位”。[②]

2004年，国家最高决策层在思考为何要加强“执政能力”以及为何要把建设“和谐社会”作为“执政能力”的基本要求时，尚未直接提到“教育”领域的复杂“利益关系”和“新情况新问题”。但到2006年，国家最高决策层在分析为何要进一步将“建设社会主义和谐社会摆在更加突出的地位”时，则明确提到，与收入分配、住房、医疗等领域一样，“教育”领域也存在“比较突出”的“关系群众切身利益的问题”，因此如何以“科学”和“民主”的方式解决教育领域“人民群众最关心、最直接、最现实的利益问题”，同样是摆在各级政府面前的紧迫任务，也是发展“公共服务体系”、提高“政府管理与服务水平”的必然要求。而发展“公共服务体系”、提高“政府管理与服务水平”正是各级政府的“执政能力建设”和“和谐社会”建设的基本目标。

联想起1997年“十五大”召开时，为应对新世纪日益激烈的新经济竞争，探索新世纪的“经济发展战略”，国家制定了“科教兴国战略”，进而又按此战略，制定了“推进素质教育”这一教育改革目标，将课程改革列为“推进素质教育核心内容”。而当经济发展取得举世瞩目的成就，应该有效治理经济发展引发的社会矛盾与问题时，国家最高决策层便适时完善改革与发展战略，在坚持经济建设的同时，更加重视优化各级政府的治理能力，并将“和谐社会”建设列为各级政府必须承担的战略重任。很明显，国家的战略调整与完善已向基础教育发展和课程改革提出了新要求。对此，温家宝总理在分析教育改革与发展的“新起点”时有过准确概括：

> 经过多年努力，我国教育基本上解决了有学上的问题，但上好学的问题依然突出，这对教育公平提出了更高的要求。为广大群众提供更

① 中共中央.中共中央关于加强党的执政能力建设的决定[EB/OL]. http://www.people.com.cn/GB/40531/40746/2994977.html,2004-9-19/2011-11-6.

② 中共中央.中共中央关于构建社会主义和谐社会若干重大问题的决定[EB/OL]. http://news.xinhuanet.com/politics/2006-10/18/content_5218639.htm,2006-10/2011-3-9.

多、更好、更公平接受教育的机会，是政府的职责。我们一定要解决好教育领域人民群众最关心的突出问题，办好人民满意的教育。[①]

中共中央宣传部理论局近期也指出，教育领域的突出矛盾与问题已不是“没有学上”，而是如何让所有的孩子都能“上好学”，别再是只有为数不多的“名校”有“好学”上，更不要是只有那些有能力“托关系，找门路”，有能力“举家迁移，付高额赞助费”的家庭有“好学”上。总之，中共中央宣传部理论局也认为，当前民众最为关心的教育问题乃是“教育公平”，也就是如何“让每一个孩子都上好学”。[②]

而在《国家中长期教育改革与发展规划(2010—2020)》中，更是体现了国家战略调整与完善所提供的新思路，并因此将“以促进公平为重点”，“以提高质量为核心”作为“全面推进素质教育”的“新的历史起点”。至此，可以发现，从2004年，尤其是2006年开始，在国家战略意义上，课程改革其实已经进入新的发展阶段。与之相对应，各级政府仍也应适时完善1999年以来形成的课程改革思路，在“科教兴国”、“推进素质教育”、“纠正应试教育倾向”等核心概念的基础上，增加“和谐社会”、“教育公平”等新概念，使课程改革在坚持发展“素质教育”的基础上，进一步优化为让地域、社会背景不同的学生都能享受优质的“素质教育”。事实上，一些地方政府的确已开始朝这一新方向努力。例如安徽铜陵2004年起便在积极治理严重干扰课程改革与素质教育的“择校热”，并于2006年率先在全省推行免除义务教育杂费制度，推进“义务教育均衡发展”。[③]

课程理论界近年来也在完善最初的课程改革思路。自一开始，课程改革便强调是“为了每位学生的发展”，有的课程学者认为，“这是我国建国以来教育思想上的一场革命”[④]。不过，当初并未从地域、社会背景等角度进一步分析“每位学生”。但随着各地教育差异受到重视，课程学界开始革新

---

① 温家宝．在全国教育工作会议上的讲话[A].《教育规划纲要》工作小组办公室．全国教育工作会议文件汇编[M].北京：教育科学出版社，2010：31.

② 中共中央宣传部理论局．从怎么看到怎么办[M].北京：学习出版社，人民出版社，2011：83—86.

③ 李倡平等．安徽铜陵市义务教育均衡发展经验及借鉴[J].当代教育论坛，2010(8)：44—47.

④ 崔允漷，汪贤泽．基础教育课程改革的意义、进展及问题[J].全球教育展望，2006(1)：31.

视角，钟启泉、王嘉毅等教授2005年以来便在提倡从“教育公平”的角度思考如何优化课程改革，尤其是提高西部、农村学校的课程改革质量。[①] 西南大学的课程学者最近还从国家社会建设战略出发，提出“课程改革要承担起服务和谐社会构建的使命，促进基础教育课程改革的公平、正义与和谐”，“使基础教育真正成为和谐社会构建的力量之源与社会和谐的体现之‘场’”。[②] 课程理论界的视角更新及地方政府的制度创新实验无疑均有利于开拓与“和谐社会”战略相一致的课程改革新局面，这些主动的理论与政策开拓同时也显示，课程改革不仅在国家战略意义上进入了新阶段，而且这一崭新的课程改革已经转化成一定的理论、政策与制度事实。

综上所述，课程改革自1999年开始酝酿，期间经过2004年的国家战略调整，已向各级政府提出了双重的课程改革治理挑战：既要承担当初酝酿时定下的核心任务——“纠正应试教育倾向”，“推进素质教育”，又要使“素质教育”的推进有利于国家当前的“和谐社会”建设战略要求，为每一位学生提供优质的课程与教育服务。这正如教育部长袁贵仁所说：“促进公平、提高质量，是教育事业科学发展的两大战略重点”，[③]课程改革既然近十年来一直被看作“教育事业科学发展”的“核心工作”，显然更要攻克这两大“战略重点”。就此而言，接下来需要思考的问题确实就是各级政府在课程改革治理方面是否具备能令国家及社会满意的“执政能力”。如果地方政府不具备，又该如何对其加以完善与提高。

第二节　课程改革治理机制创新难题及破解路径

面对国家战略部署提出的双重课程改革治理挑战，各级政府及课程学界近十年来做过许多理论、政策与制度努力，但其中的困难依然严峻。从治理理论的分析框架来看，各级政府现有的治理能力不足是制约课程改革进

① 钟启泉.中国课程改革：挑战与反思[J].比较教育研究，2005(12)：21；王嘉毅等.西部地区农村学校义务教育教学质量研究[J].教育研究，2008(2)：21—31.

② 彭泽平等.和谐社会与课程的和谐伦理指向——“和谐社会”视域下我国基础教育课程改革的思考[J].教育理论与实践，2010(9)：53—56.

③ 中共中央宣传部理论局.从怎么看到怎么办[M].北京：学习出版社，人民出版社，2011：86.

一步推进、实现国家战略目标的基本原因。为此，国家及各级政府必须在课程改革治理机制方面进行创新，以便增强政府现有的课程改革治理能力。而要破解这一课程改革治理机制创新难题，首先需要从治理角度明确各地政府的课程改革治理创新重任，然后发展可以有效调动社会力量积极参与课程改革治理的新机制。

一、举步维艰的课程改革与政府治理能力不足

据刘坚、余文森等教授的调查，课程改革实施以来，基础教育领域出现了许多“可喜的变化”，诸如“学生学习的主动性、积极性明显增强”，“好奇心、兴趣爱好得到了保护和发展”，“甚至在不少农村地区、经济欠发达地区，由于新课程的内在吸引力，学生的辍学率大幅度下降成就”；但就全国范围而言，还远没有扭转长期以来的“应试教育倾向”，“人们最为关注的仍然是书本知识掌握的多少、技能训练的快慢，探究能力、批判精神、创造性、责任感与合作态度仍然被边缘化”，“社会看重的依然是语文、数学、英语等‘考试性科目’”。[①] 崔允漷教授等则指出，“不少学校实施课程计划相当随意，把那些需要考试特别是与升学有关的科目看得特别重要，校本课程开发则成为一句空话”。有的地方，国家“课程政策实际上在实施过程中似乎被大家不约而同地消解了”。[②]

对于什么原因导致课程改革步履维艰，课程学界已有许多分析。钟启泉、靳玉乐等教授认为是“观念落后”，[③]聂幼犁、崔允漷等教授认为是“体制”、“政策”不健全，[④]还有许多课程学者是从学校、校长、教师、家长、社会

① 刘坚，余文森，徐友礼.“深化课程教学改革”深度调研报告[J]. 人民教育，2010(17)：19.

② 崔允漷. 期待突破的“森林之旅”[N]. 中国教育报，2005-11-13(3)；柯政. 理解困境：课程改革实施行为的新制度主义分析[M]. 北京：教育科学出版社，2011：39.

③ 钟启泉. 寻求课程范式的转型——中国大陆基础教育课程改革的进展与问题[J]. 比较教育研究，2003(1)：6—10；靳玉乐. 普通高中课程改革的文化转向[J]. 异步教学研究，2004(5)：33，36.

④ 聂幼犁. 高考必须从实际出发，完善和推进课程改革[J]. 历史教学，2005(10)：33—40；崔允漷. 期待突破的“森林之旅”[N]. 中国教育报，2005-11-13(3).

等角度分析“阻力”。[①] 这些分析进一步说明课程改革是一项系统工程，若想顺利实施，就必须调动各方力量。课程改革只要一启动，便会涉及众多的利益与行动主体。[②] 正是课程改革的这一点基本事实，使得本书采纳了治理分析框架。问题是，谁最有资格和责任，来治理课程改革所涉及的由政府、市场、社会乃至个人构成的复杂行为关系局面？

答案显然是包括国家在内的各级政府。进而言之，从治理角度看，课程改革能否有效进行，首先取决于国家与各级政府是否可以在政策、制度、资源与技术等方面拿出能够有效协调各方课程利益的治理行动，使各方都认可政府牵头组织的课程创造与服务。然而恰恰在这一点上，各级政府都存在明显的不足之处，并因此难以使课程改革有效应对来自各方的挑战与要求。甚至课程改革责任心堪称最强的国家教育决策层，也还没有架构起相对成熟、有助于协调各方行为与关系的课程改革治理体系。

关于国家教育决策层的课程改革治理能力，课程理论界虽然还没有专门从治理理论出发展开分析，但课程改革实施之后，便有课程学者提出，在课程政策的研制阶段，就存在“没有充分汲取国外的经验与教训”、“理论研究不太成熟”等问题。[③] 崔允漷教授也曾指出，无论是“课程方案本身”，还是“课程改革的配套政策”，都存在问题。比如“有些课程目标与标准表述不够清晰，难以操作”，再比如“课程质量检测、问责与经费保障”等，也都没有跟上。[④]

还有一些年轻的课程学者近期曾用“政策属性”理论，专门分析《基础教育课程改革纲要》和《普通高中课程方案》的“清晰性”、“可操作性”和“持续更新”等特征，认为和美国《不让一个孩子落后法》（NCLB）相比，国内《纲要》的“第一段其实只是抽象的‘课程宗旨’，第二段的具体目标更像是‘课程

---

① 马云鹏，张释元，杨光. 努力提高教师对新课程改革的认识与理解：一所农村学校的个案研究[J]. 教育理论与实践，2008(4)：44—47；郭元祥. 教师的课程意识及其生成[J]. 教育研究，2003(6)：33—37；张华. 道德的课程改革与民主的课程领导[J]. 全球教育展望，2006(4)：7—12；操太圣，卢乃桂. 抗拒与合作：课程改革情境下的教师改变[J]. 课程·教材·教法，2003(1)：71—75.

② 崔允漷，汪贤泽. 基础教育课程改革的意义、进展及问题[J]. 全球教育展望，2006(1)：35.

③ 杨爱玲. 基础教育课程改革存在缺憾的原因反思[J]. 教育学报，2007(1)：29.

④ 崔允漷. 期待突破的“森林之旅”[N]. 中国教育报，2005-11-13(3).

目的'","显然不是短期内所能实现"。NCLB法的"目标则相对明确具体","像增强对学生学业的责任制,提高成绩的州、地区和学校将获得奖励,失败将受到处罚";"3—8年级学生在州年度阅读和教学评估中的表现将与评判学校效率好坏紧密结合起来等"。在"持续更新"方面,"NCLB法的部分修订从未停止过",而国内的"《纲要》自出台之日起,面对日益凸显的负面效果,始终未见调整与修正。"①《普通高中课程方案》也有类似的"政策属性"问题。②

政策属性分析或许没有注意到,美国过于细致的课程政策也有其欠妥之处,在实施过程中往往会让许多并不买账的教师感到自己的"教学自由"受到了侵犯,乃至起来批判、抵制。吉鲁、琳达·哈蒙德等学者都曾讨论过这一点。③ 中国的课程改革政策虽然相对"抽象",但也为地方的课程创造预留了空间,况且课程改革的目标之一就是为了解放地方的课程创造力。当然,这只是理论辨析。实际的问题是,在切实推动课程改革、处理课程改革所涉及的各方行为关系这一点上,国家决策层的确如许多课程学者所说的那样,仍有诸多不足之处,许多国家甚至都早已"为课程改革立法",而中国则还没有做到这一点。④ 因此国家决策层需要形成更有力的政策与制度推动机制,从而真正落实"十五大"就已明确的"优先发展教育"的战略部署。

倘若将视线转到地方政府的课程治理能力,则更可以发现,国家现有的政府课程决策与管理体系不足以应对当前课程改革治理的双重挑战,进而协调好各方关系。事实上,许多地方政府甚至连具有清晰的课程改革治理意识都谈不上,因为许多地方政府似乎都不认为课程改革是一件重要的事情。如王嘉毅教授近期的研究所发现的那样:

> 地方政府对新课程改革的重要性认识不足,对农村中小学课程改革的主要目标、内容等认识不清,认为课程改革就是教材的更换。一些

---

① 申超.中美基础教育课程改革的政策比较[J].教育学报,2008(8):34—38.

② 王文岚,尹弘飚.论高中课程方案的政策属性[J].甘肃社会科学,2007(3):215,253—255.

③ D-Hammond, L. President Obama and Education: The Possibility for Dramatic Improvements in Teaching and Learning [J]. *Harvard Educational Review*, 2009(2): 210-223; Giroux, H. A. Obama's Dilemma: Post Partisan Politics and the Crisis of American Education[J]. *Harvard Education Review*, 2009(2): 250-265.

④ 崔允漷,俞英.进一步推进课程改革的政策建议[J].教育理论与实践,2006(11):35.

> 地方政府认为，课程改革是教育行政部门的事情，是学校内部的事情。由于缺乏主要领导的参与，课程改革领导小组难以协调课程改革中的一些重大问题。政府部门对学校的考核主要看分数和升学率，制约了新课程理念的落实。①

无疑，地方政府能否有一番有效的课程改革治理作为，对于课程改革来说实在太重要，因为中国基础教育主要的直接领导与负责主体正是地方政府，尤其是县级政府。甚至可以说，课程改革能否取得顺利推进并取得理想效果，首先取决于能否革新地方政府的课程改革治理体系，增强地方政府的课程改革治理能力。从治理理论角度看，政府既可以通过优化自身结构，也可以引入政府以外的新机制，来实现课程改革治理创新，但无论选择何种路径，都必须先明确地方政府的课程改革治理重任，即课程改革治理所要解决的各种棘手问题。毕竟无论采取何种新机制，都是为了解决问题。

二、地方政府的课程改革治理重任

即使遇到许多地方政府的忽视及"应试教育"加剧趋势，国家教育决策层与课程理论界也没有放弃对于课程改革的坚持，而是在积极构想如何创新现有的课程改革治理体系。2009 年 10 月，"全国基础教育课程改革经验交流会"在南京召开，基础教育二司司长郑富芝在会上提出，教育部打算采取诸多"更为具体的举措"，来推动课程改革，包括：

> 把课程改革、提高质量放到基础教育工作的中心位置，作为衡量基础教育改革成效的重要指标之一。将建立课程改革的激励机制，包括开展课程改革教学研究成果评选表彰活动，启动中小学国家级教学成果奖评选活动，以鼓励千万教师的实践热情。将大力整合课改资源，开发优质教育资源，加强教研队伍建设。将建立深化课程改革的实验区和实验学校，树立典型，同时引导中小学办学多样化。将研究解决高中课改与高校招生录取改革的协调性，破解难题。②

---

① 王嘉毅，赵志纯. 我国农村基础教育课程改革：问题与对策[J]. 教育研究，2010(11)：27.

② 余慧娟. 课程改革再出发——对全国基础教育课程改革经验交流会的一点观察[J]. 人民教育，2009(22)：33—35.

上述讲话并不是专门探讨如何解决课程改革治理机制创新难题，但从中也能看出，为了提高课程改革治理能力，教育部近些年来如何架构自己的课程改革治理重任，试图解决哪些突出问题。很明显，教育部是将建立新的激励机制、课程资源整合与多元发展机制以及改革考试制度等等，列为今后几年的课程改革治理重任。一年后，即2010年，教育部便推出新的激励机制，设立了“基础教育课程改革教学研究成果奖”，并在全国范围内评选出“获奖成果343项，其中，一等奖43项，二等奖92项，三等奖208项。”如教育部所言：这一新的激励机制将“进一步深化课程改革”。① 教育部的其他课程改革治理重任也在有条不紊的履行之中。

倘若地方政府都像教育部基础教育二司那样高度重视课程改革，不断明确自己的课程改革治理任务，必然会加快课程改革治理机制创新难题的解决，国家课程改革治理能力也将大幅提升。为切实革新、增强各地课程改革驾驭能力，崔允漷教授曾针对“各地教育行政部门的课程改革执行力不足”，建构了一套“课程改革政策执行框架”，其基本内涵包括四个层面：①“研究与开发”，即国家课程政策的地方化，各地教育行政部门先要吃透国家课程政策的精神，然后结合本地实情，形成适合本地的课程改革实施方案；②“组织与落实”，指“建立高效合理的组织与管理制度”、“社会宣传与动员”机制，来落实课程方案；③“协调与支持”，指“各地方教育行政部门必须能够协调各方面、各部门的力量，促进相互之间的沟通和交流、协作和配合，为实现课程改革目标服务”；④“评估与督导”，指各级教育行政部门“应建立课程评估与督导的常规机制”、“加强课程改革的问责制建设，坚决追究相关人员的责任”。②

崔允漷教授在建构这套政策执行框架时，充分吸收了IBM、强生公司及西方新公共行政领域的“目标、行动与绩效”一体化管理模式，具有较强的系统一致性和可操作性。但就中国的政府组织结构而言，教育行政部门能有多大改革作为，还是得看各级政府的关注重心与治理动向，因此仍需探讨如何优化各级政府的课程改革治理意识与能力。在这一点上，课程理论界

---

① 国家基础教育课程教材专家工作委员会．关于公示基础教育课程改革教学研究成果获奖名单的说明[EB/OL]．http://www.moe.edu.cn/publicfiles/business/htmlfiles/moe/s5745/201011/111847.html，2010-11-22/2011-11-8．

② 崔允漷．课程改革政策执行：一种分析的框架[J]．教育发展研究，2005(10)：1—6．

的前沿认识是："各级政府特别是地方政府要把课程改革纳入政府工作的重要议事日程"；"成立国家和地方课程改革领导小组，对课程改革进行宏观协调，提高课程改革的决策层次和领导层次；地方政府的主要领导和教育行政部门的主要负责人要担任课程改革领导小组的组长，强化对课程改革的领导工作，进一步增强地方政府对新课程改革的紧迫感、使命感和责任感"；"要像重视校舍建设那样重视课程改革；要改变那种等待、观望的消极态度，积极主动地开展课程改革"。①

可以说，理论界已注意到，问题关键就在于，无论采取多少机制创新措施来增强政府的课程改革治理能力，最终都要使地方政府，尤其是"主要领导"或"一把手"重视课程改革。然而现实情况却是，的确很难让许多不重视课程改革的地方政府及"一把手"重视课程改革。所谓"对症下药"，要想促使各地政府明确自己的课程改革治理重任，提高课程改革治理能力，还是得进一步分析地方政府的课程改革治理现状，弄清其缺失之处及原因。对于这个关键问题，治理理论所提供的思路是分析政府层级体制本身的结构究竟会对地方政府的治理行动产生何种影响。只有把这个问题弄清楚了，才可以弄清为何许多地方政府不重视课程改革，或者真正重视的是什么，以及由此应该采取的措施。

哈佛大学肯尼迪政府学院长期研究中国政府治理的托尼·赛奇（T. Saich）教授曾提醒道，分析中国地方（县、市级）政府的治理行动，必须考察层级政治体制本身的纵向与横向关系及其复杂多变的治理关系，以及由此而造成的地方政府治理行为的随机性、变动性，乃至失衡的治理情况，这种"地方治理失衡"尤其体现在"地方政府常常忽视社会发展，无力组织起更全面的发展"。② 复旦大学政治学博士赵全军近年来完成的一项关于地方政府"义务教育供给"的田野研究，则进一步解释了赛奇所关注的中国地方政府的纵向结构对于地方政府治理行动的影响。

通过分析大量一手的地方治理事实，赵全军提出了"压力型动员"这一

---

① 王嘉毅，赵志纯．我国农村基础教育课程改革：问题与对策[J]．教育研究，2010(11)：27.

② Saich，T. The Blind Man and the Elephant：Analysing the Local State in China[A]，Tomba，L. ed. *On the Roots of Growth and Crisis：Capitalism，State and Society in East Asia*[C]. Milan：Annale Feltrinelli，2002(21)：92-96.

分析框架，其基本内涵是指，在中央与地方政府之间发挥领导、动员与控制作用的是一套“以行政权力为核心支点，以政绩考核为激励手段”的“压力型体制”。[①] 在这种压力体制下，“教育尤其是义务教育始终只是边缘性而非核心化的结构，无论是‘以乡为主’，还是‘以县为主’，本质上都只是经济体制改革的‘配套工程’和‘副产品’”。言外之意，地方政府主要是围绕“经济建设指标”展开日常治理工作，同时寻求“最大化”包括“经济政绩”在内的自身各种利益。在此情况下，反而会出现“义务教育与基层政府的利益并不完全一致”的情况。[②] 由此也联想起，一些地方政府甚至因为发展经济，随意征用教育。如A省F市便因为要建“国际机场”，连学校、教师也“被摊派”、“被捐款”。[③]

在赵全军看来，只有当上级政府一层层施压，将某些教育发展项目列为“政绩考核的主要指标”，地方政府才会“主动地”投入其中。在这一点上，最典型的表现正是包括“校舍危房改造”在内的“普九达标项目”。一些地方政府为了实现“义务教育大发展”，获得“大政绩”，甚至想尽办法“超额完成”。这是由于“普九达标”与“一票否决”挂钩，“各地政府完全是按照中央政府设定的标准来供给义务教育，即使这些供给标准超出农民实际需求，基层政府也坚决照办”，完全不管中央的“因地制宜”提醒，只为了能搏出政绩，以至于在一些地区演变成“地方政府竞标比赛”，采取“虚报、浮夸或做表面文章”等手段，或“举债建设了许多不该建的房子，买了许多几乎用不上的设备”。“达标验收”后，“不少新建的小学都因生源不足而撤销，验收合格的校舍全被废弃”。[④]

诸如此类以非理性的方式“重视”教育发展及其造成的恶劣影响，说明即使地方政府响应国家课程改革计划，也未必能理性处理。叶澜教授曾指

---

① 还可参考荣敬本等. 从压力型体制向民主合作体制的转变[M]. 北京：中央编译出版社，1998.

② 赵全军. 社会转型与压力型动员——改革中国农村义务教育供给制度研究[M]. 上海：上海人民出版社，2009：178—186.

③ 南方周末. 造孽的“形象工程”：农民教师公务员被硬性摊派[EB/OL]. http://news.sohu.com/08/50/news202765008.shtml，2002-8-22/2011-11-8.

④ 赵全军. 社会转型与压力型动员——改革中国农村义务教育供给制度研究[M]. 上海：上海人民出版社，2009：184—186；贺雪峰等. 村级债务的成因与危害——湖北J市调查[J]. 管理世界，2002(3)：80—89.

出，当前中国基础教育的“变革主体”尚“缺乏对教育变革与社会变革的内在关系的深入研究”和“对教育特殊性的研究”，[①]许多地方政府的教育治理行动可以证明这一点。当然就地方政府可能有的治理行动而言，更值得重视的还是“压力型动员”体制下的地方政府一般不会将课程改革、“素质教育”或“让每一个孩子都上好学”放在“优先”地位。更令人担忧的是，“这一体制也存在着只能提供外在压力而不能形成内在激励的结构性困境”，[②]如果不能消除这一结构性缺失，包括课程改革在内的公共事业便很容易遭到扭曲，以至于到最后还是要等国家亲自出面，收拾难局。

积极在国内提倡治理理论的杨雪冬教授则指出，地方政府之所以会出现治理缺失或扭曲，“从本质上说明，政府层级之间以及政府与社会之间还没有建立起一种良性的关系”，因此需要对这些关系进行调整，形成多元主体良性互动的治理格局。[③] 要想明确地方政府的课程改革治理重任，提高地方政府的课程改革治理能力，显然也必须考虑这一基本的地方政府治理现实，进而探索引入更多的治理力量，携手分担政府的课程改革治理重任。从这一意义上讲，深入了解地方政府的课程改革治理现状，正是获得新生的基础，越是清楚地方政府在课程改革治理方面需要解决哪些重大问题，就越是能找到新生之路。

有学者还曾指出，实行“分税制”改革后，财权层层往上收，许多县乡政府其实连课程发展必需的物质基础都不具备。[④] 在此情况下，何以指望地方政府能将课程改革治理好。况且即使各级政府完全有条件实施课程改革，也会因为缺乏战略眼光、责任意识、专业领导力或执行力，而使课程改革

---

① 叶澜.新基础教育论——关于当代中国学校变革的认识与探究[M].北京：教育科学出版社，2008：115.

② 赵全军.社会转型与压力型动员——改革中国农村义务教育供给制度研究[M].上海：上海人民出版社，2009：178.

③ 杨雪冬，赖海榕.地方的复兴——地方治理改革30年[M].北京：社会科学文献出版社，2009：438.

④ 胡孝玉.探索建立与农村税费改革相适应的教育投入新机制[J].教育发展研究，2002(6)：21—22；关于“分税制”改革的“意外结果”及其对于地方政府治理行为的影响，更深入的分析可以参考：周飞舟.分税制十年：制度及其影响[J].中国社会科学，2006(6)：100—115.

"走样"。[①] 还有学者指出，虽然地方政府可以启动"市场机制"来开拓财源，但一些地方政府却可能会"以权谋私"，诸如把"重点学校"变成"转制"学校，进而"当作政府的钱袋子"，或者看到"生意兴隆的民办学校"，把它"收归公有"。教育公益心强的地方政府又缺乏有效的市场监控机制，也没有成熟的"信息公开机制"，为教育消费者提供可信的"教育市场"。[②]

综观理论界相关的地方政府治理现状分析，同时立足于治理理论，可以将当前各地政府面临的课程改革治理重任分为四个层面：①真正理解基础教育发展与课程改革的重要战略意义；②课程改革必需的资源或经费条件；③优化课程改革本身的政策制定与实施机制；④协调、整合课程改革治理过程中涉及的多重力量作用关系。很明显，如果各地政府不能解决这几个层面的问题，便不可能增强其课程改革治理能力，并将无以应对国家战略部署提出的双重课程改革治理挑战，"素质教育"和"社会公平"等战略理想仍会被"应试教育"过滤掉。

三、课程改革治理的机制创新路径

明确了各地政府多重的课程改革治理重任，即可以探讨如何革新各地的课程改革治理机制。关于这一点，理论界除了引入"市场"机制外，还提出了许多有益思路。归纳一下，理论界大体是从两大方面展开分析：①一是创新政府内的课程治理机制，如前文提到的建议"成立国家和地方课程改革领导小组"[③]；②向社会寻求新机制，如发展"向社会分权"的"课程权力"结构，[④]或建构"民主、开放、科学的课程发展机制，发动社会各界关注支持新课程"。[⑤] 前一方面所体现的是国家中心思路，希望国家加大力度，推动地方政府执行课程改革；后一方面所体现的则是社会中心思路，希望可以发挥

① 张民生.区域课程领导力建设的作用和价值[J].现代教学，2011(1)：33；尹后庆.上海基础教育转型发展的责任担当与现实使命[J].教育发展研究，2011(18)：1—10；崔允漷.课程改革政策执行：一种分析的框架[J].教育发展研究，2005(10)：1—6.

② 林小英.论政府在民办教育发展中的创新空间[J].民办教育研究，2003(4)：53.

③ 王嘉毅，赵志纯.我国农村基础教育课程改革：问题与对策[J].教育研究，2010(11)：27.

④ 靳玉乐，罗生全.课程决定的权力关系及其运作[J].教育发展研究，2009(8)：74—78.

⑤ 本刊记者.新课程：实践、反思与行动——刘坚教授访谈录[J].小学青年教师，2004(1)：7.

“社会”的课程创造力，来弥补地方政府的缺陷。

两大思路有其合理性，但不足之处也很明显。引入治理理论的分析框架，可以弥补二者的不足之处。国家中心的解决思路往往强调国家政策与制度创新，似乎只有这样，才可以促动地方政府实施课程改革。治理理论在重视政策、制度创新之余，还注意到政策、制度本身常常是“死”的，甚至形成不了真实治理，故而有所谓“政令不出中南海”一说。实际的课程改革治理充满了政策、制度所不能涵盖的各种“临场发挥”的治理行动与关系变化：几句“非政策”、“非制度”的话语就可能感动一大批公众支持或反对课程改革。[①] 或者说，政策、制度只是治理的重要表象，治理必须有它“在上面罩着”，但真实的治理过程远非只有政策或制度，更包括围绕政策或制度而产生的各种复杂的意图、行动与关系。

至于社会中心的解决思路之所以也要加以完善，则主要是因为考虑到，尽管“改革开放”本身是一个不断解放各种长期被束缚的“生产力”的过程，但无论怎么解放，中国都不可能为“公民社会”主导课程改革提供制度土壤，中国也没有或者也不可能形成西方意义的“公民社会”，以至于只要想到独立的“投票人”，各级政府就必须重视并将课程改革治理好。[②]

所以，本书会在已有机制创新思路的基础上，引入治理理论的分析框架，来寻求课程改革治理的机制创新途径。至于治理理论能为破解课程改革治理机制创新难题提供什么新思路，第一章已做过比较全面的阐述，这里对照国家（制度）中心与社会（民主）中心的分析路径，再强调两点：①作为公共事务之一，课程改革同样是由国家、政府、市场、新闻媒体与各类社会组织等众多主体的意志与行动构成，在这个过程中，除了正式的国家战略、政策与制度外，还有大量的尚未或难以被战略、政策和制度纳入的思想、言语与行为在发生作用；②面对课程改革的复杂关系格局，地方政府要想有一番推进作为，必须革新传统的管理机制，发展各方参与的良好治理格局。

---

① 如2004年南京的“高考之痛”以及民众对于“素质教育”的强烈不满，据说就是由一位记者的煽情报道引起。见：吴非．不是爱风尘，又被风尘误——反思南京教育界的一场讨论[J]．教育发展研究，2004(10)：76—78.

② Elmore，R. et al. eds. *The Governance of Curriculum*：*1994 Yearbook of the Association for Supervision and Curriculum Development* [M]. The Association for Supervision and Curriculum Development，1994.

刘坚教授曾说，“课程改革成在教师，败在领导”[①]。虽然这话是对校长、教育局长说的，但放在各级政府的“领导”身上同样合适，而且更具有紧迫性，因为理论界近十年来的精力主要是放在提高教师、校长和教育行政部门的课程改革能力上，而这些“教育实践主体”在课程改革治理中能起到多大作用，常常并不取决于自身，而是取决于各级政府的意志与行动。其次，企业、媒体或更宽泛意义的没有任何确定组织形式的大众同样也可以随时将自己的课程意志强加在“教育实践主体”身上。这些“教育实践主体”难以控制的主体都需要各级政府出来牵头，才可以形成对课程改革治理有利的关系局面。

当然，本书无法涵盖治理理论可能涉及的所有课程改革主体，更不可能找到一种“万能”的可以调整所有复杂关系的治理机制，而只打算从民间公益组织这一“具体的社会力量”入手，探索如何革新政府的课程改革治理机制，其基本假设是，面对沉重的课程改革治理挑战及一系列亟须承担的重任，虽然各级各地政府可以继续通过完善政府、市场这两大基本机制，来增强各自的课程改革治理能力，但同时也可以通过在政府、市场以外发展、培育新机制，以此解决政府现有机制不足以驾驭课程改革这一难题。这一新的课程改革治理机制正是民间公益组织。

进而言之，民间公益组织可以分担各地政府无暇顾及或处理不好、市场又不愿负责的课程改革治理重任，诸如各地课程改革必需的物质与专业资源供给，因地制宜地发展课程，引导媒体、公众理性参与课程政策探讨，等等。当然，理论呼吁是一回事，民间公益组织实际可以发挥什么样的课程改革治理分担功能，又是另一回事。从第三章起，正要对这个问题展开分析，从而为探讨如何通过发展民间公益组织这一新机制，来创新、完善国家及各级政府的课程改革治理，提供必需的事实与经验基础。

---

① 本刊记者. 新课程：实践、反思与行动——刘坚教授访谈录[J]. 小学青年教师，2004(1)：8.

第三章

民间公益组织的课程改革治理参与空间

各级政府现有的治理能力不足以驾驭课程改革，但这并不意味着民间公益组织可以随便“闯进来”，然后按自己的意思“参与”由国家开辟并全权负责的课程改革事业。如果民间公益组织的意思不符合国家的意思，与此同时，国家也不向民间公益组织开放空间，那么民间公益组织便不可能走进近十年来国家建构起来的旨在“推进素质教育”、“促进公平、提高质量”的课程改革中。

还应注意到，即使国家向合意的民间公益组织打开自己开创的课程改革空间，但后者仍需具有适宜渠道，才能进入国家建构的课程改革空间。本章正是要在治理理论的基础上，通过援引政治社会学的国家权力理论、课程改革空间、国家课程改革的权力体系（权力基础、权力联合体以及权力的制度化）、多重的力量关系网络、社会动员等理论工具，来分析20世纪90年代中后期兴起的民间公益组织缘何能在国家开创的课程改革大业中开拓参与空间。

第一节　课程改革治理向民间力量开放

与美国联邦政府近十年来一直持续努力干预本来由地方政府和民间组织主导的课程改革不同，中国近十年来的课程改革则是由国家权力领导。进一步说，中国近十年来的课程改革其实一直是由国家责令教育部发挥国家权力开创的教育活动空间。然而在治理课程改革的过程中，国家并未打算将自己控制的巨大课程改革疆域封闭起来，相反，在此次课程改革前，国家早已在政策层面表明，向市场、社会等民间力量开放，乃是国家治理教育改革与发展的基本原则。

一定意义上，国家所有改革行动其实都是为了能够"激活和培养各种社会力量"。[①] 经济改革、教育改革如此，课程改革同样如此。尽管在"激活和培养各种社会力量"上，课程改革远远落后于经济改革(因为国家尚未采取大量的政策与制度措施来发展各种"社会性"的课程改革力量)，[②]但不可否认，自19世纪末以来，国家一直在向民间敞开自己开创的课程改革大业。

各种民间公益组织也藉此机会进入国家建构的课程改革空间，甚至各种新生的民间公益组织之所以能够成长起来，首先也是得益于国家权力主导的改革行动。这意味着，理解中国课程改革以及民间公益组织参与课程改革时，应首先将注意力放在国家权力上。正是从这一点出发，本书认为，可以引入政治社会学的国家权力变革理论，并对其进行一定的"本土化改造"，以便能够对民间公益组织兴起，以及兴起后为什么可以进入国家权力建构起来的巨大课程改革空间，做出更符合国情的把握。与此同时，也只有从主导改革的国家权力入手，才能发展出符合国情的课程改革治理体系。

一、国家权力变革与民间公益组织成长

如学术界诸多学者所揭示的那样，"改革开放"以来，中国社会的一大显著变化便是国家逐渐革新其对经济社会生活的"全权控制"或"集权控制"。[③] 在经济领域，大量的私人企业开始成为市场主体。在社会领域，则是民间组织迎来"爆发式增长"。为治理增长引发的混乱，1998年国家推出新的《社会团体登记管理条例》，提高了注册资金，同时要求业务主管单位负起全面责任，这导致了社团的数量骤减。但2001年势头便开始恢复，2003

---

① 杨雪冬，赖海榕．地方的复兴——地方治理改革30年[M]．北京：社会科学文献出版社，2009：2.

② 事实上，不光课程改革，整个教育改革在调动社会力量参与这一点上，国家的政策创新力度及政策与制度的健全程度，都远远滞后于经济改革。见：张秀兰．中国教育发展与政策30年[M]．北京：社会科学文献出版社，2008：19.

③ 邹谠．二十世纪中国政治：从宏观历史与微观行动的角度看[M]．香港：香港牛津大学出版社，1994：222；俞可平．中国公民社会的兴起与治理的变迁[M]．北京：社会科学文献出版社，2002：4.

年社团数量达到142 000家，包括“草根社团”，即“大学生社团”，也有20 700家。[①] 此外，民办非企业单位同期也迎来新的增长。总之，从21世纪开始，各类合法的民间组织再次出现了增长势头。

以青岛市为例，进入21世纪以来，该市各类合法的民间组织每年以10%～12%的速度增长，到2008年，登记注册的民间组织总数达5 800家，包括社会团体1 900余家，民办非企业单位3 800余家，另外还有以“备案制”形式，活跃在社区的社会组织1 200余家。从登记数量看，可以发现，“青岛市每1 380人拥有1个民间组织，远高于全国每5 400人拥有1个民间组织的水平”。[②] 全国范围内的数据也呈现出类似的增长趋势，如清华大学NGO研究所所长王名教授所言，至2007年底，全国各类合法的民间组织达“38.69万家”，其活动范围涉及“科技、教育、文化、卫生、劳动、民政、体育、环境保护、法律服务、社会中介服务、工商服务、农村专业经济等社会生活的各个领域”。除此之外，还有大量因为无法满足注册资格而没有登记的“草根组织、境外在华社会组织、社区社会组织、农村社会组织及各种网络型、松散型的社会组织等，其总量约为300万家”[③]。

关于改革开放以来中国民间组织的兴起，哈佛大学政府学院的中国政治学家裴宜理教授(Elizabeth J. Perry)曾指出，20世纪90年代以来，国内外学者对此问题的主流分析框架是“国家/社会”两分，并且立足点往往是在“社会”上，甚至不加深查，便把民间组织的本质界定为是在“争取政治空间”(battle for political space)，认为民间组织的兴起动力乃是社会自身的成长需要，是社会自身为了发展“公民社会”的必然行动。[④] 王名教授作为中国民间组织研究的开创者，便大体采取这一“国家/社会”两分的理论框架，进而将民间组织的活动置于“走向公民社会”的总议题下展开分析。俞可平、邓正来等学者同样看重“公民社会”这一理念。国内课程学界在发展“向社

① 王绍光，何建宇. 中国的社团革命[J]. 浙江学刊，2004(6)：71—77.

② 包心鉴. 社会组织参与社会治理[J]. 经济社会体制比较，2011(1)：225.

③ 王名. 走向公民社会——我国社会组织发展的历史及趋势[J]. 吉林大学学报(社会科学版)，2009(4)：5.

④ Perry，J. E. Labor's Battle for Political Space：The Role of Worker Associations in Contemporary China[A]. Davis，K. N. & Perry，J. E. eds. *Urban Spaces in Contemporary China：the Potential for Autonomy and Community in Post-Mao China*[M]. Cambridge：The Press Syndicate of the University of Cambridge，1995：302-325.

会分权”的“课程权力”结构时,也曾受到“公民社会”理论视角及其两分框架的影响,亦没有反思,该理论或许适合一些旨在“维护公民权”的民间组织,但却无法解释国内许多民间公益组织的行动逻辑与目标。

最近,国内NGO实践领域的资深人士吴敖祺出来指出了这一点,认为国内民间组织其实并不在意权力属于谁,而是在意如何能多做点“公益”事情,使组织获得更好的发展。提及“研究NGO与公民社会的学人”时,吴敖祺说,“他们的主流理论范式还是国家和公民社会的二元对立论”,将“NGO的成长和发展放一边,国家和政府放另一边”,二者的关系“更多是一种监督和‘对立’的局面”,以至于“对中国公民社会发展的解读,不是说中国公民社会的自主性越来越大,以后发展肯定是一片坦途;就是说因为国家政府的强力控制,中国公民社会举步维艰——这两种思路占据了该领域研究的主流”[①]。

吴敖祺的批评也有以偏概全之处,因为国内外学者其实很想深入分析民间组织所涉及的国家与社会之间的复杂关系,并没有一味强调“对立”,只是“公民社会”这一政治理想概念的确不便用来界定许多民间组织(包括本书所考察的民间公益组织)的机构宗旨。就此而言,政治社会学领域的另一些国家权力关系理论更值得采纳。作为一种分析工具,“公民社会”理论其实也是来自于政治社会学,但却是早期的政治社会学推出的一种政治理想或意识形态,更有理论生命力的则是政治社会学——尤其是新政治社会学——在分析国家权力结构变动时提出的分析工具。

众所周知,政治社会学的经典议题乃是“国家与社会的关系”[②],早期的政治社会学从马克思、葛兰西等人的著作中选取“市民社会”主张,认为国家权力与社会的基本关系是“国家权力压制市民社会”。但20世纪70年代末以来,政治社会学出现了许多新变化。尽管仍有学者坚持强调,即使国家会考虑各社会阶层与团体的利益,其基本治理目标或本质也没有改变,仍是不断扩大自己(资产阶级)的权力与利益,[③]但更多的学者开始修订早期的理论

---

① 吴敖祺.社会建设,NGO更大的参与空间[J].绿叶,2011(3):53—54.

② Nash,K. ed. *Readings in Contemporary Political Sociology*[M]. Malden:Blackwell Publishers Inc. 2000:X.

③ Skoepol,T. Bringing the State Back In:Strategies of Analysis in Current Research [A]. Evans,P. et al. eds. *Bringing the State Back In*[M]. Cambridge:The Press Syndicate of the University of Cambridge,1985:3-42.

视野与主张，倾向于关注国家权力的新变化，甚至认为，当代国家早已不是仅在捍卫资产阶级的意志与利益，其治理结构发生了显著转型，权力主体与关系也因此变得更加多元，国家更像是在各社会团体之间充当协调者的角色。①

法国当代理论家福柯(M. Foucault)干脆“悬置”了国家权力，认为在当代社会起作用的已不是国家权力，而是弥散在各种主体行为关系中的“知识权力”与“治理技术”，连一般的司法工作者、教师都掌握了这些知识权力与治理技术，从而使得权力无处不在。② 福柯的观点固然不失深邃，却绕过了仍在起主导作用、并且更加强大的国家权力，因此不适合考察中国民间公益组织与课程改革。对于中国民间公益组织与课程改革来说，更有启示意义的乃是另一些新政治社会学者提出的视野多重的国家权力变革分析框架，这一视野多重的框架主张一面分析国家权力变革为各种社会力量提供什么样的行动空间，一面考察各种社会力量如何利用国家权力变革带来的空间，开展旨在实现公益目标的种种活动，形成了较全面的“国家/社会”关系认识。新政治社会学十分关注各类社会群体如何以“表演”、“话语”、“寓言”等“文化”或“非政治”手段开展“新社会运动”，这些新社会运动本身也蕴含了“社会与国家”的互动更新，因为各社会群体之所以采取“文化”新手段，放弃早期的“政治”方式，是在掂量国家权力增强之后采取的理性策略。③

很明显，与“公民社会”理论相比，上述新政治社会学在分析国家权力变革时形成的多重视野与框架更适合用来考察中国民间公益组织的兴起，分析它们如何获得课程改革参与空间。进而言之，新政治社会学为本书提供了以下两大分析工具：①国家权力变革视角：当代社会的许多新生事物之所以得以形成，主要源于国家权力与治理结构更新；②国家与社会的理性互动关系：国家权力变革向各种社会力量打开治理空间，但国家权力并没有因此减弱，而是会通过有效变革自己的权力与治理结构，巩固自己在复杂治理局面的领导地位与影响，同样，各种社会力量要想获得有效的行动空间，也无法仅从自身的理想出发，而需要在理性考量国家权力变革的基础上架构行

---

① Nash, K. et al. eds. *The Blackwell Companion to Political Sociology*[M]. Oxford: Blackwell Publishers. 2001.

② Foucault, M. The Subject and Power, in Nash, K. ed. *Readings in Contemporary Political Sociology*[M]. Malden: Blackwell Publishers Inc, 2000: 8-26.

③ Nelson A. P. New Social Movements: A Critical Review[J]. *Annual Review of Sociology*, 1997, 27: 411-430.

动空间与方式。

需要指出的是，这两大分析工具其实是在对新政治社会学的相关主张做了一定区分、修正的基础上提出的。因为在西方，确实有许多非政府组织或社会群体坚持政治博弈，理性推进公益事业反倒置于一边（如美国全国教育协会），但本书所考察的本土民间公益组织不仅认同国家权力，而且没有任何政治博弈的表现，只是在国家主导的课程改革与教育发展中从事公益事业。本书即因此对新政治社会学的相关理论做了区分与修订，在采纳其国家权力变革视角的同时，还强调“社会与国家”的理性互动关系，认为民间公益组织只能在国家权力主导的治理格局中理性开拓自己的课程改革参与空间。

言归正传，从改革开放以来国家与社会的变革实践，以及政治社会学的权力变革理论来看，可以认为，虽然国家公共服务供给资源与机制有限，无法满足转型期的巨大社会需求乃是民间公益组织得以发展的客观因素，但民间公益组织之所以能够迅速成长起来，并在公共领域发挥积极作用，根本原因还是国家权力适时变革，并向社会打开了原本完全由其控制的治理空间。1998 年，国家修订了 1989 年颁布的《社会团体登记管理条例》，便可以直接影响许多民间组织的合法身份，也从一个侧面反映了国家权力变革在民间公益组织成长中的决定性作用。总之，就“国情”而言，对于改革开放以来中国民间公益组织的兴起，应首先从国家权力与国家治理变革的角度加以理解，是国家权力变革及治理结构革新促成了民间公益组织的发展与功能发挥。分析民间公益组织的课程改革参与空间时，同样要从国家权力及其治理变革出发，而不是围绕“公民社会”或其他抽象的政治社会理想展开探讨。

二、向民间力量开放的课程改革治理：历史与现实

众所周知，自 19 世纪末“十人委员会”试图统一标准开始，美国现代课程改革与基础教育发展主要是由地方政府、私人团体甚至个人负责。到 20 世纪 20 年代规模日益扩大、需要“集权化”管理机制时，联邦政府依然作壁上观，不愿介入，以至许多渴望形成“统一政策”的地方教育领导不停抱怨联

邦政府长期以来在“教育政策与立法”方面毫无作为。① 1958 年，联邦政府才在苏联率先发射卫星的刺激下，开始启动经费投入，小范围实验旨在提高“科学教育水平”的课程改革项目。② 1965 年，联邦政府虽然颁布了《中小学教育法》(*Elementary and Secondary Education Act*)，但该法却明确规定“禁止推行国家课程(national curriculum)”，只允许帮助地方“提高教育公平与教学质量”。③ 直到 80 年代，联邦政府才决定加大国家权力参与课程改革的力度，并于 2002 年推行全国统一的课程与教学质量标准。

其实，中国晚清尤其是“维新运动”以来的“新课程改革”也曾由地方政府及民间力量发挥主导作用。和美国的局面相类似，在中国早期旨在发展“新学”的现代课程改革空间中，国家虽然是名义上的最高领导，但在实际作为方面并不如地方迅速且富有成效。当然，具体原因还是大为不同。美国联邦政府当初虽然也因为经费有限而只能在教育领域从事一些信息搜集工作，但根本原因还是宪法不允许国家权力干涉教育。晚清中央政府可以掌管一切，却因为巨额赔款、朝廷开支巨大导致国库空虚，加上国家权力被保守势力控制，因此很难在“新课程改革”方面大有作为，连发展“新学”课程必需的“新学堂”体系都难以支撑，主要仰仗民间社会出力。④

即如 1898 年的“维新变法”计划，晚清中央政府在教育新政这一块，只是勉强办起了京师大学堂。到 1902 年和 1904 年年间，晚清中央政府才在张之洞、张百熙等人的主持下，拿出了规划全国新教育体系的“学堂章程”。⑤ 同时又在张之洞、袁世凯等人的推动下，于 1905 年下令取消长达千年之久、严重阻碍“新学堂”发展与实施“新学”课程的“科举考试”制度。⑥这些旨在发展“新学”课程与“新式学堂”的制度创新努力堪称猛烈，但晚清

---

① Graves, W. B. *Uniform State Action: A Possible Substitute for Centralization*[M]. Chapel Hill: The University of North Carolina Press, 1934: 149.

② Urban, W. J. *More Than Science and Sputnik: The National Defense Education Act of* 1958[M]. Tuscaloosa: University of Alabama Press, 2010.

③ Evers, W. M. Secretary Riley Reignites the Math Wars [EB/OL]. Hoover Institution, Stanford University, http://www. hoover. orgnewsdaily-report/24316, 2000-1-7/2011-11-12.

④ 付志宇. 论晚清财政危机与清政府的经济对策[J]. 现代财经, 2007(11): 95—97; 桑兵. 清末兴学热潮与社会变迁[J]. 历史研究, 1989(6): 13—27.

⑤ 江琳. 晚清教育改革中的张百熙和张之洞[J]. 兰州学刊, 2007(6): 188—191.

⑥ 罗志田. 科举制废除在乡村社会中的后果[J]. 中国社会科学, 2006(1): 192.

中央政府终因财力有限以及保守势力强大，实际并无能力从上到下建立起能落实这些制度与法令的教育治理机制，更难以扭转长期以来的追求“功名”的教育倾向。如当时《申报》评论所言，直到1911年，晚清中央政府所颁布的各种新教育制度与法令大体仍是一颁布完，往往就被抛到“耳后”了。①

不过，《申报》评论没有关注地方政府及民间组织推动新课程的步伐、质量与成就，均明显胜过晚清中央政府。1902年，盛宣怀在上海建成“中国第一所新式小学”即南洋公学师范院附属小学，并强调“各学科教授之法均以实验为主，置备理化仪器、动植矿物标本，历史、地理挂图，工商实业应用器具。”②而在民间组织这一块，则有新式知识分子与开明士绅在各地组建“学会”、“教育会”等旨在发展“新式教育”的“民间社团”。例如，1901—1904年年间，全国出现21个教育会，1909年，这一数量猛增到723个。③ 至于个人，则有开明士绅及留学归国人员，在各自的家乡创办“新式学堂”；此外，还有彭翼仲这样的启蒙教育家，于1902年在天津创办了中国专门向儿童传播新知的《启蒙画报》，④以及罗振玉这样的“先行者”，于1901年在上海创办“中国第一份教育期刊”《教育世界》，针对教育现状提出改革建议，同时介绍欧美教育学说与教育家。⑤

以上之所以简单回顾晚清地方政府、民间组织参与课程改革的历史经验，是为了勾勒中国课程改革最初的治理关系格局，从中可以看出，“维新运动”以来，在由国家权力、地方政府、民间团体的变革力量建构而成的巨大课程改革空间中，真正起主导作用的显然是各地政府、民间团体。这一格局的形成，得益于湖广总督张之洞、两江总督端方等地方政府“一把手”亲自落实

---

① 佚名．论今日吾国之教育[N]．申报，1911-2-17.

② 南洋公学．南洋公学高等小学堂章程[A]．交通大学校史编写组．交通大学校史资料选编[Z]．西安：西安交通大学出版社，1986：52.

③ 杨卫明．晚清社会与中国近代教育学会的发轫[J]．内蒙古师范大学学报（教育科学版），2010(8)：14—17．关于晚清以来的教育会及其活动状况，可参考孙广勇．社会转型中的中国近代教育会研究[M]．武汉：华中师范大学出版社，2007.

④ 梁漱溟．忆往谈旧录[M]．北京：金城出版社，2006：60—61.

⑤ 谢长法．罗振玉：晚清教育改革的先行者[J]．河北大学学报（哲学社会科学版），2003(4)：17—21.

发展新教育。[①] 但就民间组织而言，其之所以能够获得广阔的课程改革空间，发展出多元的"新学"课程创造行动，很大程度上仍是晚清中央政府的教育政策与教育制度创新腾出的巨大空间。尤其是废除"科举考试"，更是促使许多"地方士绅"将人生目标转向发展"学务"。晚清中央政府也于1909年颁布《城镇乡地方自治章程》，将"教育会"、"劝学所"等民间士绅的"学务"组织及地方"学务"，均划入"地方自治"的范畴，这等于是在政策上明确承认，民间士绅及其"学务"组织乃是各地发展"学务"的"主体力量"。[②]

只是从政治社会学的国家权力变革及治理关系理论来看，晚清中央政府虽然知道必须向民间开放课程改革与发展的治理权，但却没有与"社会"形成"理性的互动关系"。与此同时，民间组织又难以突破国家体制的限制与保守势力，去争取与"国家"形成"理性的互动关系"。黄元培曾指出，像张謇领导的江苏教育总会这样的民间组织其实很善于在地方理顺课程改革过程中的复杂关系与冲突，[③]也有心扩大教育改革事业，但它们没能在国家层面获得施展课程治理的空间。而晚清政权也在混乱的"国家与地方"、"国家与社会"关系中走向瓦解。民国以来，国家权力仍没有理顺晚清以来课程改革领域的复杂治理关系。加之在政治动荡、战争不断的大背景下，国家课程政策更是屡遭各地抵制。抗战期间陈立夫执掌教育部后，采取严厉措施推行统一的课程标准、统一的大学入学考试以及以"党义"为中心的"训育"，便"激起广大师生的强烈愤慨与反抗"，以致"引发国际国内民主人士的反感和谴责"。[④]

晚清及民国以来的历史经验充分说明，向民间开放，或"向社会分权"，其实是国家在全国范围内实施课程改革的一贯策略，各历史时期，国家都会采取一定的政策、制度变革措施，使民间力量获得一定甚至非常大的课程改

---

① Bastid, M, translated by Paul Bailey. *Educational Reform in Early 20th—Century China*[M]. Ann Arbor: The University of Michigan Press, 1988；苏云峰. 张之洞与湖北教育改革（第二版）[M]. 台北：中央研究院近代史研究所，1976；王建华等. 端方与清末教育现代化[J]. 苏州大学学报，2002(3)：114—118；何立波. 情系教育的晚清总督端方[J]. 文史天地，2010(10)：51—54.

② 李晓英等. 科举制废除及绅士阶层在新式教育领域中的贡献[J]. 甘肃社会科学，2006(6)：120—122.

③ 黄炎培. 八十年来——黄炎培自述[M]. 上海：文汇出版社，2000：75.

④ 张珊珍. 陈立夫与抗战时期的中国教育[J]. 抗日战争研究，2006(3)：90—110.

革权力(如晚清地方自治计划),进而可以积极从事课程改革。问题就在于,国家这一向民间分权的变革策略是否有助于顺利实施国家课程改革,取决于国家、各地政府与民间力量能否在课程改革领域形成良好的治理关系。而从政治社会学角度看,国家、各地政府与民间力量能否在课程改革领域形成良好的治理关系,又取决于国家权力自身的革新能否与社会变革力量形成"理性的互动关系",实现国家权力优化。像民国内战时期那样,国家权力逐渐滑向专制与独裁,乃至暴力对待社会各界进步力量,显然无法优化国家权力,更妄谈在课程改革领域与民间力量形成良好的治理关系。

1949 年成立的新中国非常重视巩固国家权力及其社会关系,进而为重构晚清以来课程改革向民间力量开放后形成的复杂治理关系,提供了强大的政治社会基础与有效路径。在优化国家权力及其与民间力量的关系这一点上,国家采取了以下两点有效措施:①进一步巩固了为"夺取革命胜利"精心组建的"统一战线",并对其功能进行优化,使之由"革命"转向更加可以凝聚人心的"建设社会主义新中国"上;[①]②新中国成立后,立即对民国时期的民间结社展开彻底的清理与整改,取缔了一大批"封建组织"和"反动组织",并将"统一战线"内的重要民间组织,如民主同盟、九三学社等,改组成国家政治组织,又于 1950 年颁布《社会团体登记暂行办法》,规范其他各类没有被取缔的民间组织。到 1965 年,这类对社会主义建设有益的"社会团体"发展到了6 000多家。[②] 通过这些措施,国家权力得到了巩固与增强,可以有效地将民间力量控制在国家的"社会主义建设"战略范围以内,使各种民间力量只能发挥有益于"社会主义建设"的合作与支持功能。

与之相对应,基础教育领域的首要任务也是以"革命的方式"、"运动的方式"对旧教育进行一次彻底的"改造",[③]"在学校中进行思想改造和组织清理","清理其中的反革命分子",[④]将基础教育"统一"到"为工农服务","为社会主义生产建设服务"的轨道上来。这一"改造"与"统一"过程堪称

---

① 郑伯华. 从革命的统一战线到建设的统一战线[J]. 中央社会主义学院学报,1997(7):19—20.

② 王名. 中国 NGO 的发展分析[J]. 管理世界,2002(8):30—43.

③ 吕型伟. 一位"老教育工作者"七十年的教育反思[J]. 校长阅刊,2006(3):35;张乐天. 对新中国"前十七年"农村教育发展的政策考察[J]. 社会科学战线,2010(3):197.

④ 中共中央文献研究室. 建国以来毛泽东文稿(第 2 册)[M]. 北京:中央文献出版社,1988:526.

"震荡不断",[①]不过其治理效果十分显著。1952 年毛泽东便在"元旦祝词"中祝贺"文化和教育战线"与"思想改造战线"的"胜利"。[②] 尽管在治理理论中,"统一"往往不被视为"善治"手段,但就新中国所接手的长期以来各种"旧政权"都没能理顺的混乱教育局面而言,"统一"各种力量,却是发展社会主义教育、理顺各种复杂关系,乃至维护政权稳定必须采取的措施。

更重要的是,在课程改革领域,新中国的政权巩固后,并没有将民间力量排除在课程改革治理之外,相反,"发动群众","走群众路线"等革命成功经验也被用在了课程改革治理上。事实也是,国家十分重视经过"改造"、"思想统一"起来的各种民间力量积极发挥课程改革治理功能。1957 年,毛泽东在与地方教育领导座谈,向"第一书记"提出了课程改革治理的基本任务与原则,如"全国统一教学计划不合适,要减少课程,减轻教材,要方便农民子女就近上学,允许社办、民间学校"等。不久,全国第三次教育行政工作又对进一步落实毛泽东的讲话做了部署,提出要打破国家包办小学教育,提倡街道、机关、厂矿企业和农村群众集体办学,甚至允许"私人办学",以更快实现教育为工农业发展服务,符合广大工农子女的实际需要。[③]

毛泽东的倡议产生了巨大影响,1958 年,地方开始迅速动员一切力量创办"毛主席的学校"。一些地方甚至认为,为"多快好省"地落实"毛主席的教育方针","最根本的办法是放手发动群众、依托群众,走群众路线","提倡群众举办普通教育事业",还在课程开发方面启动了深入农村的"社会调查"机制,"调查工农业生产特别是农业生产的需要,调查各阶层人民特别是贫苦农民供子女读书的能力,调查如何设点才能便利工农子女读书,减轻他们的负担。"[④]

也许因为各地响应毛主席教育改革号召的热情过于高涨,"依靠群众办学"的格局迅速演变成"教育大革命"、"教育大跃进",课程改革也因为各地过于"革命性"地发挥"减少课程、减轻教材、与工农实际需要、与生产劳动相结合"等原则,日益失去理性,出现"学生劳动太多,频频下乡下厂,教学时间

---

① 吕型伟.一位"老教育工作者"七十年的教育反思[J].校长阅刊,2006(3):36.

② 杨钊.从十七年教育发展的历史看"两个估计"的反动实质[J].湖南师范学院学报,1977(4):44.

③ 杨东平.新中国"十七年教育"的基本特征[J].清华大学教育研究,2003(1):15.

④ 湖南教育杂志社社论.鼓起干劲,组织教育事业的大跃进[J].湖南教育,1958(3):4—5.

减少，教材十分混乱”等情况。全国各地可谓是“校校编教材，人人编教材”。有的学校甚至“与羽毛球厂挂钩，教材就以羽毛球为纲，有的农村学校则以大白菜为纲”，“教育质量”因此“大幅度下降”。这是1958年以后在上海担任市教研室主任、专门负责课程教学改革的吕型伟先生的生动回忆。吕老还记得，他因为“教育质量下降”而被市委书记“怪罪”，并被要求“带一批校长”，去1960年全国高考排名第一的福建省去“取经”。[①]

国家注意到各地的“课程大革命”倾向后，提出“四个适当”，规定“缩短学制、增加劳动、减轻负担”都要“适当”，进而可以“适当提高程度”。然而不久又爆发了更猛烈的“文化大革命”，连基本的课程与教学秩序都没有了，更别提组织起像样的课程改革，只剩下意识形态与政治斗争。可以说，新中国成立以来，在国家权力的作用下，国家与各种被改造的民间力量迅速形成“思想高度统一”的课程改革治理关系，这一治理关系重构成就堪称史无前例，但在课程治理目标方面，却始终没能将“教育质量”(高考)、“工农业经济发展”的需要，以及更为重要的“社会主义政治建设”的战略需要有机地统一起来，以至于所有的课程改革努力往往过于激烈地指向其中一点。一会“频频下乡下厂”，“教材以羽毛球为纲”、“以大白菜为纲”；一会又突然“停课闹革命”。

从政治社会学的角度看，上述课程改革乱象的根本原因无疑是国家权力自身的畸变无法使“高度统一”起来的地方政府与民间力量围绕合理的国家战略目标展开理性的课程改革行动。新中国成立初期，国家逐渐摸索出了“正确的道路”，但1958年以来尤其是进入“文化大革命”时期，最高决策层“有过严重失误”，如“忽视了客观的经济规律”，“急于求成，夸大了主观意志和主观努力的作用”，“错误的、过火的政治批判”以及“个人专断作风逐步损害党的民主集中制，个人崇拜现象逐步发展”等。[②] 正是这些“严重失误”，导致国家权力及其“统一战线”均发生畸变，分裂、“革命”斗争不断。国家、地方政府与民间力量围绕合理的国家战略目标展开理性的课程改革行动也因此成为泡影。

要想重建“文化大革命”以来的课程改革乱局，使之合理化，显然必须首

---

① 吕型伟. 一位“老教育工作者”七十年的教育反思[J]. 校长阅刊，2006(3)：36.

② 中共中央. 关于建国以来党的若干历史问题的决议[EB/OL]. http://news.xinhuanet.com/ziliao/2002-03/04/content_2543544_3.htm，1981-6-27/2011-11-14

先重建国家权力,优化国家战略目标。1978 年以来的国家政治重建与战略调整正是为了解决这一事关各项事业的重大问题。在总结以往经验的基础上,1981 年 6 月,国家最高领导层通过了新时期的国家战略目标,提出"我们党在新的历史时期的奋斗目标,就是要把我们的国家,逐步建设成为具有现代农业、现代工业、现代国防和现代科学技术的,具有高度民主和高度文明的社会主义强国",并强调要"把全党、全军和全国各族人民的意志和力量进一步集中到建设社会主义现代化强国这个伟大目标上来"[①]。按照这一战略目标,国家还适时优化了此前被扭曲的民主化机制与过于"政治化"的"统一战线"机制,提出虽然社会、经济、文化、宗教背景不同,乃至政治观点存在差异,但只要"坚持党的政治领导,有利于实现国家的现代化建设、祖国统一和中华民族的伟大复兴",便可以纳入新时期的"统一战线"。[②]

新时期的国家权力变革无疑为国家重新开创合理的课程改革奠定了宏观框架,同时也为调动社会各界及民间力量参与课程改革,发展更合理的课程改革治理关系,提供了新的政策指南。优化国家战略目标与"统一战线"建设策略后,国家先是在经济、科技领域展开体制革新,以求充分调动各种有益于"社会主义现代化建设"的"生产力"。接着便是在教育领域实施体制改革,探索如何有效动员社会各界力量参与教育发展。到 20 世纪 90 年代末,教育体制改革及"义务教育"普及基本完成之时,国家又从"科教兴国"的"经济发展战略"出发,将 80 年代以来各地为"纠正应试教育倾向"开展的课程改革实验,正式列为国家新世纪基础教育改革的"核心工作",并为其制定了发展"素质教育"的新目标。近年来,国家又进一步完善了战略目标,在坚持"经济建设"的基础上,开始重视建设"和谐社会"。"促进公平"、"提高质量"也因此成为国家课程改革必然要追求的新目标。

经过这一系列的国家权力重建及国家战略优化,国家已为开展课程改革提供了非常合理的战略目标。围绕这一战略目标,国家与新时期"统一战线"内的各种社会力量完全有可能在课程改革领域形成理性的治理关系。总之,对于如何处理"国家与社会"这一中国近百年来课程改革治理中不可

---

① 中共中央. 关于建国以来党的若干历史问题的决议[EB/OL]. http://news.xinhuanet.com/ziliao/2002-03/04/content_2543544_3.htm,1981-6-27/2011-11-14

② 郑伯华. 从革命的统一战线到建设的统一战线[J]. 中央社会主义学院学报,1997(7):19—20.

避免的关系问题，新时期的国家堪称摸索出了最具历史合理性的总体框架。虽然如此，仍有许多具体的治理问题需要解决。例如，如何增强国家、各地各级政府已有的课程改革动力机制与协调机制；再比如，以中国青少年发展基金会、21世纪教育研究院为代表的几类合法注册的民间公益组织，以及诸多更“草根”化的民间公益组织等等“社会力量”到底已在国家开创的课程改革中发挥了什么作用，这些问题都需要决策层与理论界开展深入研究。接下来就是要分析国家向民间开放课程改革后，民间公益组织如何在国家开创的课程改革中开拓参与空间。

第二节　课程改革治理中的民间公益组织及其空间开拓

就一般理解而言，既然课程改革是由国家开创的，其治理自然也应归国家负责。但正如之前的历史经验与当前的现实状况所显示的那样，国家一启动课程改革，无力独自承担治理重任的国家便会向民间力量开放自己发起的课程改革，与此同时，各种民间组织也会积极涌入，由此形成课程改革的复杂局面。对于这种复杂局面，以及民间组织在这种复杂局面的位置、行动与功能，需要引入“立体”的分析工具。“空间”与“课程改革空间”的提出，正是为了“立体”地把握课程改革以及民间组织在复杂课程改革局面中的可能处境，进而定位其活动与功能。

一、课程改革治理空间的理论分析

作为一种特别的政治社会学或政治人类学分析工具，“空间”(space)被课程学界正式引入是在20世纪90年代中期，代表性成果是1997年俄亥俄州立大学大学课程政策学教授尼斯珀尔(J. Nespor)推出的《乱作一团：学校教育过程中的政治、空间、身体与符号》。[①] 但如果说课程学界引入与“空间”相近的概念，则可以推到20世纪70年代。所谓相近的“空间”概念正是“社会关系结构”、“再生产”等概念。依靠“社会关系结构”、“再生产”等概念，70年代以来的课程学界出现了以下两大分析课程改革的新路径：①以

---

① Nespor, J. *Tangled up in School: Politics, Space, Bodies, and Signs in the Educational Process*[M]. Mahwah: Lawrence Erlbaum Associations Inc., 1997.

鲍尔斯和金蒂斯为代表，将学校视作“资本主义”社会的“上层建筑”之一，批判其维护“资本主义”的经济统治关系；②以阿普尔和吉鲁为代表，认为教育改革不过是在“再生产”右翼势力的“意识形态”与“文化霸权”。[①]

20 世纪 70 年代以来课程学界之所以形成以上两大课程改革的“空间”分析路径，又与 60 年代整个西方学术界兴起“社会空间”(social space)转向有关，尤其是英法德等国著名学者贡献的“空间”概念工具，更是广被引用。包括法国社会学家布尔迪厄(P. Bourdieu)提出的“场域”(field)、英国政治社会学家特纳(V. Turner)提出的“领域”、“舞台”等“社会空间”概念，法国权力理论家福柯(M. Foucault)对于医院、监狱、学校等具体“社会空间”中的“权力结构”所展开的分析，以及德国“法兰克福学派”霍克海姆、阿多诺、哈贝马斯等人重新解读资本主义的“上层建筑”、“文化统治”机制及“公共领域”变迁。这些学者提出的“空间”概念工具广被学界引用，并因此被学界誉为新一代理论大师。

几位理论大师确实为学界更新政治社会变革研究，架构新的政治社会变革问题，提供了十分丰富、有效的概念工具。阿普尔仅仅依靠法兰克福学派的概念工具便提出了新的课程改革研究议题，而他们远没有充分吸收 20 世纪 60 年代以来英法德等国理论大师的概念工具，对于课程改革的复杂社会结构，只是强调其中的“国家权力”单向支配，以至于吉鲁后来又引入“抵制”这一新概念，来弥补阿普尔的不足之处。言外之意，只要广泛吸收 60 年代以来英法德等国学者提出的各种空间概念，便可以超越鲍尔斯、阿普尔等人的课程改革视野与议题。例如，引入英国政治社会学家特纳 1974 年提出的“领域”、“舞台”等概念及其蕴含的“社会关系”视野，[②]便可以使课程改革的考察重心从阿普尔式的“意识形式”或“文化霸权”批判，转向关注“国家”、“社会各阶层”在课程改革中的多重互动关系，从而更接近课程改革空间的复杂内涵。

再比如，哈贝马斯关于“大众媒体”的分析，曾提醒人们注意，在当代“公共领域”，“大众媒体”的影响力已取代了过去知识分子的文学活动，它们所

---

① ［美］威廉·F. 派纳等. 理解课程［M］. 张华等译. 北京：教育科学出版社，2003：239—245.

② Turner, V. *Dramas, Fields, and Metaphors: Symbolic Action in Human Society*［M］. Ithaca: Cornell University Press, 1974: 139-140.

报道的“事件”甚至取代了真实发生的事件本身。对于大多数人来说，作为真实的历史事件，“东欧剧变”便是“通过电视转播的方式完成的”。[①] 言外之意，人们日益生活在“大众媒体”所制造的“虚拟空间”里。大众媒体在课程改革方面的影响同样巨大，它们不仅可以制造各种类型的“新教育”，而且能让无数人生活在它们所制造的“教育空间”里。加州大学洛杉矶分校教育学院的道格拉斯·凯尔纳(D. Kellner)教授自20世纪80年代起，便一直在研究电影、广播和电视等美国各种媒体力量到底制造了什么样的“教育空间”，其中蕴含了什么样的复杂关系。[②]

对于20世纪60年代以来学术界兴起的各种“空间”理论，正式提出“社会空间”的法国社会学家列斐伏尔(H. Lefèbvre)曾做过专门梳理。在他看来，作为一种用来分析政治社会现象的新概念，“空间”的基本理论意义在于：①它突破了物理学、地理学的空间概念和“从上到下”、“从下到上”等单向度的线性分析模式，转向分析多重政治社会力量及其复杂关系创造或构成的空间，因此也称为“社会空间”；②因为关注各种人为力量创造的“社会空间”，所以揭示“社会空间”中各种人为力量的“多元目标及其行动关系”，便成了“空间”理论的首要视野。遗憾的是，列斐伏尔提出“社会空间”后，主要是为了超越马克思的空间视野，即“工业生产空间”，发展新的空间研究，如“城市中的日常生活空间(daily life in urban sphere)”，[③]并没有用他的空间理论，来考察同样是人为力量造成的课程改革空间及其复杂的内涵结构。

本书对于空间及课程改革空间的理解，来自列斐伏尔的视角。与此同时，因为本书及列斐伏尔所说的空间均强调“人为力量”及“复杂关系”，所以它与其他同样强调人为力量与复杂关系的社会空间概念，如场域、领域和舞台等，基本上可以互换。日常语言中，也经常可以看到类似“开拓领域”、“登上某某历史舞台”的表述。而且正如前文所示，尼斯珀尔1997年正式提“课程空间”(the spaces of curriculum)这一概念，也是为了超越传统的课程理论视野(即分析学校教学的内部结构)，勾勒政治社会学意义的课程改革空

---

① [法]哈贝马斯.公共领域的结构转型[M].曹卫东等译.上海：学林出版社，1999：32.

② Kellner, D. *Media Culture*[M]. London: Routledge, 1995; Kellner, D. *Cinema Wars: Hollywood Film and Politics in the Bush-Cheney Era*[M]. Oxford: Wiley Blackwell Publishing, 2010.

③ Lefèbvre, H. *The Production of Space*[M]. Malden: Blackwell Publishers Inc. 1991: 73-89.

间，即由“国家权力、经济及城市发展的决策者、家庭、大众媒体、不同种族、性别的社会团体和大学机构等政治社会力量”交织在一起塑造出来的、多重并列的“课程空间”，而他的理论任务则是去考察多重“课程空间”并列的格局及其复杂作用关系。

尼斯波尔之后，课程改革空间的理论分析大致朝两个方向深化：①“往上看”，考察更大的政治经济力量，如“欧盟”一类的“跨国组织”依靠政策、项目等工具建立起来的复杂跨国课程改革空间；[①]②“向下看”，分析种族、性别、阶层、文化等背景不同的社会组织与群体如何在国家权力或跨国权力主导的课程改革空间中，为捍卫自己的利益与文化认同展开课程改革行动。[②]需要指出的是，虽然有这些深化，但西方课程学界仍是将各种人为力量及其复杂关系视为课程改革空间的基本内涵，其中，国家权力与各种社会力量的作用关系依然是西方课程学界分析课程改革空间时的核心关注。

国内课程学界近十年来也形成了颇有启示意义的“空间”意识。除了靳玉乐教授等人在探讨课程管理体制与“课程权力”结构变革时曾提出“第三领域”这一与空间相近的概念，致力于发展本土课程社会学的吴康宁教授更是曾参照布尔迪厄的“场域”概念，考察中国课程改革是在什么样的“场域”中展开。在吴康宁教授看来，课程改革之所以“曲折艰难”，是因为在课程改革“场域”中，存在“四大制约力量”，即“考试竞争、区域差异、关系网络、社会基础”。[③] 最近，吴康宁教授又进一步勾勒了在课程改革“场域”中起作用的“六重”关系：分别是“理念与利益、文件与文化、前台与后台、官方与民间、中央与地方、城市与农村”，认为它们“之间的差异与矛盾”是课程改革之所以艰难的社会学原因。[④] 此外，马维娜教授还曾留意“社会空间”理论家列斐伏尔可能提供的“方法论启示”，提出“无论教育，还是教育改革，都是社会的

---

① Martin, L. et al. Constructing a European Policy Space in Educational Governance: the Role of Transnational Policy Actors[J]. *European Educational Research Journal*, 2002, 1(2): 290-307.

② McLaren, P., et al. A Revolutionary Critical Pedagogy Manifiesto for the Twenty-First Century[J]. *Education and Society*, 2009, 27(3): 59-78.

③ 吴康宁. 制约中国教育改革的特殊场域[J]. 教育研究，2008(12)：16—20.

④ 吴康宁. 中国教育改革为什么会这么难[J]. 华东师范大学学报(教育科学版)，2010(4)：10—19.

日常生活”，因此应将“中国教育改革”置于“日常生活空间”中加以考察。①

立足于西方学术界的“空间”概念及国内外课程学者的相关探索，无疑可以将课程改革空间的基本内涵界定为各种人为力量围绕课程改革形成的复杂关系格局。② 或者正如尼斯波尔所示，之所以特意提出课程改革空间，其实是为了以此名义，将课程研究的注意力从教师、课程与教学，转到制造课程改革、左右课程改革的各种人为力量及其复杂关系上。③ 本书所关注的则是本土课程改革空间中的国家权力和民间公益组织这一特殊的社会力量。本书所说的课程改革空间也因此有了一些更为具体的内涵，包括：①课程改革空间最初是国家权力为了“推进素质教育”，为了“让每一个孩子都有好学上”创造出来的；②无论这个空间充满了多少人为力量与行动关系，也不管其中可能并列存在多少其他力量塑造的课程改革空间，国家权力及其建构的课程改革始终居于权威与主导地位；③国家要想实现自己的课程改革治理目标，就必须辨识课程改革空间中的其他力量，并与其形成良好的治理关系；④尽管国家还没有发展出健全的开放机制，但国家开创的课程改革空间的确也向民间力量开放，民间公益组织因此始终有机会参与其中，乃至可能与国家、政府携手治理课程改革。

二、进入国家权力开创的课程改革空间

基于上述课程改革空间的具体定义，可以看出，对各类民间公益组织而言，首先值得考虑的无疑就是进入国家权力开创的课程改革空间。之所以这样说，是因为在中国的巨大课程改革空间中，最权威的权力无疑是来自国家及各级政府。如果能“搭上”推行课程改革的国家权力，民间公益组织就可以让自己的课程改革参与行动在全国基础教育界产生影响。那么，在国家开创课程改革空间的过程中，有哪些推动课程改革的国家权力可供民间公益组织“搭上”呢？

关于这个问题，尤其是什么样的国家权力在推动课程改革，西方课程学

---

① 马维娜.中国教育改革释绎的时空逻辑[J].教育学报，2011(4)：11—18.

② 也正因为人为的空间总是充满了复杂关系，所以学术界还常常把空间称为“网络”。Prasenjit，D. *Cultrue，Power，and the State，North Rural China*，1900—1942[M]. Stanford：Stanford University Press，1988：17-18.

③ Nespor，J. *Tangled up in School：Politics，Space，Bodies and Signs in the Educational Process*[M]. Mahwah：Lawrence Erlbaum Associations Inc. 1997：2-5.

者从20世纪60年代起就已开始关注(尽管当时还没有提出“课程空间”)。之后,随着国家权力在课程改革空间中的作用日益显著,西方课程学者的认识也逐渐深入起来,并形成了诸多有效的分析工具。以美国为例,1958年,联邦政府开始干预长期以来由地方政府和教育界控制的课程改革空间,试图发起一场旨在提高数学、物理等科教学成绩的“科学课程改革运动”。此举在全国引发轩然大波,课程学界也因此开始关注突然大举介入的国家权力。

对于试图推行“科学课程改革”的国家权力,课程史学者坦纳(L. N. Tanner)1969年曾做过专门分析。坦纳认为,相比于地方政府、教师组织等老牌“课程决策者”,联邦政府虽说是初来乍到的“外围参与者”(external participant),但它完全有实力向前者叫板。为了揭示向老牌“课程决策者”叫板的国家权力,坦纳提出了三个概念工具:①“权力基础”(the base of power),指联邦政府发展自己的组织,为其科学课程改革计划培植势力基础;②“课程改革(权力)联合体”(curriculum corporation),指联邦政府将自己的课程改革队伍起来,形成稳定且可以影响全国的课程改革权力(curriculum reform power);③权力的制度化(institutionalization),指联邦政府采取各种办法说服国会,将自己的课程改革权力与行动“制度化”,使之变成威力更强大的有联邦政策、法令、经费和机制支持的国家课程改革项目。

依靠上述概念工具,坦纳描绘了艾森豪威尔、尼克松总统发展、增强国家课程改革权力的基本过程。两位总统均是先依赖自己的科学顾问,来自麻省理工学院、加州理工学院的科学家,然后将联邦政府的教育署(the Office of Education)、教育服务机构(Educational Service Incorporated)、教育创新研究所(the Institute for Education Innovation)整合成“教育发展中心”(Education Development Center),并与国家科学基金会、福特基金会等建立稳定的项目合作关系,从后者那里获得更多经费。与此同时,两位总统及其德高望重的科学顾问和课程改革同盟还不断向国会施压,促使后者将总统牵头组织的“课程改革联合体”制订的课程改革方案上升为联邦法令(federal mandate)和联邦拨款项目。[①]

坦纳强调,在国家课程改革权力增长的过程中,总统、科学家等“个人”

---

① Tanner, L. N. Curriculum Change in Science: Power and Process[J]. *Educational Leadership*, 1969(3): 571-575.

的积极努力及其“课程改革联合体”发挥了至关重要的作用，它们正是维系国家课程改革权力存在与增长的基础，没有它们，便不可能产生国家课程改革权力的后续内涵，即课程改革法令、经费和项目。[①] 尼克松之后，谋求课程改革的国家权力虽然出现一些变化，里根总统甚至一度想取消20世纪70年代末成立的联邦教育部，但其愿望并没有实现，就总体而言，国家权力一直处于增长态势。[②]

对于20世纪80年代以来国家权力在美国课程改革空间中的增长趋势，理论界主要从两个方面展开进一步研究：①国家课程改革的权力基础及权力联合体得以扩充，除科学家、基金会外，新增了企业界、地方政府与媒体力量，同时形成了许多新的在全国范围内推动课程改革的组织与协调机制，如1989年起自诩首任“教育总统”的老布什联合各州州长、企业界精英成立的“全国教育峰会”；[③]②国家权力主导的课程改革法令、项目计划也进一步得以完善，这尤其表现为NCLB法的颁布，各州、市一级地方政府与联邦政府达成的治理合作关系，并采取“公司治理”模式，来推动学校追求联邦政府的质量标准。[④]

以上之所以简要梳理美国课程改革空间中的国家权力增长和理论界的相关研究，既是为了获取有效的概念工具，用来分析中国课程改革空间中的国家权力，也是为认识中国课程改革空间中的国家权力提供经验对比参照。

按照坦纳的思路，关于中国民间公益组织在开拓课程改革参与空间时可能“搭上”什么样的国家课程改革权力，首先需要分析发起、承担课程改革

① Tanner, L. N. Curriculum Change in Science: Power and Process[J]. *Educational Leadership*, 1969(3): 572.

② Davies, G. *See Government Grow: Education Politics from Johnson to Reagan*[M]. Lawrence: University Press of Kansas, 2007.

③ Kirst, M. W. Recent State Education Reform in the United States: Looking Backward and Forward[J]. *Educational Administration Quarterly*, 1988, 24(2): 319-328; Chrispeels, J. H. et al. Educational Policy Implementation in a Shifting Political Climate[J]. *American Educational Research Journal*, 1997, 34(3): 453-481; Smith, M. L. *Political Spectacle and the Fate of American Schools*[M]. New York: Routledge Falmer, 2004: 7-8; 郭玉贵. 企业界参与教育改革与发展：美国的经验与启示[J]. 世界教育信息, 2010(4): 16—21.

④ Stevenson, D. L. State Control of the Curriculum and Classroom Instruction[J]. *Sociology of Education*, 1991, 64(1): 1-10; Brown, C. P. Keep It Cheap, Keep It Local, and Keep It Coming: Standards-Based Accountability Reform in Wisconsin[J]. *Educational Policy*, 2008(22): 250-294.

的国家权力具有什么样的基础。既然课程改革最初始于“中共中央、国务院”决定“推进素质教育”，各级地方政府都是国家发动课程改革的权力基础。事实上，国家做出“推进素质教育”的决定后，各地省委和省人民政府也的确迅速制定了实施“意见”。如安徽省委、省政府便表示会“认真贯彻落实”国家决定，“把全面推进素质教育作为各级党委、政府和全社会的重要任务”，[①]尽管该“意见”没有详细探讨如何使“各级党委、政府和全社会”把“推进素质教育”当作“重要任务”。

显然，在中国，只要最高决策层颁布“决定”，国家筹划课程改革时就可以动员覆盖全国基础教育界的权力网络。然而与美国总统直接牵头组织科学界、企业界和基金会等力量来推动国家的课程改革计划不同，在中国，正式实施旨在“推进素质教育”的“基础教育课程改革”时，国家却是把这一“跨世纪工程”交给教育部，后者又没有直接命令各级政府把课程改革当作“重要任务”的权力，只能在期待各级政府主动推进课程改革的同时，[②]努力从各地教育行政部门、大学及地方教育专业队伍、广大教师和“社会各界”那里，培育推动课程改革的权力基础与动力体系。本书第二章便曾指出，由于还没看到国家出台有力措施，使课程改革成为各级政府的“压力”，并与地方政府的“政绩”、“利益”挂钩，地方政府完全可以不理会课程改革。吴康宁教授也发现，“在三十年来的中国教育改革中，官方力量处于一种既强大又弱小的状况”。“弱小”也正表现为“官方力量”不足以切实调动地方政府，进而有效治理各地的“拒绝执行、改头换面、消极怠工、弄虚作假”等扭曲的课程

① 中共安徽省委，安徽省人民政府．关于贯彻《中共中央、国务院关于深化教育改革全面推进素质教育的决定》的意见[J]．安徽教育，1999(12)：3—7.

② 20世纪80年代以来，只要是“中共中央、国务院”发布的教育改革“决定”，中共各地省委与省政府都会积极响应，发布“贯彻落实意见”。虽然至今也未看到中共各地省委与省政府就课程改革联合发布“贯彻落实意见”，但可以看到湖北省人民政府2009年曾直接“印发”课程改革实施方案、黑龙江省人民政府2001年曾“转发”教育厅的课程改革工作意见。可见省级政府是会主导响应教育部的课程改革。而在一般情况下，当省教育厅召开课程改革工作会议时，主管教育的副省长也会出席发表讲话，例如：四川省教育厅办公室．关于印发在全省普通高中课程改革暨规范中小学办学行为工作会议上领导讲话的通知[EB/OL]．http://www.sc.gov.cn/zwgk/gggs/jy/200910/t20091020_834796.shtml，2009-10-20/2011-11-18．这些都表明省级政府的主动支持，尽管这些支持并不一定能实质性地改变课程改革相对薄弱的“权力基础”，教育部、教育理论界及广大教师仍得依靠自己的努力去壮大课程改革的“权力基础”。

改革行为。①

其次，从“权力联合体”这个角度看，在中国课程改革空间中居于主导地位的国家权力同样显得“弱小”。与联邦政府在美国课程改革空间中组建起的“权力联合体”相比，在中国，受国家委托承担课程改革重任的教育部则没有与科学界、企业界的主流势力结成“权力联合体”。由于没有与科学界沟通好，所以权力较量在所难免。2005 年，姜伯驹、刘应明等科学界的重量级人物（院士）注意起新的数学课程标准，认为其中“删掉了部分平面几何这些培养数学思维的重要内容，淡化了推理证明等培养逻辑思维能力的东西”，“增加了一些不必要的‘装饰’、‘非数学的东西’，以致数学的理性培养任务被淹没”。于是，两位院士在当年“两会”上专门提出议案，“要求立即停止使用新课标”。“几个月后，教育部中断原定的新课程工作日程，重新组建《全日制义务教育数学课程标准》修订组”。原定第二批进入高中新课程的省份，也由“计划中的四个减为一个”。报道此事的记者感叹道：“课程改革的复杂性不在于理念本身，而在于要面对一个复杂的社会。”②尽管这一感叹没有涉及课程改革现有的“权力基础”不足以应对“复杂的社会”，但也从一个侧面凸显了教育部亟须形成更能驾驭复杂局面的强势“权力联合体”。

当初何止没有与科学界主流势力形成合作，在组建“权力联合体”方面，领导课程改革的教育部还忽视了企业界的力量。而企业界近来似乎也开始“影响”课程改革。2009 年 8 月，在上海财经大学召开的“中国企业界参与教育改革的必要性”研讨会上，十几位企业家代表“企业界集体向教育界发飙”，说什么“七成企业不满教育现状”。郭玉贵教授代表主办方也提出“教育系统不能既做运动员，又做教练员，还做裁判员。企业参与教育改革很有必要！”③事实上，企业界已通过创办公益基金会参与了教育改革，主导课程改革的国家权力无疑也须吸收这股力量。值得一提的是，制定《国家中长期教育改革与发展纲要》期间，温家宝总理为了“听取社会各界人士的意见和建议”，曾连续召开“五次座谈会”。权威报道只说“各级各类学校校长和教

---

① 吴康宁. 中国教育改革为什么会这么难[J]. 华东师范大学学报（教育科学版），2010(4)：10—19.

② 俞慧娟. 课程改革的路必须走下去[J]. 人民教育，2005(24)：21—24.

③ 李征. 企业家向教育界集体发飙，七成不满教育现状[EB/OL]. 人民网教育频道：http://edu.people.com.cn/GB/9830933.html，2009-8-11/2011-11-18.

师代表，教育专家、学者，大、中学生及学生家长代表，教育管理系统负责人”参加了座谈会，[①]遗漏了企业界代表“首次”被邀参加。[②] 也许未来教育部也会像布什以来的联邦政府那样，主动寻求企业界的支持，从而改变在当前的巨大课程改革空间中仍显得弱小的“权力联合体”。

最后，从“权力制度化”这个角度看，虽然当前国家课程改革的“权力基础”及其“权力联合体”主要依靠教育系统内部的力量，但在各地教育行政部门、教育理论界以及广大教师的支持下，代表国家承担课程改革重任的教育部仍发展出了相当可观且富有成效的“权力制度化”机制。从为了调动各师范大学的专业力量参与课程政策的制定、实施及评价，组建国家级课程研究中心、师资培训基地、学业质量监测中心，到最近为了进一步调动教育系统的积极力量，成立国家课程教材发展咨询委员会；再从投入经费，为推动课程改革推出一系列的课程改革研究与实验项目，创设“国培计划”、“基础教育课程改革教学研究成果奖”等等，都是有效推动课程改革的“制度化”机制。这些“制度化”机制正是国家权力开创、治理课程改革的主要工具。

经历上述一番理论与经验分析，对于中国课程改革空间中到底有什么样的国家权力在发挥主导作用，民间公益组织或其他参与主体可能“搭上”什么样的国家课程改革权力，便可以给出解答了。概而言之，尽管相比于美国联邦政府进入课程改革空间后组建起了由科学精英、各州州长、企业精英、基金会、媒体及教育专业人士等多元主体构成的国家权力和“课程改革权力联合体”，在中国课程改革空间中发挥领导与开创作用的国家权力和课程改革“权力联合体”主要来自教育系统内部的行政、专业与实践力量，并未将中央与地方政府等真正权威的国家权力以及科学、企业、社会等领域许多实力更强大的主体整合进来，但这一结构相对单一、基础也相对有限的课程改革权力及“权力联合体”却凭借其坚强的课程改革意志力，发展出了许多可以有效推动课程改革的“制度化”机制与“制度化”行动。这些“制度化”机制与“制度化”行动，正是民间公益组织具体可能“搭上”的国家权力。

如果民间公益组织可以“搭上”，便能够参与这些“制度化”机制与“制度

---

① 中国政府网．温家宝总理主持召开五次座谈会征求对教育改革和发展建议[J]．中国教育学刊，2010(3)：57.

② 郭玉贵．企业界参与教育改革与发展：美国的经验与启示[J]．世界教育信息，2010(4)：16.

化"行动创造的课程改革，包括课程政策的制定、实施与评估，进而在全国中小学从事旨在"推进素质教育"和"让每一个孩子都有好学上"的课程与教学革新实践。然而这只是理论推演，事实却是，大多数"民办非企业"、"非公募基金会"、非营利"企业"类的民间公益组织都无法加入现有的"制度化"机制与"制度化"行动，只有少数具有教育体制背景的"社会团体"类的民间公益组织有机会加入。一位"民办非企业"类的民间公益组织领导人甚至说，大多数民间公益组织"连申报教育部教育科研项目的资格都没有"，更别提加入教育部为治理课程改革建构的"制度化"机制与行动。① 如果进一步考察各地教育行政部门为治理课程改革组建的"权力联合体"即"领导小组"，更可以发现，只看到"教育学会"这一具有一定教育体制背景的民间公益组织以及"教育考试院"等国家事业单位性质的"教育中介组织"。

以北京市教委 2007 年为实施高中新课程改革"印发"的"工作通知"为例，其中在工作"基本原则"这一块虽然照例强调"各方参与、通力合作"，且明确指出"要通过制度建设和广泛宣传，形成学校、社会和家长共同参与、通力合作的工作机制"，但在市教委组织的课程改革"权力联合体"即"基础教育课程教材改革实验工作领导小组名单"中，连一个来自"学校"的代表都没有，更无"社会和家长"的代表，具体来说，其课程改革"权力联合体"包括：①组长市教委副主任；②副组长 10 位，分别是市政府教育督导室副主任两位、市人大常委会委员、北京师大副校长、首都师大副校长、北京市教科院副院长、北京教育学院副院长、北京市教育考试院副院长、北京市教育学会会长、北京师大首都基础教育研究院副院长；③成员 39 位，包括市教委各处处长、督导、北京教育科学院中心主任、首都师大教科院副院长、市教育学院及市教育考试院处长、各区县教委主任。②

教育专业组织与力量不如北京强大的省份在组建课程改革的"权力联合体"时，更是主要依靠地方的教育行政力量。如贵州省教育厅 2010 年为落实高中课程改革组建的"权力联合体"（领导小组）便是单纯"由省教育厅党组书记、厅长任组长，省教育厅相关领导任副组长，成员由省教育厅相关

① 何珊云.企业类民间公益组织访谈记录[Z].2011-4-7.

② 北京市教委.关于印发北京市普通高中课程改革实验工作方案（试行）的通知[J].北京市人民政府公报，2007(14)：30—31，36—37.

部门负责人及各市(州、地)教育局局长组成”。[①] 这进一步说明,即使是地方“教育学会”这一类具有一定教育体制背景的民间公益组织,也不一定总是可以进入课程改革的“权力联合体”。总之,就当前国家及地方课程改革的“权力基础”及其“权力联合体”的构成而言,民间公益组织还无法直接进入国家及地方教育体制内的课程改革权力及其运行机制,只看到在教育专业组织与力量比较强大的地区,教育学会作为具有一定体制关系的“社会团体”类的民间公益组织,可以参与进来。然而这并不意味着大多数民间公益组织难以在国家开创的课程改革空间中有所作为。恰恰相反,在教育体制内的课程改革机制仍未向它们敞开的情况下,它们大可以在教育体制外的多重力量关系中自主开拓课程改革参与空间。

三、在教育体制外自主开拓参与空间

大多数民间公益组织尚不能直接在当前国家(教育部及各级教育行政部门)开创的“体制化”课程改革空间中发挥参与作用,这一事实本身也说明教育部及各级教育行政部门在扩充、增强课程改革的“权力基础”与“权力联合体”方面,面临很大的制度缺失与制度创新挑战。即如美国联邦政府最初之所以能介入原本由地方政府、民间组织控制的课程改革空间,便是因为艾森豪威尔总统及其科学顾问借助于国会的“听证会制度”,来说服国会授予联邦政府实施课程改革的权力。

言外之意,无论是对试图进入课程改革空间的“外来者”(民间公益组织),还是对急需增援的课程改革“局内人”(教育部及各级教育行政部门)而言,“听证会”制度都是达成目标的最基本的“体制”渠道。事实上,地方政府多年前就已开始为民间力量参与公共事务建立“听证会制度”。如青岛市政府 2003 年规定,“从 2004 年 1 月起,凡重大公共事业项目均实行听证会制度”。[②] 理论界的相关研究也证明,“听证会制度”能让民间团体乃至普通公

---

① 贵州省教育厅.关于成立贵州省普通高中课程改革实验工作领导小组及专家指导组的通知[EB/OL]. http://www.yqjy.gov.cn/index.php?option=com_content&task=view&id=949,2010-7-9/2011-11-19.

② 青岛市人民政府.青岛市人民政府重大社会公共事项决策听证试行办法[EB/OL]. http://news.sina.com.cn/c/2004-01-03/05001492714s.shtml,2003-12-15/2011-11-19.

众获得有效的“体制化”的公共事务参与空间。[①] 地方政府的这一制度创新也包括“重大的教育事务”。2008 年济南市教育局出台“意见”，要求“各个学校建立由学生和学生家长代表参加的学生课业负担‘听证’制度，听证会于每个学期开学两周后和放假前举行”。[②] 2010 年 2 月，浙江省教育厅也将 100 多名教育局长召集起来，讨论“学校要建立有各个层面学生和家长代表参加的学生课业负担听证制度。”[③]

面对各地为深化课程改革采取的“课业负担听证”措施，本书所关注的还不是这一制度创新仅仅只是向“学生及学生家长”敞开，也不是“学生”、“家长”如何进一步自我组织起来，去和各种为“谋利”而愈演愈烈的“教辅”市场、“培训班”市场谈判，而是各地的“减负听证会制度”建设可以进一步说明中国课程改革空间本身蕴含的多重动力。换句话说，中国课程改革空间并非只是各级教育行政部门牵头架构的政策与制度构成，后者只是在各级课程改革空间中居于中心位置，在它周围还有许多力量在发生作用。即使主导课程改革的国家权力发展到美国联邦政府那样的规格，周围的多重力量仍会存在。[④] 一定意义上，中国课程改革的全部空间正是由在国家课程改革权力周围打转、散布在各地、在各个层面活动的多重力量及其作用关系支撑起来的。民间公益组织也是其中的力量之一。与此同时，也正因为课程改革空间除了国家“体制化”的变革力量外，还有许多未被国家“体制”吸纳的力量在活动，所以民间公益组织在难以进入国家“体制化”的课程改革空间的情况下，可以选择在“体制化”的课程改革之外，在多重的力量关系中，自主开拓广阔的参与空间。

当然，在国家权力居于最高权威位置的中国课程改革空间中，身处教育体制之外的民间公益组织不可能完全按自己的意思从事课程改革，而必须在国家的教育战略目标以内开展课程活动。这不仅因为国家的“登记管理”机制能有效调控民间公益组织的行为，更因为在国家权力面前，各类民间公

---

① 朱芒. 论我国目前公众参与的制度空间——以城市规划听证会为对象的粗略分析[J]. 中国法学，2004(3)：50—56.

② 新华社. 济南：课业负担要“听证”[EB/OL]. http://news.sina.com.cn/c/2008-03-10/041113548586s.shtml，2008-3-10/2011-11-19.

③ 浙江在线. 要不要建立课业负担听证制度，全省教育局长今讨论[EB/OL]. http://news.163.com/10/0204/07/5ULMFVA2000120GR.html，2010-2-4/2011-11-19.

④ 吴康宁. 制约中国教育改革的特殊场域[J]. 教育研究，2008(12)：16—20.

益组织无论在什么领域展开活动，都只能作为国家“统一战线”的组成部分，[①]而不可能像美国的许多非政府组织那样，发展与国家意志相对峙的改革行动。[②] 进而言之，尽管国家课程改革现有的“权力联合体”还不能直接动员、调拨大多数民间公益组织，但后者却得服从作为最高权威的国家权力，并在国家教育战略目标的框架之内展开行动。

事实也是如此。本书所考察的几大类民间公益组织在活动目标制定方面都在国家权力及其教育战略目标允许的范围之内。以“社会团体”类的中国教育学会为例，其最新制定的目标便是“旨在凝聚、团结和组织有志于教育科学研究的人士……研究和探讨教育理论和实际问题，探索现代教育科学发展之路，为繁荣教育科学，促进教育事业科学发展，完善中国特色社会主义现代教育体系，办好人民满意的教育，建设人力资源强国，实现中华民族伟大复兴和人类文明进步作出贡献”[③]。就连资格不够、无以注册的草根组织也是如此。例如，在安徽利辛县创办中国第一所乡村公益学校“复兴学校”的大学生志愿者团体，便是致力于在乡村发展“素质教育”。[④]

中国教育学会及“复兴学校”的自我表达说明，形成与国家教育战略目标相一致的公益参与目标其实并不难，直接引用“促进教育事业科学发展”、“办好人民满意的教育”、发展“素质教育”等国家教育战略目标，便可以了。真正困难的乃是如何在“体制化”的教育权力与资源掌握十分有限，甚至最初没有一点“体制化”教育权力与资源支持的情况下，依靠自己的努力开拓实现这些教育目标所必需的参与空间。这也是本章所要解答的最后一个难题。关于民间公益组织如何开拓参与空间这一难题，理论界已有不少研究，其中广为接受的基本观点正是认为，当各类在不同领域从事公益活动的民间组织无法“搭上”各自领域的“体制化”力量时，它们可以在各自所属领域

---

① Lin，Shangli. Two Modes of Social Construction：the CPC and the NGOs[J]. *Social Sciences in China*，2007，4(2)：129-138..

② 比如，彻底否定联邦政府的课程改革努力，并敦促联邦政府终止一切正在实施的课程改革项目。

③ 中国教育学会. 中国教育学会简介[EB/OL]. http://www.cse.edu.cn/edoas2/website19/index.jsp，2011-3-19/2011-11-20.

④ 蔡平. 我愿长跪不起[N]. 中国青年报，2001-4-25.

的“体制化”力量以外自主寻求多重力量支持，进而开拓合法的参与空间。[①]

从本书所考察的几类民间公益组织实际依靠的力量来看，所谓教育体制外的多重力量，至少可以分为两种：①教育体制外的体制力量，来自各级政府的非教育行政部门；②非政府力量，来自各政府部门以外的企业、学术界、媒体与社会。正如之前探讨课程改革空间的复杂力量结构时所指出的那样，这两大类教育行政部门组建课程改革“权力联合体”（领导小组）时遗漏的力量一旦被调动起来，往往可以形成更大的作用力，甚至可以挑战教育部在课程改革空间中的权威地位。

能够借助前一种力量的是那些具有很强体制背景的民间公益组织，其中不乏一些就是“官办”的民间公益组织，如中国青少年发展基金会、各地的慈善总会。以中国青少年发展基金会为例，该机构负责人就曾将其称为“团中央的儿子”，而且对内是“团中央直属的局级单位”，与其对外的民间公益组织身份反差甚大。其次，该基金会还是中国人民银行批准成立的，后者是该基金会的“业务主管单位”。该基金会之所以能够成为“公认的当代中国社会中规模最为宏大的社团组织之一”，正得益于其强大的体制背景，而它也因此可以独立发展出“希望工程”这一著名的教育公益事业来，为“素质教育”在广大农村地区推进做出了杰出贡献。[②] 教育部组建课程改革“权力联合体”时，未将此类关系甚广的民间公益组织考虑在内，实在有些可惜。至于后一种即非政府力量，则主要是那些体制背景缺乏的民间公益组织的依靠对象。

那么，各类民间公益组织通过什么样的机制“搭上”这两种有益于开拓课程改革参与空间的力量呢？从本书所考察的民间公益组织的实际情况来看，如果用学术界的相关理论来概括的话，它们所采取的机制主要包括以下四种：

首先是“新制度主义”的“组织与环境互动”理论。该理论尤其适合揭示体制背景强的民间公益组织的参与空间开拓模式，因为新制度主义组织理论所探讨的正是组织与其所属的“制度环境”之间的互动关系。具体来说，就是在“制度环境”中成长的组织无论采取什么样的行动，都必须充分顺从、

---

① 田凯．组织外形化：非协调约束下的组织运作——一个研究中国慈善组织与政府关系的理论框架[J]．社会学研究，2004(4)：64—75；沈原．市场、阶级与社会[M]．北京：社会科学文献出版社，2007．

② 康晓光．创造希望[M]．桂林：漓江出版社，1997．

内化“制度环境”中的各种“合法性”要求，然后便能获得自主开拓空间与事业必需的资源与制度优势。[①] 像中国青少年基金会便是积极与其所属制度环境进行互动，内化其所属制度环境的各种形式要求，建立起了可以在全国范围内开展教育公益活动的“体制化”组织体系。

其次是“社会关系网络”或“社会资本”理论。引入“社会关系网络”理论是为了考察政府体制背景缺乏的民间公益组织怎样开拓课程改革参与空间。在社会学、政治学视野下的民间或非政府组织研究中，“社会关系网络”的基本内涵是指某一民间组织向社会寻求资源和力量支持，具体说就是与企业、媒体、基金会和其他社会团体及重要个人建立起稳定信任的互动关系，尤其是“熟人”或“朋友”关系，并从这些不同程度的社会关系中获得资源与力量支持。有时，这些社会关系中蕴含的资源与力量支持也被称为“社会资本”，拓展“社会关系网络”即是积累“社会资本”。[②] 它们正是21世纪教育研究院、长江平民教育研究院、南都教育基金会、梦想基金会等体制背景缺乏的民间公益组织开拓课程改革参与空间的主要手段。

再次是“社会动员”(social mobilization)理论。这一概念工具适合解释各类民间公益组织的事业空间开拓行为，因为即使是体制背景强的民间公益组织，也需要动员社会相信其组织使命，进而参与进来，为民间公益组织开展活动提供各种有益的支持。如环保、教育等领域的各种“新社会运动”所显示的那样，“社会动员”的对象常常是没有被组织起来的广大民众，动员手段包括各种形式的宣传与教育，[③]其中最常用的则是“志愿者”机制。[④] 这些社会力量动员机制均有利于民间公益组织在条件有限的情况下提高自己的参与空间开拓能力，同时社会动员本身也是在不断延伸自己的参与空间

---

① Powell, W. W. et al. eds. *The New Institutionalism in Organization Analysis*[M]. Chicago: The University of Chicago Press, 1991; Victor, N. et al. eds. *The New Institutionalism in Sociology*[M]. New York: Russell Sage Foundation, 1998.

② Bourdieu, P. The Forms of Capital[A]. Richardson, J. G. ed. *Handbook of Theory and Research for the Sociology of Education*[M]. Westport: Greenwood Press, 1986: 241-258; Lin Nan, *Social Capital: A Theory of Social Structure and Action*[M]. New York: Cambridge University Press, 2001.

③ 孙玮. 转型期中国环境报道的功能分析——“新社会运动”中的社会动员[J]. 国际新闻界, 2009(1): 118—122.

④ 朱健刚. 行动的力量——民间志愿组织实践逻辑研究[M]. 北京: 商务印书馆, 2008: 4—28.

与影响范围，所以大到中国青少年发展基金会，小到“复兴学校”一类的草根组织，都深知社会动员的重要性，区别仅在于前者往往可以调动大量的动员资源（尤其是媒体），而后者则常常只能等待外界提供资源。

此外，还有一种值得关注的空间开拓手段，这便是利用互联网时代的便利技术条件创造“虚拟空间”。各种没有在民政部门正式注册、由年轻学生或白领组成的志愿团体类的草根民间公益组织尤其喜欢创造“虚拟空间”。一些教育专业人士也在互联网上创办了许多旨在推进课程改革、教师专业发展和追求“新教育”的虚拟空间，并在教育界尤其是一线教师那里产生了广泛影响。例如，为了搭建让教育理论界与广大教师围绕教师专业发展展开交流的民间平台，华南师大刘良华教授牵头创办了“教育叙事”网站，短期内点击率便达到数百万。再比如，民间公益教育网站“1＋1 教育社区”更是为理论工作者、一线教师、家长和学生就课程教学改革所涉及的各种问题展开交流与探讨，提供了虚拟空间中更大的平台，大批教师因此获得专业资源与进步。[①]

需要指出的是，以上区分虽然有一定的合理性（因为民间公益组织的类型不同，的确会采取不同的开拓手段，所拥有的参与空间也大不一样），但不能将这种区分绝对化。事实上，四大类注册的民间公益组织往往会同时使用上述多种开拓机制，毕竟它们均可以有效扩大活动空间与影响。例如，21世纪教育研究院、长江平民教育研究院等体制背景不足的民间公益组织在发挥社会关系网络的同时，也会积极寻求体制内的力量，而中国青少年发展基金会一类体制背景强的民间公益组织在依靠体制的同时，同样也会扩大与媒体、社会的互动关系。此外，还需注意的是，所谓“有得就有失”，体制背景不强的民间公益组织虽然难以获得体制内的开拓资源与工具，但也会因此减少许多体制束缚，与此同时，主要依靠志愿精神与信任关系等“非体制化”的方式开拓空间，一定程度上还能克服“科层化”、“体制化”运作机制的弊端。至于那些自由出没于各处（包括网络空间）的草根民间公益群体，虽然毫无体制力量可以借助，但也因此落得无拘无束，可以在各种合适的公共

---

① 众多教师都认可过这一点。如一位教师网友在自己的博客中提到，课余时间，他受一位郭元祥教授的提示，喜欢上了“1＋1 教育网”。他特别关注的是“上面有郭元祥、刘良华、钟启泉、钱理群、张鸣、周彬、肖川、许锡良、吴非、张文质、刘铁芳的博客”。“通过他们的博客”，这位教师网友“知道了外面的世界，了解了韩国、日本、美国、英国、法国的教育，从他们的文章里吸取营养，不知不觉地成长起来了。”见：毕延威．感谢 1＋1 教育网[EB/OL]. http://club.shuren100.com/home-space-uid-765739-do-blog-id-100715.html.

场所，尽情创造“后现代风格”的新颖微小但却充满公益意义的教育行动，[①]尽管由于其过于草根，也许很难进入高层视野，并获得重视。

综上所述，对于民间公益组织缘何可以参与课程改革，以及民间公益组织可以开拓出什么样的课程改革参与空间等问题，首先需要从国家权力变革的角度加以理解，因为就中国的情况而言，无论是课程改革，还是民间公益组织的成长及其参与课程改革，都是国家权力变革的产物。当然，相比于美国联邦政府作为“外围参与者”进驻课程改革后通过动员各界力量所组建的强大“权力联合体”，在中国课程改革中起领导作用的“权力联合体”仍主要是来自教育体制内的行政、专业与实践力量。在这一“权力联合体”中，只有教育学会这一具有一定教育体制背景的民间公益组织能够占据一定的位置，大多数民间公益组织则无法进入这一“权力联合体”建构的“体制化”课程改革机制与行动，不过大多数民间公益组织却可以通过政府其他部门、社会关系网络、社会动员等机制，“搭上”教育体制外的同样能在课程改革空间中起作用、甚至作用更大的多重力量，进而开拓广阔的课程改革参与空间。

民间公益组织开拓课程改革空间的多元渠道清楚地表明，在中国课程改革空间的复杂力量结构中，居于权威与领导地位的国家课程改革“权力联合体”只是其中的一股力量，这股力量要想更有效地将中国巨大的课程改革空间治理好，必须尽可能多地纳入课程改革空间中的其他力量，进而扩充、增强当前薄弱的课程改革“权力联合体”。善于整合多方力量的民间公益组织恰恰可以为实现这一目标提供一种有效机制。言外之意，本章虽是考察民间公益组织如何开拓课程改革参与空间，但在揭示民间公益组织活动能力的同时，其实无形中也进一步证明了本书的基本假设，即在国家课程改革治理体系尚不足以承担国家课程改革治理重任、急需补充新的治理机制的情况下，民间公益组织乃是值得引入的新机制。其在开拓课程改革参与空间过程中善于与多方力量互动已经证明了这一点，接下来考察其具体为课程改革做了哪些有益事情，又将进一步证明这一点。

---

① 例如，上海就有不少由学生、白领、驴友等群体组成的“闪客”团体，其行动特点是在公共场所举行突袭性的公益教育活动。如一群“闪客”聚集在上海著名的国际时尚休闲区“新天地”，在行人来往穿梭的地块中央放一垃圾桶，将一个废弃的易拉罐丢在垃圾桶边，看谁会把它捡起来放进垃圾桶。闪客们秘密散布在周围观察情况，结果等了很久，才看到一位青年把易拉罐捡起来放进垃圾桶，这时“闪客”们一起跑出来，在他周围大跳热舞，用这一“后现代”的方式向他致敬，同时提醒周围行人要爱护环境。

第四章

民间公益组织的课程改革治理参与领域及行动

在教育体制内的课程改革“权力联合体”及教育体制外的体制与社会力量构成的巨大课程改革空间中，被教育体制忽视的各类民间公益组织总可以“搭上”其中的某种或多种力量，进而开拓出广阔的课程改革参与空间。当然，无论民间公益组织拥有何种广阔的参与空间，都只是为自己赢得了机会，来做一番有益于国家推进课程改革的事业。民间公益组织到底能够发挥什么样的课程改革治理功能，仍要看其具体做了哪些对国家推进课程改革有益的事情。本章正是要把民间公益组织所做的那些对国家课程改革治理有益的事情梳理出来，看看民间公益组织正在哪些领域，以什么样的行动方式，分担国家的课程改革治理重任，弥补国家课程改革治理的不足之处。在明确这些问题的基础上，才能分析民间公益组织的课程改革治理参与功能及其治理机制创新意义。

第一节　以问题建构为中心的分析路径

从民间公益组织20世纪90年代以来的实际表现来看，它们的确做了许多有益于国家推进课程改革的事情。问题就在于它们做的事情涉及课程改革的哪些领域，又由什么样的具体行动构成。就这个问题而言，学术界已有不少理论工具，本章在综合各方面的考虑之后，选择了以问题建构为中心的领域及行动分析路径。

一、一般意义的参与领域及行动分析模式

关于20世纪90年代以来中国民间公益组织在参与课程改革方面具体涉足了哪些领域，以及在这些领域中采取了什么样的行动，学术界尚无可以直接借鉴的理论成果。不过，对于当代中国的“社会力量”参与其他公共事务的具体表现，国内外学术界倒是有许多研究，其中有不少成果正是专门分析民间公益组织在参与某一公共事务时具体涉足的领域。这方面的研究主要集中在公共政策、社会服务及环境保护等公共事务上。

那么，学者们如何分析民间公益组织在参与上述三类公共事务的过程中开辟的活动领域呢？从一些相关成果来看，许多学者往往是从较宽泛的角度出发，大致概括一下民间公益组织的活动领域，这种分析视角便是一般意义的组织行为分析视角。例如，IUD中国政务景气监测中心在分析“独立民意调查机构”参与公共政策时，便是采取这种宽泛视角。IUD中国政务景气监测中心先是指出，自20世纪90年代以来，中国社会出现了一批“独立的民意调查机构”，进入21世纪，政府开始购买独立民调机构提供的公共政策研究产品，这表明民调组织历经十年奋斗，已发展到可以参与体制内的公共政策活动。然后IUD中国政务景气监测中心勾勒了“独立民调机构参与公共决策的八大领域”，分别是：投资环境研究、政府施政议程研究、政府表现评估、公共项目评估、公共政策选择研究、社会群体发展研究、行政首长表现研究、公众生活满意度研究。①

另一些学者在探讨“青年志愿者团体”参与“社会服务”时，也是采取这种较宽泛的活动领域分析视角。起初，对于这一问题，学界往往是将“青年志愿团体”参与“社会服务”的具体领域仅仅界定为“为弱势群体提供服务”。近年来，随着“青年志愿团体”参与“社会服务”日趋多元，学界的认识发生了很大改变，但许多学者仍是比较笼统地来分析“青年志愿团体”参与“社会服务”的具体领域，如为政治、经济、体育、文化等“重大社会活动”提供“志愿服务”、深入“社区”开展各种公益服务活动、前往“贫困地区”开展“帮困活动”、发起“环保”、“自愿捐献骨髓”等公益活动等。②

---

① IUD中国政务景气监测中心.独立民调机构参与公共决策的领域与模式[J].领导决策信息，2007(42)：28—29.

② 林燕凌.我国非政府组织研究[D].上海：复旦大学博士论文，2005：77—80.

除上述组织行为分类模式外，还有一种一般意义的领域及行动分析模式，它便是“公民参与”模式。该模式的理论基础来自美国政治学家阿斯泰因(Sherry Arnstein)1969年提出的“公民权力”理论。阿斯泰因认为，公民参与的本质是表现公民权力，公民权力的最高表现是参与公共决策，中间表现是在政府外围，以建言、咨询或其他象征性手段参与公共决策，最差的表现则是在政府设置的虚假民主渠道中充当民主花瓶，实则是被控制。① 自20世纪90年代以来，“公民权力”理论又与“公民社会”、“公民治理”等理论合流，形成声势浩大的公民参与公共决策的理论运动，其核心观点是认为，公民参与公共决策的范围包括公共政策及治理的全部内容，包括：①民主选举治理代表；②公共政策的制定与实施；③评估公共政策实施的结果；④与政府形成平等的合作伙伴关系等。②

客观地说，上述一般意义的分析模式可以让人们迅速了解民间公益组织在参与公共事务时大致可以或应该开辟出哪些行动领域，但无论是一般的组织行为类型学分析，还是“公民权力”或“公民社会”理论框架下的公民参与分析模式，都容易将参与活动静态化，或流于意识形态性质的泛泛而谈，从而忽视民间公益组织是在充满张力的关系中展开自己的参与公共事务行动。③ 言外之意，不能将民间公益组织的参与活动仅仅视为一般组织行为类型学的分析对象或“公民社会”理想的承载者，而应从民间公益组织参与公共事务本身蕴含的社会关系结构出发，来把握民间公益组织的活动领域与行动。这意味着，与民间公益组织所处的“社会空间”及其参与空间是由一系列的社会作用关系建构起来，民间公益组织的活动领域与行动同样是由一系列的社会作用关系建构起来。正是出于这一点考虑，本书选择更能凸显社会关系作用的“问题建构论”视野下的领域与行动分析路径。

二、“问题建构论”视野下的参与领域及行动

问题建构论的分析视野之所以更能凸显社会作用关系在参与领域与行

---

① Arnstein, S. R. A Ladder of Citizen Participation[J]. *Journal of the American Planning Association*, 1969, 35(4): 216-224.

② 贾西津. 中国公民参与的非政府组织途径分析[J]. 中国非营利评论, 2007(1): 15—17.

③ 这就像仅仅将民间公益组织的活动笼统地纳入“公民社会”范畴，容易扭曲、夸大民间公益组织参与公共事务时涉及的一系列关系。

动形成中的重要性，是因为它来自强调社会（人力）作用关系的“社会建构论”。如美国著名社会理论家拉宾登（E. Rubington）所言，“经济大萧条”以来，西方社会学先后兴起几次重大理论转型：①1935—1954 年为“价值冲突论”时期；②1954—1970 年为“越轨论”和“标签论”时期；③1970—1985 年为“批判论”时期；④1985 年到现在（2003 年），引领社会学发展的理论动力正是“社会建构论”。[①]

从一些代表理论家的观点来看，“社会建构论”为本书分析民间公益组织参与公共事务提供了以下几点思路：①公共事务始于发现公共或社会问题，而社会问题绝非像早期的孔德等“实证主义”社会学家所宣传的那样，是由社会本身的所谓“客观规律”造成的“社会疾病”；相反，社会问题是人类主观力量的产物，是由价值观、意志、概念范畴及话语等主观力量制造出来的。[②] ②社会问题的内在形成机制是个人或群体对其看到的现象表示不满，并将这种不满宣布出来，使之成为公共或社会问题，社会问题乃是“主张活动”（claims making activities）的产物，因此必须分析“主张活动”背后的动力机制，而不是从某一抽象的社会理想出发，界定社会问题。③除了研究某一现象或状况被宣布成问题，还需研究不同社会行动者对于这一“主张活动”过程的参与及其影响。[③]

如果说面对纷繁复杂的民间公益组织所置身的课程改革环境，社会空间理论提醒人们注意其中的力量关系结构，那么面对同样纷繁复杂的民间公益组织的课程改革参与活动，“社会建构论”则为人们打开了一道以“问题建构”为中心的分析路径，从而不再局限于一般意义、没有止境的行为分类，

---

① Rubington, E. & Martin, S. W. *The Study of Social Problems: Seven Perspectives* (6th edition)[M]. New York: Oxford University Press, 2003. 需要指出的是，拉宾登的划分是为了把握社会理论此消彼长的宏观态势。与此同时，他还指出，事实上，从 20 世纪 60 年代起，“社会建构论”便开始流行，布尔迪厄、福柯等人强调地位、权力是社会有意建构的结果，米尔斯等人探讨什么样的社会力量能使个人问题成为公共问题，进而影响公共政策，以及后现代主义社会学主张事实取决于话语建构等，都是 60 年代以来流行的不同版本的社会建构论，而正是这些不同版本的社会建构论的流行，促成了社会建构论在 80 年代在社会学界的崛起与主流地位的确立。

② Schneider, J. W. Social Problems Theory: the Constructionist View[J]. *Annual Review of Sociology*, 1985, 11: 209-229.

③ Spector, M. et al. *Constructing Social Problems*[M]. New Brunswick: Transaction Publishers, 2009: 71-95.

或勾勒理想的参与格局。进而言之，从“问题建构论”的分析思路出发，在梳理民间公益组织的课程改革参与活动时，可以立足于以下几点基本假设：①课程改革本身是一个“问题建构”过程，是在国家及国家权力“宣布”基础教育存在严重问题的作用下产生的；②民间公益组织的课程改革参与活动同样是由一系列的教育问题建构与解决行为作用而成；③民间公益组织能够开辟什么样的课程改革参与领域，形成哪些具体的课程改革参与行动，取决于民间公益组织的教育问题建构机制与能力；④在中国，无论民间公益组织拥有什么样的教育问题建构机制与能力，都不能逾越国家建构的课程改革问题范围，而只能在国家建构的问题范围内发挥有益的补充、深化或再造。

事实也印证了上述四点假设。就课程改革之所以形成而言，它最初源于国家权力以一系列的政策话语提出的基础教育问题，即 20 世纪 80 年代以来愈演愈烈的“应试教育”无法培养出具有创新精神与能力、能够有效应对新世纪更加激烈的经济竞争的人才，因此必须改革课程，发展“素质教育”，而且国家还通过自己的宣传与动员机制力图让这一“问题建构”结果得到社会各界的广泛认可，然后又委托教育部采取了一系列的课程改革行动。本书作者就国家建构的课程改革问题采访几类民间公益组织的领导人与核心成员时，也没有遇到任何原则性的反对意见，即使存在疑义，也只是认为国家提出的“素质教育”目标过于模糊，或者认为，许多地方的实施条件与推进工具，以及整个考试评价制度根本无法满足“素质教育”的需要，发起课程改革的国家在其“纲要”中也没有清楚的资源配置与制度创新计划。[①]

在中国，本土民间公益组织只能在国家建构的问题范围内架构自己的问题，而不能公开否定或逾越国家建构的问题，无疑是由中国“国家主导、社会参与”的总体治理格局决定的。在美国，诸多民间组织或利益团体确实可以公开否定联邦政府提出的课程改革问题，甚至在公共领域提出针锋相对的课程改革问题，来对抗联邦政府的课程改革权力。[②] 与之相对应，如何消解、统一各类民间组织与利益团体的课程改革力量，也成了联邦及各州政府治理课程改革最棘手的难题。对民间组织与利益团体来说，情况同样如此，

① 何珊云. 企业类民间公益组织访谈记录[Z]. 2011-4-7；何珊云. 某基金会项目骨干小王（化名）访谈记录[Z]. 2011-9-30.

② Kliebard, H. M. *The Struggle for American Curriculum* [M]. New York: Routledge, 1989: xi-xiii.

而且确实有许多民间组织在努力扩大自己的政策影响力，甚至成为课程政策制定的主体。[①] 但在中国，即使作为公共议题的课程改革也会“走完所有公共议题都可能有的生命周期”，[②]民间组织也不可能赢得课程改革的主导权，到时仍是在国家建构的新的教育议题范围里开辟参与领域与行动。

总之，对于民间公益组织的课程改革参与活动，虽然可以采取一般的组织行为分类模式，逐一梳理参与领域与行动，甚至也可以从“公民社会”或“公民权力”理论出发，为民间公益组织参与课程改革架构理想的领域与行动，但对本书来说，更有意义的分析路径乃是从“问题建构论”的理论视野出发。“问题建构论”强调问题形成的社会作用关系。课程改革作为一大问题，正是在国家权力的作用下形成的，缘于国家从战略需要出发建构起来的重大基础教育发展问题。至于本土民间公益组织，则只能在国家建构的基础教育发展问题以内筹划自己的参与领域，发展自己的参与行动。

三、民间公益组织参与课程改革的内在机制

根据“问题建构论”的基本假设，同时结合中国的治理体制与本土民间公益组织的实际活动情况，可以对民间公益组织的课程改革参与活动的内在机制（逻辑）做出这样的总体界定：民间公益组织乃是围绕国家提出的基础教育发展问题，建构起了范围、影响不一但都有利于国家推进课程改革的参与领域与行动。言外之意，无论从民间公益组织为基础教育发展所做的事情中可以梳理出多少值得研究的课程改革参与成就，其内在机制仍然一样，都是必须在国家建构的基础教育发展与课程改革议题范围内展开自己的合法“想象”，进而确立自己的合法参与领域与行动。

当然，就外在的参与机制而言，各民间公益组织之间存在很大差异：有的拥有便利可观的体制背景与媒体资源，其所提出的问题及其参与行动可以赢得广泛关注；有的提出的问题及其参与行动只能在教育行政与学校体系里产生影响；有的只能“想象”基础教育与课程改革问题，或至多在不被公

---

① Renee, M. *Knowledge, Power and Education Justice: How Social Movement Organization Use Research to Influence Education Policy* [D]. Los Angeles: University of California, Los Angeles, 2006.

② Hilgartner, S. et al. The Rise and Fall of Social Problems: A Public Arenas Model [J]. *American Journal of Sociology*, 1988, 94(1): 53-78.

众关注的一角，依靠自己的理解，默默地做一些对课程改革有益的事情，如一些教师团体在自己的点击率有限的博客或其他网络平台上讨论课程改革与专业发展。但这些外在的机制差异掩盖不了民间公益组织参与课程改革的相同内在本质：民间公益组织无论以什么样的方式参与课程改革，最初都是源自民间公益组织对于国家基础教育发展问题的理解与发挥，只是不同民间公益组织对于国家基础教育发展问题的自觉程度有所不同而已。

在本书考察的民间公益组织中，有一些草根志愿团体在开展教育参与之前，并不清楚国家建构的基础教育发展问题，甚至不知道“有课程改革这回事”。这说明它们缺乏“专业”的课程改革知识(政策、理论与技术)。与此同时，它们也缺乏外在机制，建构不了体面、广受关注的课程改革参与领域，只是觉得自己必须尽力去做点什么，因为它们不忍心看到还有许多孩子太可怜了，连一个像样的书包都没有。[①] 可见，缺乏专业知识和外在机制并没有妨碍它们发挥教育良知和志愿精神。它们即因此或长或短地把自己的青春时光献给乡村儿童与乡村教育，有的在结束之后，还设法让“大家”(尽管并无具体所指的对象)关注它们支教时发现的“让人揪心”的问题。[②] 此类专业能力匮乏的民间志愿团体在参与过程中逐渐会与国家建构的基础教育发展问题形成某种自觉的互动，即使从始至终都浑然不知“国家教育大事”，也不能否认它们是以自己的合法方式积极回应国家建构的基础教育发展问题，它们的行动一样有益于国家推进课程改革。

至于四类相对成形、且有合法身份的民间公益组织，则因为拥有一定的知识基础、社会资本甚至体制背景，因此可以更自觉地把握、选择国家建构的基础教育发展与课程改革难题，进而建构起具有一定规模甚至可以立即引起关注的“主攻”参与领域。如某基金会的一位项目骨干所说的那样：

> 这些年，国家试图在农村地区推进课程改革与素质教育，使农村学校的教育教学内容能够满足农村学生发展的需要，但许多农村学校实在开发不了对农村学生的将来发展有帮助的课程。比如，他们将来如果去城市里读大学、找工作，便会因为小学或初中时学的课程跟不上城市生活的需要，导致很多不适应。国家也能注意到这些问题，但中国太大了，国家也照顾不过来，这就需要我们去做点事，而我们的主攻方向

---

① 何珊云.大学生志愿支教者小林(化名)访谈记录[Z].2011-3-25.

② 陈斌蓉.大学生支教感言[J].西部大开发，2007(11)：28—29.

正是为农村学生的未来成长提供一些农村学校提供不了的课程。[①]

这里的“主攻方向”反思特别提到了国家的“课程改革与素质教育”，显示民间公益组织的确具有一定的课程政策自觉与专业知识。尽管与课程学者的专业知识相比，它们的自觉与知识显得不够“专业化”，只有几点零散的知识，包括：①国家的课程改革理想；②许多农村学校开发不了对学生将来去城市发展有帮助的课程；③中国太大，国家忙不过来，需要它们援助。但这些非专业的知识足以让它们明确自己的参与领域与行动。

访谈其他民间公益组织的负责人与核心成员时，也多次遇到这种情况，即民间公益组织知道国家正在解决“课程改革”、“素质教育”、“教育公平”等等“教育问题”，却都没有进一步深入研读相关的国家政策或专业知识，就是从自己知道的国家正在努力解决的“教育问题”出发，形成自己的参与领域与行动。这也进一步印证了此前就民间公益组织参与课程改革的内在机制提出的基本假设，即民间公益组织往往是围绕国家提出的基础教育发展问题，建构起了范围、影响不同但都有益于国家推进课程改革的参与领域和参与行动。因此大可以将各类民间公益组织一并看作国家课程改革的有益参与者，因为它们所做的事情均有利于解决国家的课程改革治理难题。

第二节　建构对国家课程改革治理有利的参与领域

民间公益组织已为国家治理课程改革做了许多有益的事情。然而民间公益组织在课程改革方面的作为与功能并未赢得国家教育体制及课程理论界的重视、承认与支持。本书之所以主张从国家建构的基础教育发展问题出发，来分析民间公益组织的课程改革活动，还不仅仅是为了“表彰”被教育体制忽视的民间公益组织，而更是为了让国家在现有力量不足以应对课程改革治理难题的情况下，获得更多的治理机制与力量。接下来所要做的正是立足于民间公益组织的总体表现，将民间公益组织开辟的有利于推进国家课程改革的主要活动领域梳理出来。

本书第二章曾指出，当前各级政府所面临的课程改革治理重任包括四

① 何珊云.某基金会项目骨干小王(化名)访谈记录[Z].2011-9-30.

个层面，分别是：①真正理解基础教育发展与课程改革的重要战略意义；②课程改革必需的资源或经费条件；③优化课程改革本身的政策制定与实施机制；④协调、整合课程改革治理过程中涉及的多重力量作用关系。理论上，面对这些课程改革治理难题，各级政府必须增强其课程改革治理能力，而在各级政府的课程改革治理能力增强之前，正好为民间公益组织建构参与领域提供了充足的"空隙地带"。[①] 事实上，各类民间公益组织很善于把握各级政府尚未承担好的课程改革治理任务，并因此确立了各自的参与领域。本章特别关注的是以下几大领域。

一、政策的形成、实施及评估

参与政策活动的整个过程（包括制定、实施与评估），历来都被各种民间组织视为参与公共事务的最高理想。美国政治学家阿斯泰因 1969 年在探讨公民组织及个人的公共参与时，便将参与公共决策看作是"公民权力"的最高体现。[②] 20 世纪 80 年代以来的"批判理论家"同样是把干预国家及地方政策列为核心议题。[③] 在中国，更是有着悠久的"治国、平天下"的政治文化传统，无论是晚明民间知识团体举办的讲会、东林书院，还是晚清维新人士发起的"学会"组织，都是为了最终能够促成国家政策变革。[④]

就与课程改革相关的基础教育政策活动而言，它一样是各类民间力量所关心的公共领域之一。需要指出的是，本书所考察的民间力量不包括当代中国大学中的教育学术群体，但关注该群体的"参政"意识与表现，却可以为本书分析民间公益组织的"参政"活动提供有益的对比参照。20 世纪 90 年代中期，大学中的教育学术群体开始满怀激情地讨论如何增强教育学术研究的"政策影响力"，其基本途径便是发展"教育政策学"。当时积极投入

---

① Mann, M. *The Sources of Social Power. Vol.* 1 [M]. Cambridge: Cambridge University Press, 1986: 15.

② Arnstein, S. R. A Ladder of Citizen Participation [J]. *Journal of the American Planning Association*, 1969, 35(4): 216-224.

③ Forester, J. *Critical Theory, Public Policy, and Planning Practice* [M]. Albany: State University of New York Press, 1993; Smith, S. R. *Applying Theory to Policy and Practice: Issues for Critical Reflection* [M]. Aldershot: Ashgate Publishing Ltd. 2007.

④ 吕妙芬. 阳明学士人社群[M]. 北京：新星出版社，2006；朱维铮. 走出中世纪二集[M]. 上海：复旦大学出版社，2008.

其中的学者坚信，“教育政策学不仅是一门新兴的学科，而且是一门极有生命力的学科，会成为未来教育研究的核心学科。”为此还援引埃德蒙·金在《别国的学校和我们的学校》一书中的话：“比较教育的研究，实际就是教育政策的研究，来激励教育学界转向教育政策。”[①]

当时“教育政策学的理论框架”支撑起来的政策参与领域正涵盖了“整个教育政策活动”过程，包括：①提出问题；②问题列入政策议题；③寻求解决问题的各种方案；④政策抉择；⑤政策执行；⑥政策评估；⑦政策的修改与变更；⑧政策的终结。而这8个过程又可以归纳为两个阶段，即“政策制定”和“政策执行”。[②] 可见，90年代中期“参政意识”强烈的大学教育学术群体通过勾勒“教育政策学”，为自己开辟了一个巨大的理论形态的政策参与领域。此后，这一学术群体逐渐壮大起来，其所建构的理论形态的政策参与领域随之也得以优化，出现承载了“科学”、“民主”、“公平”等诸多“现代价值”的“政策主体”、“政策问题”及“政策过程”；[③]理论形态的政策参与领域本身的体系结构也在不断细化，甚至还出现了专门的“课程政策”亚领域。[④]

更值得一提的是，经过十多年的开拓，大学教育学术群体不仅拥有体系更成熟、内容更优化的理论形态的政策参与领域，而且当年的教育政策学提倡者还争取到了一定的教育体制力量，有的甚至成功转型为体制内的政策活动者(policy actor)，因此可以参与体制内的政策活动。从参与课程改革纲要的研制，到进入新近成立的国家最高教育咨询机制即“国家教育咨询委员会”，都不同程度地表明了这一点。尽管这里尚不清楚获得教育体制渠道的大学教育学术群体取得了多大的政策参与成就，但该群体的政策参与的确可以为分析民间公益组织的“教育参政”提供有益参照。

与大学的教育学术群体相比，“教育参政”同样是诸多试图在教育发展方面成就一番事业的民间公益组织的优先选择。在美国，便可以看到“全国教育协会”这样的民间教师组织早已发展成为国家及地方教育政策活动中的一股举足轻重的力量。有学者甚至认为，“在美国，影响最大的教育利益

---

① 袁振国.教育政策学：一门正在发展的新学科[J].上海高教研究，1996(1)：9.

② 袁振国.教育政策学：一门正在发展的新学科[J].上海高教研究，1996(1)：10.

③ 袁振国.教育研究重心的转移[J].教育研究，1999(7)：11—14；谢维和等.中国教育改革发展的政策走向分析[J].清华大学教育研究，2006(3)：1—8；谢维和.谈“办好人民满意的教育”的政策含义[J].教育研究，2008(6)：3—6.

④ 黄忠敬.课程政策[M].上海：上海教育出版社，2010.

集团”就是以全国教育协会为首的“教师组织”,“它的活动效果在全美43个州的利益集团中排名第一”。[①] 本土民间公益组织也有强度不一的“教育参政”理想,有的甚至就是把政策参与列为组织的首要目标,[②]不过在中国“国家主导、社会参与”的治理体制总格局下,无论是大学教育学术团体,还是各类民间公益组织,都不可能达到类似美国教育协会那样的独立的政策参与地位与影响。尤其对主要依靠社会资源运作的民间公益组织来说,如果能依附于各种可能的体制力量,借助它们追求自己的政策参与目标,其实反而是开辟政策参与领域的上佳途径。

不少本土非政府组织研究都提到“体制依附”或“体制依赖”这一点,[③]本书访谈的“教育参政”意识强烈的民间公益组织领导人也表达过类似的希望,并一直在积极“寻求与政府部门的合作”,使后者出台一系列地方政策,改善“城乡、区域之间的教育质量差异”。[④] 体制力量不足的民间公益组织在开拓政策参与时,需要寻求体制力量。那些体制背景雄厚的民间公益组织更是可能闯出一片广阔的政策参与天地,甚至可以使自己的教育改革项目变成地方的政策项目。

在这一点上,最著名的例子就是中国青少年发展基金会(下简称“青基会”)发起的“希望工程”。作为“团中央”直属的“公募基金会”,中国青少年发展基金会1989年成立时所需的注册资金10万元是由“团中央”划拨,启动经费只有1万元,也是团中央给的。[⑤] 该基金会推出的救助失学儿童的“希望工程”迅速引起邓小平、江泽民、李鹏等中央领导的关注与支持。[⑥]1992年,国家教委专门发布“通知”,要求“各地人民政府和教育行政部门要

---

① 弗朗西斯·福勒.教育政策学导论(第二版)[M].许庆豫译.南京:江苏教育出版社,2007:141—142.

② 何珊云.非政府组织与教育改革政策治理机制创新[J].教育发展研究,2011(21):18—21.

③ 虞维华.非政府组织与政府的关系——资源相互依赖理论的视角[J].公共管理学报,2005(2):29—32;范明林.非政府组织与政府的互动关系[J].社会学研究,2010(3):159—176.

④ 何珊云.企业类民间公益组织访谈记录[Z].2011-4-7.

⑤ 康晓光.创造希望[M].桂林:漓江出版社,1997.

⑥ 李勤.中南海与希望工程[J].瞭望,1993(25):4—5.

主动与'希望工程'的组织机构配合"。[①] 到 1995 年,借助于"团中央"遍布全国的组织网络,以及徐晓光等基金会领导人的精心谋划,中国青少年发展基金会便在全国建立起了分支机构。同时,"希望工程"还赢得了企业、海内外各界人士与民间团体的赞助。因此当年"希望工程"就因其强大的体制关系网络和强烈的社会反响,而被许多地方政府提升为"政策工程",并专门成立了由地方政府主管教育的领导挂帅的"实施希望工程指导委员会"。

例如,广西壮族自治区人民政府便于 1995 年 1 月特别"转批"了一项《通知》,要求广西"各地区行署,各市、县、自治县人民政府"都得"认真贯彻执行"《关于在全区开展支持希望工程 踊跃参加爱心储蓄活动意见》。[②] 省一级政府接纳"青基会"的"希望工程"之后,省级以下地方政府将"希望工程"列为"政策工程"自然是水到渠成的事情。目前,公共政策学界已开始研究市县一级地方政府的"希望工程"行动,有的学者还专门提出"希望工程政策运作"这一概念,来指称中国青少年发展基金会这一"官办民营"性质的民间公益组织发起、却被各地政府实施的教育事业。[③]

青基会的案例表明,体制背景雄厚的民间公益组织不仅可以参与地方各级政府的政策活动,而且具有调动地方各级政府决策主体的能力,堪称民间公益组织开创政策参与空间的至高典范。尤其值得一提的是,中国青少年发展基金会 20 世纪 90 年代的活动重心是在物质"救助"上,但进入 21 世纪以来,其重心便调整为"救助与发展"。这一路线调整显示,中国青少年发展基金会不仅可以继续为推进贫困地区的课程改革提供必需的物质与资源支持,而且能够直接为贫困地区的学生提供优质的课程与教育服务,甚至可以说,中国青少年发展基金会已经成为在全国范围内推动课程改革的一股显著力量。尽管它还没有进入教育部组织的课程改革"权力联合体",也很少被课程学界公开探讨,但这股显著的力量却在政策参与方面取得了令许

---

① 国家教委. 国家教委关于支持中国青少年发展基金会实施"希望工程"的通知[EB/OL]. http://www.people.com.cn/item/flfgk/gwyfg/1992/206002199213.html,1992-11-2/2011-11-27.

② 广西壮族自治区人民政府. 自治区人民政府转批广西实施希望工程指导委员会、工商银行广西区分行关于在全区开展支持希望工程 踊跃参加爱心储蓄活动意见的通知[J]. 广西政报,1995(2):28—29.

③ 翁士洪. 整体性治理及其在非结构化社会问题方面的运用——以西藏林芝地区"希望工程"政策运作为例[J]. 甘肃行政学院学报,2009(5):71—79.

多非官方参与者望尘莫及的成就——竟使民间力量维系的教育行动计划，变成了各级政府的政策行动。

著名的"希望工程"也因此给各类民间公益组织带去了"希望"。与此同时，以徐晓光为首的中国青少年发展基金会负责人也会援助其他民间公益组织的发展。以21世纪教育研究院为例，其组织发展目标乃是建成国内"最具公信力的民间教育智库"，[①]也就是说，政策参与是其主攻方向。该研究院在开拓政策参与时，便从徐晓光那里得到许多支持。对于21世纪教育研究院这样的民办非企业类的民间公益组织而言，它自然尚不可能取得中国青少年发展基金会的政策参与成就——将自己酝酿的教育计划变成政府的政策行动。但作为民间教育研究机构的领头羊，成立于2002年的21世纪教育研究院在知名教育学者杨东平教授的领导下，也发展出了颇成规模的"教育政策学"世界，其中的政策参与力量尤其体现在"问题提出"、"寻求解决问题的方案"、"政策实施与评估"等方面。

21世纪教育研究院成立三年，便被《南方周末》誉为"当下中国最重要也最具雄心的民间教育思想库。"[②]具体来说，该机构所涉足的政策议题既包括大型长远的体制变革，如高考制度改革、免费师范生制度、地方政府教育投入机制、义务教育均衡发展、国家中长期教育发展规划等，也包括近年来国家与社会普遍关注、急需采取有效治理措施的教育教学实践问题，如学业负担、择校、高考加分、中小学班级规模、课堂教学、政府教育治理绩效、公众教育满意度、教辅市场等。显然，21世纪教育研究院是一个政策议题相当广泛的民间教育研究机构，其所提出的政策建议也具有一定的专业水平与可操作性。2010年，国家颁布《国家中长期教育改革与发展规划纲要》，随后21世纪教育研究院也推出了民间版"规划纲要"《2020：中国教育改革方略》，其中的政策议题与官方《规划纲要》并无二致，但前者却十分重视在细节方面弥补后者的模糊、缺失乃至陈旧之处。

例如，关于课程改革的"瓶颈"——"高考改革"，官方版《规划纲要》提出，应"建立健全有利于促进入学机会均等，有利于优秀人才选拔的多元录

---

① 21世纪教育研究院．21世纪教育研究院简介[EB/OL]．http://www.21cedu.org/index.php? m=content&c=index&a=lists&catid=2，2011-12-12.

② 南方周末．中国NGO2005年的九种表现[EB/OL]．http://news.sina.com.cn/c/2005-12-29/14218726578.shtml，2005-12-29/2011-11-20.

取机制”，包括“择优、自主、推荐、定向、破格”。21世纪教育研究院认为，这些设计仍很难改变“分数至上”，“只是对现有录取形式的概括”，并无实质性的制度改革突破。因为历年都是“择优”录取，“定向与破格”也是“高考录取中的老事物”。至于近几年实验的“自主”与“推荐”，《规划纲要》也没拿出具体的治理措施，以解决备受关注的透明与公正问题。由此，21世纪教育研究院的“规划纲要”推出了以“多元评价体系”为基础的“多元录取机制”，并设计了该录取机制的三种运作方式（即录取方式），还探讨了实施这一录取机制必须采取的具体配套措施，包括“清理并规范升学加分政策”、“降低英语分数权重”、“高考报名社会化”、“均衡研究性大学生源分布”等。①

这里之所以对21世纪教育研究院的政策生产做一些细描，正是为了说明类似21世纪教育研究院这样的拥有一定公共知名度但缺乏体制背景的民间公益组织也有能力开拓出具有一定规模的政策参与领域，并且从政策议题与政策建议的生产情况来看，其所开辟的政策参与领域涉及制定、实施、评估的整个政策活动过程。此外，21世纪教育研究院在生产政策议题与建议的过程中，还非常期望国家与地方政府可以接纳它的议题与建议。只是到目前为止，仍未看到21世纪教育研究院能把自己的建议或计划，成功地变成国家或地方政府的政策行动。虽然杨东平教授本人当选了“国家教育咨询委员会”委员，但这一事实更多反映的是对其个人专业能力与声誉的认可，并不代表21世纪教育研究院。

其他由企业成立的非公募基金会，如南都公益基金会、真爱梦想基金会等，以及各种连合法身份都没有的草根志愿团体在政策参与方面，相对缺乏建构与生产能力。不过，中国青少年发展基金会和21世纪教育研究院的政策参与表现也足以反映当前民间公益组织的政策参与开拓能力与基本模式。本土民间公益组织特殊且复杂的体制结构曾让许多憧憬“独立性”和真正“非政府性”的学者感到十分别扭，但就政策参与能力而言，本土民间公益组织倒是受益于这种制度形式上的复杂性：正因为许多本土民间公益都有相当程度的体制或政府背景，所以它才可以取得一般定义下的非政府组织难以取得的政策参与成就。而21世纪教育研究院的表现则表明，在中国，更接近一般定义（非政府性、非营利性）的民间公益组织往往只能在体制外

---

① 杨东平．2020：中国教育改革方略[M]．北京：人民出版社，2010：157—162；何珊云．非政府组织与教育改革政策治理机制创新[J]．教育发展研究，2011(21)：18—21．

围开展提出政策议题、研究政策实施、评估政策效果等政策活动。

当然，也不能因为仅看谁取得更大的政策影响力，就将中国青少年发展基金会的政策参与机制与模式视为榜样，乃至看轻21世纪教育研究院的政策参与机制与模式。事实上，太多体制力量介入“希望工程”后，便暴露出不少“腐败”问题。中国青少年发展基金会自身也意识到，过于依赖体制不仅不符合国际非政府组织的惯例，而且不利于优化其公益性，所以近年来开始启动“社会化”的发展模式改革。[①] 2007年，创始人徐永光甚至辞职离去，创办真正民间性的非公募基金会，即南都公益基金会。[②] 因此不应抽象地辨析“社会化”、“体制化”孰优孰劣，真正的问题乃是如何调动并协调好有益的体制力量与社会力量，携手把课程改革治理好。民间公益组织有能力发展对课程改革有益的政策参与活动，其所生产的议题与建议涉及课程改革治理的各个方面，可以将民间公益组织整体视为值得教育体制重视的政策治理工具。

二、地方教育制度创新

课程改革能否有效推进，固然取决于教育行政、专业与实践力量，但更受制于地方政府的重视程度与治理能力。铜陵、武汉、浦东新区等地近年来之所以出现比较引人注目的基础教育改革成绩，正得益于地方政府的高度重视及通过制度创新完善了以往的教育治理能力，形成了诸多新的制度机制。

与一些地方政府一样，教育理论界也十分关注通过制度创新推动基础教育发展与课程改革。从一些代表性的论述来看，教育理论界已建立起体系庞大的制度创新参与领域，并参与了国家教育制度创新实践。谈松华、谢维和等教授在参与《国家中长期教育改革与发展规划》期间，便专门负责制度创新方面的调研工作，并勾勒了当前“深化教育体制改革”必须攻克的八个“主要领域”：①构建公平、高效的教育基本公共服务体系；②健全统筹有力、权责明确的教育管理体制；③构建公办、民办学校共同发展的多元化办学体制；④构建中国特色现代学校制度；⑤建立比较完善的教育法治体系；

---

① 沈原. 市场、阶级与社会[M]. 北京：社会科学文献出版社，2007：316.

② 雷晓宇. 徐永光：打造南都的“希望工程”[J]. 中国企业家，2008(1)：112—115；张小武. 徐永光和他的“新公民学校”[J]. 教育，2008(12)：38—39.

⑥构建适应全球化的教育对外开放格局；⑦构建灵活多元的人才培养体系；⑧改革考试招生制度。[①]

谈松华、谢维和等人的表现说明，身居大学的教育学者的确已成为体制内的教育制度创新活动的一股推动力量。劳凯声教授也曾强调，在教育体制改革领域，有三种力量在起作用，它们是“政治力量”、“市场力量”和“学术力量”。[②] 从对教育制度改革进行理论架构，到参与规划国家教育体制改革，再到理论界对于“学术力量”的自我体认，这些都显示了教育理论界在教育制度创新领域取得的参与成就。事实上，20 世纪 80 年代初，国家酝酿在全国范围内启动新时期的教育体制改革时，理论工作者就曾积极参与其中，[③]因此参与教育体制创新可谓是大学教育学界的老传统，或许比系统介入政策活动还要悠久一些。

相比于大学中的教育学术群体，90 年代以来才兴起的民间公益组织在教育制度创新方面表现则显得落后许多。四大类民间公益组织中，只有“教育学会”一类的“社会团体”因为具有一定教育体制背景和教育制度研究的专业分工，可以划归于参与、推动国家教育体制创新的“学术力量”范畴。至于本书所考察的基金会、民办非企业、非营利企业类的民间公益组织，则看不到有谁像教育理论界那样提出了相对系统的国家教育制度变革计划，并将其作为组织的主攻领域。包括中国青少年发展基金会这样的政府体制资源堪称丰富的民间公益组织，也是围绕“希望工程”发展自己的教育政策影响力。其他民间非公募基金会如南都公益基金会也缺乏专门的国家教育制度变革参与意识，常常是在自己的公益活动受到体制限制时，才发表一些体制评论，但其重心仍是公益办学。[④]

然而，在本书所考察的民间公益组织中，21 世纪教育研究院是一家明确把教育制度创新作为重要工作的民间公益组织。只不过，其目前开辟的比较成形的参与领域虽然涉及国家教育制度创新(其民间版“规划纲要”探讨了“完善经费与资源配置机制”、“教育管理体制改革”、“构建和完善现代

---

① 谈松华，谢维和. 教育改革与制度创新研究[J]. 教育研究，2010(7)：45—50.

② 劳凯声. 社会转型与教育的重新定位[J]. 教育研究，2002(2)：3—7，30.

③ 张健. 认真研究适合国民经济发展需要的教育计划和教育体制[J]. 人民教育，1980(8)：15—19.

④ 雷晓宇. 徐永光：打造南都的“希望工程”[J]. 中国企业家，2008(1)：112—115.

大学制度"等),但主攻的参与领域却是地方教育制度创新。这一"地方化取向"是根据其体制处境做出的理性选择。事实上,在开拓制度变革参与领域时,将视野放在地方政府身上,是大多体制背景缺乏的民间公益组织的普遍选择。包括国家事业单位性质的学术机构或大学里的制度创新研究机构也喜欢介入地方制度变革实验。例如,中共中央编译局比较政治与经济中心、北京大学政府创新研究中心等机构近年来便联合起来,对 650 个地方政府的制度创新展开了研究,并在此基础上架构起了三大地方制度创新领域:①为发展民主选举与公民参与采取的政治改革;②围绕权力下放、政府透明化、服务化等展开的行政改革,③医疗、教育和就业等公共服务创新。[①]

受启于学术界的地方制度变革参与努力,同时看到近年来的确有许多地方政府在积极探索教育制度创新,21 世纪教育研究院从 2007 年起开始架构自己的地方教育制度创新参与领域,其基本理念是立足于陶行知先生提出的"第一流的教育家"精神,"即敢探未发明的新理、有胆量创造的教育家,有胆量开辟的教育家",认为"新世纪中国教育的变革,特别需要政府官员弘扬教育家精神,锐意改革、勇于进取,去造就我们这个时代'第一流的教育家'"。[②] 按照这一"第一流的教育家"精神,21 世纪教育研究院形成了自己关注的地方政府教育制度创新议题,其中涉及国家课程改革治理难题的制度变革议题包括:①依法"强力推进素质教育";②推进义务教育均衡发展;③地方中考制度改革;④"无差别就学";⑤城乡教师流动与农村教师资助计划;⑥地方农村义务教育经费投入;⑦学校民主管理;⑧地方教育局长的专业化等。[③]

这些议题的选择看上去似乎是以"游击战"的方式在各地展开教育体制变革考察,旨在激励、"表彰"各地方政府为推进素质教育、课程改革及质量均衡采取的"大胆"制度变革,但也代表了民间公益组织在参与教育制度变革方面付出的热情与努力。而在各地"勇于探索"和"开辟"的"教育家"如果

---

① 李永久.我国地方政府创新的发展:制度空间与路径选择[J].财经政法资讯,2008(1):19—22.

② 杨东平.地方教育制度创新大有可为[J].教育与职业,2011(4):1.

③ 21 世纪教育研究院.21 世纪教育研究院简介[EB/OL].http://www.21cedu.org/index.php?m=content&c=index&a=lists&catid=2,2011-12-12;杨东平等.地方教育制度创新研究报告[EB/OL].http://www.21cedu.org/index.php?m=content&c=index&a=show&catid=8&id=2046,2010-12-7/2011-11-27.

真是诚心为了"推进素质教育"，让地域、背景不同的学生都能获得优质教育，也的确值得去关注。毕竟当前国家的课程改革治理难题，以及整个基础教育发展，都非常需要各地政府形成"教育家"的视野与行动。从这一意义上讲，21世纪教育研究院立足于陶行知先生的精神建构起来的教育制度变革思考模式，同样可以开拓出一片有价值的制度变革参与领域。需要指出的是，尽管21世纪教育研究院在地方教育制度创新方面取得了一定成绩，但民间公益组织的制度创新能力整体上仍显得薄弱，这需要21世纪教育研究院投入更多的努力，从而能够整体提升民间公益组织的教育制度变革参与水平。

三、中小学课程发展与教学革新

如果说参与政策与制度变革只适合一部分具有一定体制及相关专业基础的民间公益组织，那么直接投身于各地中小学，推动各地中小学的课程发展与教学革新，则是所有民间公益组织都可以做到的事情。从组织规模庞大、体制资源雄厚的中国青少年发展基金会，到具有一定专业能力与经济实力的21世纪教育研究院、南都公益基金会、真爱梦想基金会等，再到由学生、教师和普通公民组成的各种草根志愿者团体，均可以直接参与一线学校的课程改革与教学进步，成就一番规模不一、形态各异的基础教育事业，分担国家难以独自应对的课程改革治理重任。

对大学中的教育学术群体而言，深入各地的学校教学一线也是最常见的参与领域开辟途径。尤其是课程改革实施以来，大学教育学者更是热衷于直接参与一线学校的课程与教学革新。长期在各地中小学开展"新基础教育"实验的叶澜教授曾形象地将此称之为"入地工程"，以区别于理论界所习惯的被称为"上天工程"的传统参与途径，即"理论研究"。[①] 靳玉乐、崔允漷等课程学者则往往将大学教育学者参与中小学的课程与教学活动称为发展"大学"与"中小学"的"合作"或"伙伴关系"，并指出这种合作关系可以围绕"校本课程开发"、"校本教研"、"教师专业发展"等"任务"展开，[②]目的在

---

① 叶澜.新基础教育论——关于当代中国学校变革的认识与探究[M].北京：教育科学出版社，2008：1.

② 靳玉乐等.校本课程发展中大学与中小学合作的意义与策略[J].西南大学学报(社会科学版)，2010(3)：88—92；王少非，崔允漷.大学——中小学伙伴关系：一种分析框架[J].全球教育展望，2005(3)：35—39.

于引导教师成为“专业的(课程与教学)研究者”,或像“课程专家”那样的专业发展成熟的教师。[①] 到目前为止,大学教育学者的中小学实践参与努力已取得诸多备受关注的成就,如“新基础教育”、“新教育实验”等。不过,就为国家课程改革治理提供了何种有益力量而言,大学教育学者的实践参与所提供的主要是一系列旨在“重建”传统教育模式的新“概念”或“专业知识”。[②]

与大学中的教育学术群体相比,散布在各地的民间公益组织大都不具备教育或课程专业知识生产的使命与功能,因此它们不会用“校本教研”、“校本课程开发”等课程理论界的专业词汇来概括自己的课程与教学参与行动。特别是那些大学生草根团体,往往更喜欢“支教”、“志愿”、“服务”等字眼。只有21世纪教育研究院这样的本身就从事专业知识生产的民间教育研究机构或真爱梦想基金会这样的与大学课程学界建立起一定合作关系的非公募基金会了解教育或课程学界的专业概念。总的来说,民间公益组织各有各的知识工具来开拓一线中小学的教育教学参与领域。

以中国青少年发展基金会创始人徐晓光为例,他所拥有的知识便十分丰富,不仅非常清楚中国教育运作的政策与制度环境和中国企业运作模式,而且清楚地认识到要想在近年来社会转型更加剧烈的背景下突破此前的“希望工程”运作模式,该如何重新定位自己的教育公益事业。正是依靠自身的政治、经济、社会等方面的知识和“希望工程”经验,试图创造“第二项希望工程”的徐晓光最终选择为城市中日益增多却难以成长、发展的农民工子女创办集普通与职业教育为一体的“新公民学校”。[③] 除拥有自身的知识外,各类民间公益组织还因为可以调动社会资源,能够开创更多的实践参与模式。从对国家课程改革治理有益的角度来看,民间公益组织在参与一线教育教学实践的过程中,开辟出了以下几种值得研究的“亚领域”,其中所蕴含的民间公益组织试图参与解决的议题包括以下三大类。

(一)解决经费、物质与资源问题

所谓有钱出钱,有力出力,各类民间公益组织最一般的一线教育教学参

---

① 钟启泉等.课程改革促进教师专业发展的个案研究[J].全球教育展望,2002(8):12—17.

② 钟启泉.课程人的社会责任[J].全球教育展望,2006(9):16—22.

③ 雷晓宇.徐永光:打造南都的“希望工程”[J].中国企业家,2008(1):112—115.

与领域即是围绕解决各地中小学发展课程与教学必需的经费、物质与资源问题建构而成。国家也十分鼓励民间公益组织参与解决这个问题，因此国家在坚持“以财政拨款为主”的同时，还努力发展“社会捐资捐助以及教育基金”、“学杂费”、“教育税费”、“校办产业”等多重的补充机制。[①] 2001 年，国家开始推行“地方政府负责、分级管理、以县为主”的基础教育发展体制，并与省政府一起针对农村教师工资问题明确了各自需要担负的责任。2006 年，国家又推出“中央地方共担，经费省级统筹，管理以县为主”的新机制，主动揽下“公用经费、校舍维修改造经费和资助贫困家庭学生”等方面的开支，[②]并表示未来五年，国家将新增农村义务教育投入2 180亿元(义务教育“学杂费”因此于当年得以免除)。

可以说，国家自身也一直在努力解决基础教育发展的经费、物质与资源短缺的问题。但国家的视野、信息及自身的教育财政终究无法完全应对整个中国基础教育的经费、物质与资源短缺问题。仅在教师工资这一块，依然有许多地方不能按时足额发放，更没有兑现国家法定的不低于“当地公务员的平均工资水平”。[③] 与此同时，除东部经济较为发达的地区和中西部部分大中城市外，绝大多数地方政府也像国家那样，一直面临“投资教育力不从心”的财政紧张，[④]因此无论是国家，还是地方政府，都迫切需要社会力量积极参与进来。但要让社会力量参与进来，显然先得有可以有效动员社会力量的机制。恰恰在这个技术问题上，民间公益组织显示了其特殊价值。最早印证这一点的仍是中国青少年发展基金会。虽然 1989 年成立时，中国青少年发展基金会只是调动了少许社会及个人力量，替国家解决了十几位失学儿童的上学问题，但发展到第 10 年，该基金会便收到海内外捐款 16.11 亿元，资助2 098 766名失学儿童，建设希望小学7 111所。[⑤]

南都公益基金会、真爱梦想基金会等民办非公募基金会虽然规模、影响远不如中国青少年发展基金会那么显著，但它们在参与解决基础教育发展

---

① 张保庆.关于中国教育经费问题的回顾与思考[A].中国教育年鉴 1999[C].北京：人民教育出版社，1999：64—81.

② 国务院.国务院关于深化农村义务教育经费保障机制改革的通知[A].中国教育年鉴 2006[C].北京：人民教育出版社，2006：774—776.

③ 王嘉毅.西部地区农村教师工资现状调查研究[J].继续教育研究，2010(4)：63—65.

④ 杨爱玲.基础教育课程改革存在缺憾的原因反思[J].教育学报，2007(1)：25.

⑤ 于锋.拥抱希望——“希望工程”十年回眸[J].北京观察，2000(3)：15.

与课程改革必需的经费、物质与资源问题方面,同样做出了不容忽视的贡献。以 2007 年成立的南都公益基金会为例,它便筹集了 3 亿多元资金,用于资助发展“新公民学校”教育。[①] 真爱梦想基金会在 2010 年也收到各界捐资1 718万元,在各地农村中小学“建立了 118 间梦想中心,51 间梦想书屋;举办了 100 多人的夏令营,培训了超过2 500名乡村教师;募集了 50 多万册图书,发送了 300 多吨货物”。[②] 民间公益基金会可谓是民间公益组织中参与解决经费、物质与资源短缺问题的主力。此外,民办非企业单位类的民间公益组织也以各种方式贡献经费、物质与资源支持。如 21 世纪教育研究院便从 2010 年起面向“学者、本科生、研究生、一线教师、教育行政部门工作人员、媒体工作人员、热心教育的社会人士等”,设立“教育调研小额资助项目”与“青年学者资助项目”。[③] 当年投入 20 万元资助了 19 项“对教育政策和现实教育问题”展开“实证研究”的课题。[④] 还有许多草根志愿团体也筹集一定的资金与物质捐献给需要地区。

(二)优化中小学的课程发展与创造能力

除经费、物质与资源短缺外,当前中国基础教育领域另一大突出问题便是,虽然历经十年努力,但整体的课程发展与教学创造能力仍十分薄弱,尤其在广大农村地区,更是如王嘉毅教授所言,“课程与教学”已成为“制约农村基础教育发展的瓶颈”。[⑤] “许多地方政府和学校只能勉强完成国家规定的课程任务,没有能力因地制宜地设置和开发地方或校本课程,如综合实践活动课程,更没有能力为学生开设大量的选修课程。因地制宜地开发农村中学特色课程,为当地农村经济发展服务,对地方政府和农村中学来说也成

---

① 雷晓宇.徐永光:打造南都的“希望工程”[J].中国企业家,2008(1):113.

② 真爱梦想基金会.2010 年基金会年报[R].2010—9.

③ 21 世纪教育研究院.教育调研小额资助项目介绍[EB/OL].http://www.21cedu.org/index.php? m=content&c=index&a=show&catid=38&id=1570,2010-6-13/2011-11-28.

④ 21 世纪教育研究院.2010 年 21 世纪教育研究院小额资助项目评审结果公示[EB/OL].http://www.21cedu.org/index.php? m=content&c=index&a=show&catid=38&id=1802,2010-10-9/2011-11-28.

⑤ 王嘉毅.课程与教学:制约农村基础教育发展的瓶颈[J].青年教师,2008(12):26—27.

为一句空话。”①

为解决上述基础教育课程发展难题，课程及教育理论界已在各地学校开拓出“校本课程开发”、“校本教研”等许多有利于优化中小学课程发展与教学创新能力的参与领域。在优化各地中小学课程发展与教学创造能力这一点上，各类民间公益组织的表现同样活跃，且成效显著。与理论界侧重于从教育专业理念与技术等层面入手提高中小学的课程发展能力相比，各类民间公益组织往往是从当前经济社会与文化发展、各地及各类学生的实际情况提出的课程主题与教育要求出发，建构自己的课程发展及教学参与领域，进而在中小学实施、推广自己开发或资助的课程与教育项目。

如南都公益基金会2007年推出的“新公民计划项目”，该计划瞄准的学生正是“城市中日益增多的农民工子女”，其目的是为了“改善农民工子女的成长环境，帮助农民工子女获得更好的教育，使农民工子女能够发展他们的潜能，培养公民意识，承担起未来公民的责任，成为国家的高素质的新公民”。从自己的“课程改革理念”出发，南都公益基金会制定了课程发展赞助范围，包括“农民工子女道德辅导项目、学业辅导项目、健康成长指导项目、就业服务项目、生活方式辅导项目、社会交往指导项目以及改善农民工子女成长环境的研究和政策推动项目，所有项目的目的都是为了让农民工子女受到更好的教育”。按照这一课程改革框架，南都公益基金会于2009年在全国27个省市选中了89个项目，投入资金654万元，是为“新公民计划项目”的首批试点，课程主题涉及“艺术教育、家庭教育、环保教育、公民意识教育、健康教育、科普教育”等。②

就运作模式而言，南都公益基金会的课程改革计划有点类似教育部负责发起的国家课程改革，也是先研制自己的课程改革框架，然后投入经费，在全国范围内选择中意的执行者开展实验。但前者的运作机制却不同于后者：①前者不是针对所有的学生，而是特定的学生群体；②前者的课程方案十分具体，具体到开设哪些课程，经费多少，效果由谁评价以及如何评价等，都规定得非常明确；③前者还可以亲自下到每一个项目点，与执行者之间也不存在行政关系，而是责、权、利都十分清楚的合作关系。这种运作机制显然与南都

① 杨爱玲. 基础教育课程改革存在缺憾的原因反思[J]. 教育学报，2007(1)：25.

② 南都公益基金会. 新公民计划项目概要[EB/OL]. http://www.naradafoundation.org/sys/html/lm_188/2009-06-24/160156.htm，2009-6-24/2011-11-28.

基金会没有稳定的政府财政来源有关，即它只能依靠办学成绩来争取更多的社会捐赠，而不是无论结果怎样，都可以依靠国家政策与财政维持下去。

南都公益基金会的课程发展机制具有一定的代表性，本书考察的民办非企业类和基金会类民间公益组织大都是按这种机制运作的。与此同时，也正因为受制于这种运作机制，所以民间公益组织必须开发某一社会赞助力量认为有价值的课程项目，才可能获得发起课程改革必需的经费资源。各类试图成就一番教育公益事业的民间公益组织也大都开发出了有价值的课程项目。正如西部阳光农村发展基金会秘书长梁晓燕指出的那样，大部分教育领域表现活跃的民间公益组织都是致力于开发多元的教育资源，主题包括“传统经典文化传承，乡土文化与地方性知识，社会意识与公民精神，艺术欣赏与体验，开发教育的艺术价值，人格养成与心理健康，阅读与自主学习，经济自立、生活自立的常识，科学兴趣与尝试，生命教育与性别意识”等。[①]

(三)创办公益学校

围绕课程改革产生的一切领域与行动，是为了再造被“应试教育”扭曲的学校教育，真正培养符合国家、社会、文化及学生发展需要的人才。新近颁布的《国家基础教育改革与发展规划纲要》也是把“人才培养”当作“教育改革与发展的核心问题”。但是“当前我国人才培养方面存在的主要问题是教育理念陈旧、人才培养模式单一、教学方法和教学组织方式不适应人才培养要求，……应试教育倾向还没有根本改变”[②]。近十年来，国家有意改革学校体系的课程结构、教学模式及课程管理体制，正是为了激起更大力量，将学校体系推向培养符合国家、社会及学生发展需要的人才。

国家教育决策层或课程改革“权力联合体”在设计课程改革方案时可谓倾尽心力。然而中国的情况太复杂，因此总难免会顾此失彼。有学者已从“分流”的角度指出，基础教育除了要满足国家需要(即“提高全民族的基本素质”)和大学需要(即“为高等教育输送生源”)外，还应“考虑不能接受高中或高等教育的学生的就业需要”。但恰恰在这一点上，课程改革没有真正从国情出发，思考如何“为每一位学生的发展”着想，“结果一方面使学生升学‘千军万马过独木桥’的状况没有任何改观，另一方面又使‘升学无望’的学

---

① 梁晓燕. 教育 NGO 会议发言[EB/OL]. http://learning.sohu.com/20091127/n268549653.shtml,2009-11-27/2011-11-28.

② 孙霄兵. 从《教育规划纲要》看当前教育体制改革的着力点[J]. 求是,2010(18):55.

生‘就业无门、致富无术’，学和用相互脱节”。[①]

21世纪教育研究院、南都公益基金会等民间公益组织认同这些关于中国基础教育的总体分析，并因此在积极探索解决问题的出路。中国青少年发展基金会同样是在国家启动课程改革之际，开始将工作轨道从单纯的“救助”，转到“救助与发展”并重。言外之意，民间公益组织一样关注如何创造符合国家、社会及学生发展需要的学校教育。为此民间公益组织已经做了许多，如募集经费以及开发环保、公民意识、传统文化、生命教育等课程。除了这些事情之外，民间公益组织还建构了另一片广阔的参与领域，即直接创办学校，而且不是一般营利性的“民办学校”，而是真正非营利的公益学校。

就这一参与领域而言，最有代表性的民间公益组织莫过于“百年职校”。该组织成立于2005年，创始人和理事长是姚莉。从2008年7月16日北京电视台播出的访谈节目来看，这是国内第一所真正全免费中等职业学校。“上至学生的服装，下至学生的课本工具，就连午餐也全都免费。”而节目播出前，姚莉还冒着余震的危险，到了四川绵竹灾区，破格招收20名学生，并乘飞机把他们带回来。[②]

创始人姚莉曾长期在国企、外企做管理工作，领导数千员工，却毅然辞职，创办了百年职校。[③]《人民日报》曾报道，筹备百年职校期间，姚莉“想到会有很多困难，也想到会有很多意义”，但她“没想到能在这样短的时间，得到这么多人的关注和支持”，仅教师就有“来自大学的教授、科学院的专家、职业学校的教师，来自企业、法律界、经济学界、公务部门的高级管理人员，亦不乏社会知名人士。这些老师讲课都不领工资”。而在办学经费方面，姚莉则获得了中国青少年发展基金会以及许多企业精英的支持，如大连百年城集团董事长吴云和南都公益基金会创始人徐永光。[④]

南都公益基金会在2008年首批就赞助了360万元，用于筹办分校和建设教师培训中心。[⑤] 南都基金会十分认同百年职校的办学成绩和社会价

---

① 杨爱玲.基础教育课程改革存在缺憾的原因反思[J].教育学报，2007(1)：24.

② 北京电视台.姚莉和百年职校的故事[Z].非常接触，2008-7-16，19：35.

③ 姚莉.用梦想填平沟壑[M].北京：北京出版社，2008.

④ 人民日报(海外版).百年职校：农民工子女在阳光中重新走进课堂[EB/OL].http://news.xinhuanet.com/society/2005-11/16/content_3788155.htm，2005-11-16/2011-11-28.

⑤ 安力.百年职校建立第一所分校获赠捐款360万[J].职业与教育，2008(12)：116.

值:不仅让许多没有出路的农民工子女就业,成为有益于社会的职业人才,而且能凝聚那么多人投身慈善,在物欲横流的时代彰显社会发展急需的公益精神。南都基金会之所以赞助百年职校,是因为认同后者的公益办学思路:专门针对升学无望、找不到有意义的人生出路的农民工子女提供优质职业课程与就业机会,同时培养公民意识、人文关怀与社会责任感。① 这一理想远不如培养科学家、艺术家等风光,博人眼球,只是为了将那些没有发展希望的农民工子女培养成自食其力、能为家庭和社会做点贡献的"普通公民"。② 这一朴实的教育理念十分符合南都基金会"新公民学校"计划的公益办学宗旨。

在获得南都基金会赞助时,百年职校已"为400名贫困家庭的孩子提供了免费职业教育机会,首届毕业生已成功走向各自的工作岗位"。其中一位学生代表在毕业典礼上说道:"感谢社会各界给予我们的关爱和资助,使我们这些因贫穷而失学的农民工子女重新走进课堂,学习职业技能。现在我们的工资能够帮助父母和家庭改善生活条件。是社会的关爱让我们懂得了自立自强,我一定会加倍努力工作,用实际行动报答社会。"③至今,在社会各界的支持与赞助下,百年职校已在北京、南京、郑州、成都、武汉和三亚创办了6所分校。

以上之所以从创始人、社会各界及学生等角度刻画百年职校,既是为了勾勒民间公益组织在创办真正促进学生发展的公益学校方面的基本状况与成就,更是为了说明,以百年职校为代表的民间公益组织不仅可以将企业、基金会及社会各界具有慈善精神的知名人士凝结在一起,组成充满爱心与动力的基础教育与课程创新联合体,④而且能够针对经济社会转型期出现

---

① 百年职校.教育理念[EB/OL].http://www.bnvs.cn/gybn0105.asp,2011-11-29.

② 朱迅.学习做一个普通人——读《用梦想填平沟壑》[EB/OL].http://www.chinawriter.com.cn/2008/2008-07-22/45692.html,2011-11-29.

③ 安力.百年职校建立第一所分校获赠捐款360万[J].职业与教育,2008(12):116.

④ 有记者曾这样说:"百年职校这个公益团体,简直就像一个名人俱乐部!"其中有"清华大学的季如进教授、王作垣教授,中央电视台的王志、朱迅夫妇,北京人民广播电台的赵颖主任、名嘴王佳一都是志愿者。香港房屋署负责人李百灏先生、来自爱尔兰的主播董默涵和戴大使、澳大利亚驻华大使夫人鲍女士、贵族伯爵家的儿子……"这些社会各界的知名人士"都以各自不同的方式,奉献着他们的爱心"。参见:王玉洁.梦想不畏沟壑[J].城市开发,2009(4):77.

的一类“具体的学生”，即急需免费优质教育却没有教育资源的农民工子女，设计真正有益于这类学生发展，同时有利于社会进步的融职业技能与普通公民素质为一体的基础教育。与国家、理论界常常只能从“普遍”意义、往往十分抽象的“学生”出发设计课程改革相比，[①]以百年职校为代表民间公益组织则常常是从某一具体的现实问题出发建构自己的基础教育参与领域，其所推出的课程创造计划仅从理论视野上便可以弥补前者的不足之处，因此是在切实协助国家解决转型期的基础教育与课程改革治理难题。

四、课程改革治理的多重关系协调与整合

在分析课程改革空间时曾指出，在这各人为力量建构而成的巨大空间中，除了教育部组织的“权力联合体”在其中发挥主导作用外，还有其他许多力量参与其中，发挥各种作用。民间公益组织就是参与其中的一股不可低估的力量，从中国青少年发展基金会、南都公益基金会、真爱梦想基金会、21世纪教育研究院以及百年职校等民间公益组织的表现来看，它们决不会成为国家课程改革的“阻力”，或给国家治理课程改革制造麻烦，恰恰相反，它们是在志愿分担国家由于治理能力有限而难以解决的各种课程改革治理难题。

对国家课程改革治理来说，真正麻烦的是其他各种性质不同的社会力量。课程理论界已经注意到，不少“大众媒体”制造的许多“不着边际”、“无聊至极”的“改革话题”和不理解课程改革的广大家长给课程改革推进带来了巨大干扰与阻力，[②]因此呼吁“加强新课程的社会传播和理解，引导人们改变观念”，“进而将民众的了解和理解转换为支持新课程的社会力量”。[③]这里没有点明由“谁”来负责“加强新课程的社会传播和理解”。王嘉毅教授则明言，应该由“政府”出面，理由很简单，因为“政府是改革的主导者”。王嘉毅教授是在分析西部省份的教师、学生及家长对于国家“两免一补”政策

---

① 近年来，理论界已开始重视这一问题，并开始调整抽象的“学生”视野。如丁钢教授便提出“不同的学习个体”这一概念，强调“教育学要把不同的学习个体的发展作为首要研究任务”。见：丁钢．教育学学科问题的可能性解释[J]．教育研究，2008(2)：3.

② 钟启泉．中国课程改革：挑战与反思[J]．比较教育研究，2005(12)：22—23.

③ 崔允漷，汪贤泽．基础教育课程改革的意义、进展及问题[J]．全球教育展望，2006(1)：35.

的认知程度时提出这一点。[①] 从中可以看出,各级“政府”确实需要加强宣传,以便动员广大民众支持教育改革。

理论界似乎习惯于什么事都交给政府,忽视了正在成长中的民间公益组织也可以并且正在做这种宣传、动员的工作。梁晓燕就指出,许多教育类民间公益组织都是将“推动公民参与”作为主要工作领域。我们在调研过程中,也发现民间公益组织很重视动员民众理解、参与教育改革。只是动员范围有所不同,如“为中国而教”,是以动员大学生为主,又如21世纪教育研究院,则会动员学者、公务员、企业精英、学生、市民等社会各界力量。它们之所以动员,主要有两点考虑:①自身的教育参与项目必须依靠社会各界的理解与支持;②从国家教育发展的角度考虑,认为如果社会不理解教育改革,或者民众的教育意识仅停留在功利的应试水平,那么国家教育发展便不可能有适宜的社会基础。[②]

事实上,民间公益组织重视“推动公民参与”,更是由其自身的存在状况决定的。理论界可以不去闯荡社会,只需在教育行政部门、一线学校之间活动,便能在教育体系内开拓出自上而下、自下而上的两种变革参与道路。[③] 民间公益组织没有理论界的这些选择,因为主要依靠甚至只能依靠社会资源的民间公益组织只有在社会理解并支持的基础上,才能生存、发展下去。总之,民间公益组织必须动员社会力量。正是在动员社会力量的过程中,民间公益组织开辟了另一个对国家治理课程改革有益的基础教育参与领域,即“社会动员”,并且民间公益组织在这个领域所要解决的问题绝不仅仅只是梁晓燕提到的“推动公民参与”。

更适合把握民间公益组织所开创的“社会动员”领域的概念乃是“多重关系的协调与整合”,“推动公民参与”只是其中的一个维度而已。从中国青少年发展基金会、南都公益基金会、真爱梦想基金会、21世纪教育研究院以及百年职校等机构的活动来看,民间公益组织建构的“社会动员”领域主要在协调、整合以下几重课程改革治理必然涉及的力量关系:①各级政府非教

---

① 王嘉毅等.西部农村对“两免一补”的了解程度与实施效果研究——兼论我国教育改革与教育政策的宣传与普及[J].当代教育与文化,2010(2):74—79.

② 何珊云.企业类民间公益组织访谈记录[Z].2011-4-7.

③ 叶澜.新基础教育论——关于当代中国学校变革的认识与探究[M].北京:教育科学出版社,2008:92—402.

育行政部门与教育行政部门；②企业、媒体、学术等社会上层力量；③民间公益组织自身的力量；④大学生、教师、普通民众等社会基层力量。这几重力量都是国家课程改革治理不应回避且需极力争取的力量，但在国家课程改革"权力联合体"中，它们却常常被忽视。理论界重视社会力量，却也没有采取实际行动去动员这几重力量，其重点动员对象是"教育实践工作者"。[①]而"教师实践工作者"所处位置又很难肩负理论界的厚重期望。民间公益组织在社会动员方面的成就及其作为一种有效的社会动员机制，显然值得国家课程改革"权力联合体"及理论界重视。

民间公益组织还开拓了一些参与领域，如推动"教育立法"，与国际非政府组织展开合作，扩大国际教育交流等，但将上述四大参与领域梳理出来，足以说明民间公益组织为国家课程改革治理做了哪些事情，而且它们的确是民间公益组织的主要活动领域。归纳一下，这四大参与领域是：①政策的制定、实施与评估；②地方教育制度创新；③中小学课程发展与教学革新；④课程改革治理的多重关系协调与整合。这四大参与领域的内在联系可以用阿斯泰因的公民参与理论加以解释，即它们体现了公民组织从政策到实践，再到外围动员的层级参与模式，[②]但如此梳理只是为了方便了解，各类民间公益组织实际并没有采纳这种政治学的专业工具建构系统的参与领域，并在此基础上进行领域分工。它们是根据自己的条件、志趣确立主攻参与方向，开拓出了上述四个主要领域，且四个领域并无轻重之分，它们均有利于弥补国家课程改革治理的不足之处。

第三节　分担国家课程改革治理难题的双重行动

就如何梳理各类组织纷繁复杂的课程改革行动而言，西方课程学界已有较多积累。以国家的课程改革行动为例，自 20 世纪 80 年代初美国斯坦福大学课程政策学教授科斯特(M. W. Kirst)尝试对"联邦政府的教学政策

---

① 叶澜. 新基础教育论——关于当代中国学校变革的认识与探究[M]. 北京：教育科学出版社，2008：402.

② Arnstein, S. R. A Ladder of Citizen Participation[J]. *Journal of the American Planning Association*, 1969, 35(4): 216-224.

与改革项目”进行分类起，[①]课程学者便开始细致梳理国家的各种课程改革行动。到90年代，便形成了有效且较为全面的国家课程改革行动分析工具，认为联邦政府大致采取以下6种行动来实施课程改革计划：①颁布法令；②变革或建立制度；③经费补助；④提供咨询与技术服务（开通免费电话、提供技术援助）；⑤发现并传播知识与信息；⑥道德劝说（总统及其他政府高官通过发表演讲、著作等方式动员大众支持课程改革）。[②] 至于民间组织，也会围绕上述6种国家行动采取立场、方向不一的应对，进而与国家权力形成复杂的“政治局面”。[③]

从西方课程学界的分析中可以看出，国家课程改革行动其实包括两大类：一是由法律、制度和财政支持的制度化行动；二是非制度化的临时行动，如总统个人的即兴演讲。理论上，这一“制度化/非制度化”的两分框架可以为本书梳理民间公益组织的课程改革参与行动提供分析工具。但事实上，本土民间公益组织很难将自己的行动上升为国家制度，即使中国青少年发展基金会，当初也是靠自己的努力展开行动，只是得到国家领导人的高度重视及积极参与捐款，使得教育部及各级地方政府纷纷主动把“希望工程”制度化。总的来说，本土民间公益组织的行动仍是“非制度化”的，即尚未赢得国家的制度认可与支持。不过，民间公益组织可以在组织内部将许多行动制度化，使之成为组织的常规行动。本书所梳理的正是本土民间公益组织的常规行动。除此之外，民间公益组织为了维系、强化组织的常规行动，使组织赢得外界支持、扩大影响，还会采取一系列的辅助行动。此即所谓“双重行动”。以下便先来考察民间公益组织在四大参与领域内为解决其中涉及的课程治理问题而采取的常规行动。

一、自主参与领域内的常规行动

如前所述，民间公益组织依靠自己的开拓能力自主建构起来的四大有

---

① Kirst, M. W. *Teaching Policy and Federal Categorical Programs*[R]. National Institute of Education Program on Teaching Policy, 1982.

② Jung, R. K. *The Federal Role in Elementary and Secondary Education, Mapping a Shifting Terrain*[A]. Boyan, N. J. ed. *Handbook of Research on Education Administration*[C]. New York: Longman. 1988.

③ Fesler, J. W. *The Politics of the Administration Process*[M]. Chatham: Chatman House, 1991.

益于国家课程改革治理的参与领域是:①政策的制定、实施与评估;②地方教育制度创新;③中小学课程发展与教学革新;④课程改革治理的多重关系协调与整合。这几大领域里蕴含了一系列国家课程改革治理必须解决的难题。此刻的任务正是梳理民间公益组织为解决这些难题采取的常规行动。

(一)直接介入政府的政策活动与独立开展政策研究

首先是政策参与领域的常规行动。在这方面,国内教育学界20世纪90年代以来已经形成诸多行动,包括发展并传播“教育政策学”,直接参与国家教育政策的制定。与教育学界的教育政策学发展步伐相比,国内课程学界的课程政策学研究虽然尚待展开,但也在参与课程政策制定。至于美国课程学界的政策参与行动,则是发端于20世纪70年代,其最初的典范性行动方式表现为:斯坦福大学斯科特、罗切斯特大学博伊德(W. L. Byod)等人一面批判从泰勒(R. Tyler)到塔巴(H. Taba)等几代课程学者“没有政策制定(policy making)研究意识”,一面率先在理论界提倡研究联邦政府的课程政策制定。①

经过四十年的积累,美国课程学界的政策参与行动已相当成熟、丰富:政策研究对象已涉及各种可能对课程政策产生影响的主体,②在政策参与实践方面也形成立场不一的行动方式,有的进入联邦及地方政府的课程决策活动,有的如阿普尔、麦克拉伦等人则与抵抗联邦政府的社会利益团体结成政策行动联盟。③ 由于国情、体制不同,中国不可能像美国那样出现政治立场多元的教育及课程政策参与格局,但就政策参与行动而言,两国的理论界还是存在不少相似之处,即都把独立发展、传播教育政策研究,同时谋求直接干预政府的政策活动,作为拓展政策参与的常规行动。

开展、传播教育政策研究,直接介入政府的政策活动,也是民间公益组

① Kirst, M. W. et al. An Analysis of Curriculum Policy-Making[J]. *Review of Educational Research*, 1971, 41(5): 479-509; Boyd, W. L. The Changing Politics of Curriculum Policy-Making for American Schools[J]. *Review of Educational Research*, 1978, 48(4): 577-628.

② Tamir, E. *The Politics of Education Reform: State Power and the Field of Educational Policy in New Jersey*[D]. Michigan State University, 2006.

③ McLaren, P. The Return of the Transformative Intellectual[J]. *Left Curve*, 2009(33): 18-121; Apple, M. *Global Crises, Social Justice, and Education*[M]. New York: Routledge, 2010.

织酝酿政策参与行动的基本思路。只是在直接介入方面，大部分民间公益组织的实际行动都十分有限、单薄。在本书考察的几类民间公益组织中，大部分都无法形成直接的参与行动，只有中国教育学会这一“官办民助”性质（直属教育部）的“社会团体”可以直接参与有益于推进课程改革的政策活动。但仍有学者指出，相比于美国同一级别的教育协会可以对美国政府的教育决策施加“压力”相比，中国教育学会常常“只能以（国家）教育决策的追随者和执行者的形象出现”；与此同时，中国教育学会的“媒体资源”、“群众基础”也不如前者发达，因此更不可能给政府决策施加“压力”及“影响力”。①

此类分析似乎有些强人所难。不过国家“教育决策的追随者与执行者”这一概念的确可以揭示体制内的教育学会在参与决策方面存在的困境。吕型伟先生亦曾指出，体制内的教育研究者很难以“旁观者的立场”展开思考。② 近年来，中国教育学会下负责政策研究的专业委员会提出要发展“独立”的政策参与，并在独立的基础上，争取与“决策者形成相互尊重，积极合作与交流”的政策参与关系。如袁振国教授所分析，这一块的努力已取得一定进展，国家改变此前对教育政策研究人员的轻视态度，建立了向“专家”咨询的机制，便是证据。③ 当然此类“咨询”机制能让专家发挥多大的独立性与决策影响力，仍得看专家团体与政府能否在“相互尊重”的基础上建立更具体的能让专家团体保持独立性、公益性和积极功能的激励与监控机制。

真正能使参与行动对政府决策产生显著影响力的乃是另一家“官办民助”性质的民间公益组织，即中国青少年发展基金会。该基金会曾使各级各地政府将“希望工程”列为政府工程，堪称至今为止民间公益组织最强有力的政策参与行动。只是这一结果对于中国青少年发展基金会来说，有点始料未及的味道，因为直接介入政府决策并不是该组织预定的行动。而“希望工程”壮大后出现的局部“腐败”则说明，即使民间公益组织可以介入政府的决策活动，或者民间公益组织的建议直接成为政府的政策项目，也不一定就

---

① 龚兵等.中美教育专业团体的功能比较——以中国教育学会和美国全国教育协会为例[J].学会，2009(1)：25.

② 吕型伟.一位“老教育工作者”七十年的教育反思[J].校长阅刊，2006(3)：36.

③ 王辉，王亚芳.中国教育学会教育政策与法律研究专业委员会成立暨第一届年会综述[C].中国教育法制评论.北京：教育科学出版社，2002(1)：443—447.

完全是好事，仍要看民间公益组织能否形成有效的自察机制，政府能否形成有效的监控机制。总之，就本书所考察的各类民间公益组织而言，其中固然有一些有意向、有能力直接介入政府决策，但大部分还是倾向于以间接的方式介入政府的政策活动。

进而言之，对那些政策取向强烈的民间公益组织来说，自己真正可以把握的政策参与行动乃是独立开展政策研究，并向相关部门、群体传播自己的独立政策研究，进而以这种间接的行动来完善政府的教育及课程政策实践。这方面的代表正是21世纪教育研究院（以下简称21世纪）。总的来说，该机构的政策研究行动主要包括：

1. 政策研究目标。强调“以独立视角研究教育问题”，完善“中国公共教育政策”。“教育产业化”时期，21世纪曾因积极提倡“教育公平”承受了不小压力，相关著作也被禁止发行。直到国家提出“和谐社会”建设理想，其政策研究处境才得以改观。但如何在国家政策框架下努力保持自己的独立研究，追求自己的行动目标，仍是21世纪必须处理好的关键问题，21世纪也因此重视与政府或体制力量形成更积极的互动。[①]

2. 政策研究行动模式。围绕国家及社会普遍关注的重点、热点教育问题，研究国家为处理问题制定的政策及政策实施效果，同时根据自己的调查研究提出新的政策议题与政策建议。就国家课程改革治理所涉及的议题而言，21世纪曾先后研究过国家及各地政府针对减负、择校、中考高考等问题制定的政策及其实施效果，也曾提出政府教育治理绩效与公众教育满意度、高考报名社会化等新的政策议题与建议。最近比较大的政策研究行动则是对《国家中长期教育改革与发展规划》向“有关部门”提出“修改意见”：如认为“《规划纲要》在教育内容的变革上提得太少。再比如，“《规划纲要》应该附一个名词解释，什么叫政校分开、管办分离之类，给大家一个解释，否则各自理解，不易达成共识。”[②]此外，21世纪还曾根据自己的政策实施研究，采取力所能及的政策“介入”行动。如国家实施农村学校布局调整期间，一些地方没有“因地制宜”地贯彻执行，简单理解为“撤点并校”，造成一些不该拆

---

① 杨东平. 2020：中国教育改革方略[M]. 北京：人民出版社，2010：1—2.

② 21世纪教育研究院. 对《国家中长期教育改革和发展规划纲要》的修改意见[EB/OL]. http://www.21cedu.org/index.php? m=content&c=index&a=show&catid=8&id=1426，2010-3-28/2011-11-15.

除的学校也要被拆掉，21 世纪曾深入“撤点并校”的一线，与地方民众一起保护那些不该被拆除的学校。①

3. 政策研究传播机制。为了让自己的政策研究目标、具体研究内容与建议能够得到政府及相关人士的理解与重视，21 世纪建立了自己的政策研究传播体系，包括：①编辑《教育政策研究简报》《教育信息双周刊》《学前教育政策》等内部期刊，“向关注中国教育的各界人士和机构发送”；②主持编写并公开发行“反映中国教育状况的年度性报告”的《中国教育蓝皮书》，“从民间的立场和视角来透视、研究、记录中国教育问题”，为完善公共教育政策提供建议；②③举办政策研讨会，如“择校”、“新课堂、新教育”等系列高峰论坛，定期围绕某个教育热点问题举办小型“教育沙龙”等；④利用网络空间，建立教育博客、教育微博及网上教育论坛等。

依靠上述行动体系，21 世纪发出了所谓“民间立场”的独立政策声音，并因此赢得了广泛的社会赞誉与支持。2010 年 1 月，中国经济体制改革杂志社、中国改革理事会共同发起“中国改革年度评选”活动，21 世纪被评为“2009 中国改革年度机构”。理由是：“该机构立志于中国教育事业的推进和建设，和中国教育制度改革之研究。他们以社会视角和民间立场审视和评论教育发展，重视理论性、实证性和数据、资料的权威性，以比较鲜活、丰富的民间形式记录正在发生的教育变革，已逐渐成为中国教育改革事业队伍中不可忽视的一支力量。”③但这支“不可忽视的力量”也曾让一些相关部门感到不愉快。例如对于××市的“教育评价、择校、农民工子弟教育”等政策，21 世纪便有“非常多的批评”，以至于××市“不喜欢”21 世纪，并使后者无法在该市注册成“社会团体”。④

---

① 21 世纪教育研究院. 对《国家中长期教育改革和发展规划纲要》的修改意见[EB/OL]. http://www.21cedu.org/index.php? m=content&c=index&a=show&catid=8&id=1426,2010-3-28/2011-11-15.

② 21 世纪教育研究院. 21 世纪教育研究院简介[EB/OL]. http://www.21cedu.org/index.php? m=content&c=index&a=lists&catid=2,2011-12-12.

③ 21 世纪教育研究院. 本院获“2009 中国改革年度机构”[EB/OL]. http://www.21cedu.org/index.php? m=content&c=index&a=show&catid=8&id=1338,2010-1-11/2011-11-15.

④ 熊庆年，张珊珊. 一个教育 NGO 的组织生态——21 世纪教育研究院观察[J]. 现代大学教育，2011(4):2.

一定意义上，21 世纪在政策参与方面遭遇的尴尬状态——以独立研究和民间立场赢得了社会支持，却让一些地方政府感到头疼，正反映了民间公益组织普遍存在的体制环境困境。其实，这也让人想起吕型伟及诸多教育学者的体会——在体制内进行政策研究往往很难发表独立见解，常常只能做“政策的追随者和执行者”。如果说和理论界一样，民间公益组织也需要进一步向决策部门争取认同与体制便利，那么决策者显然同样需要抛弃个人喜好与得失，本着真正对教育发展负责的正确态度，主动进行体制变革，为民间公益组织及理论界发挥更大的政策参与作用创造“和谐”的环境。但目前民间公益组织更有把握的事情仍是在体制环境并不是很有利的情况下，依照国家教育改革的总体问题框架，努力追求其组织使命，从而为国家课程改革治理注入更多有益的行动与力量。

（二）激励与推动地方教育制度创新

民间公益组织的第二个参与领域是地方教育制度创新。前文提到，以 21 世纪教育研究院为代表的民间公益组织希望地方领导能够发扬“教育家精神”，通过制度变革“自下而上”地解决中国基础教育与课程改革面临的一系列难题。民间公益组织甚至希望能与真正有教育责任心的地方政府组成教育改革联合体。即使真爱梦想基金会、21 世纪教育研究院等民间公益组织遇到不少态度傲慢、教育责任心单薄的地方教育领导，也没有放弃对于地方教育变革的希望，因为它们深知，地方政府有没有教育责任心，能不能积极探索有效的制度变革，对于中国教育发展来说，实在太重要了。①

为了将自己的希望变成现实，民间公益组织在条件有限的情况下，可谓是想尽办法来激励和推动地方教育制度创新。综观民间公益组织的做法，它们主要采取三种行动：

1. 引起舆论。针对热点教育问题，研究各地方政府的制度设计与效果，通过媒体、论文、研讨会、博客或其他方式公开批评其中的缺陷，以此激起地方政府的制度反思与改良。这可以是民间公益组织激励地方教育制度创新所采取的最一般的行动方式，其效果也堪称显著，给一些制度改革远不够“科学”却还要“文过饰非”或“邀功请赏”的地方政府施加了不少“压力”，成为地方政府教育改革的民间监督。有的地方政府“不喜欢”这种压力和监

① 何珊云．真爱梦想基金会安徽田野考察笔记[Z]．2011-12-1．

督，以致挤压、排斥民间公益组织。也有不少地方政府看到批评与“交锋”后，会去优化自己的教育责任心与制度变革意识，甚至主动与民间公益组织联络。在主动联络与自觉优化的地方政府中，难免会有只是为了“息事宁人”，或“搞好与媒体、公众的关系”，但也不乏诚心要做一番改革事业的地方政府领导。[①]

2.搭建平台。因为看到有不少有作为的地方政府，民间公益组织想到应该设计某种机制，不仅可以为它们搭建联络平台，而且可以进一步激励、推动它们投身于制度创新。例如，21世纪教育研究院2008年初，联合南都公益基金会、搜狐网、《南方周末》、《中国青年报》等单位举办“地方教育制度创新奖”公益评选活动，邀请学术界、文化界、教育界、企业界的知名人士及一线校长代表在全国范围内评选地方政府的教育制度创新案例。当年12月6日，首届“地方教育制度创新奖”颁奖典礼在北京大学举行，“来自29个省（市、自治区）教育主管部门领导、京内外学术机构代表、50余家媒体人士等社会各界人士300余人汇聚一堂”，表彰、探讨最终评选出的10名优胜奖和10名优秀奖。

这一事件引起社会各界的广泛反响，被誉为开创了民间组织评价政府教育改革业绩的先河，“完全不同于以往政府内部的自我评价”。[②] 当初21世纪教育研究院联系地方时，常被问道：“你们是哪里的，什么意思？”但也有许多地方政府部门热烈响应，如山东教育厅副厅长张志勇便特意写信给21世纪，称“你们的团队始终致力于中国教育的改革与发展，为之鼓与呼，令人感动、敬佩！”担任评委的中央教科所研究员程方平也说：“帮助政府总结一些创新的案例，这一做法非常好，因为人民满意的教育不应该光是政府来评，更多应该由民间来评，这样才能真正验证什么是人民满意的教育。”至今21世纪已完成两届评选。入围案例也被编写成教材，供国家教育行政学院培训地方教育局长时使用。[③] 当然，最值得一提的还是一些地方政府的高

---

① 何珊云.企业类民间公益组织访谈记录[Z].2011-4-7.

② 王法理.全国“首届教育制度创新奖”评出10个优胜奖 潍坊因破中考“鬼门关”上榜[EB/OL].http://www.360doc.com/content/10/1114/12/4592369_69244184.shtml,2008-12-10/2011-12-2.

③ 谢洋.民间评价教育的一次有益尝试——首届地方教育制度创新奖评选侧记[EB/OL].http://www.edu11.net/space.php?uid=10638&do=blog&id=381789,2008-11-7/2011-12-2.

度认可。例如湖北教育厅长陈安丽说："我领过许多奖，也婉拒过一些奖，但我对这个奖非常在意，非常重视，因为我觉得它是一个新的视角，是 NGO，是我们的民间组织和公民个人对我们教育工作的评价。我觉得非常真实，非常客观。"①湖北省已在全省建立了"地方教育制度创新奖"评选机制。21 世纪开创的民间评价不仅成为一种有影响的社会舆论，一定意义还促成了地方政府的教育变革激励机制创新。

3.促进合作。作为常规行动之一，它是指与地方政府在教育制度创新方面形成合作关系。在这一点上，民间公益组织也做了许多努力，就有利于国家课程改革治理的行动来看，包括以下几种：①与地方政府围绕城乡教育一体化、地方基础教育优质发展等主题结成改革共同体，通过直接为地方政府制订基础教育发展规划，推动地方教育制度变革。如 21 世纪教育研究院近年来承担了"中新天津生态城教育规划项目"、"上海浦东新区教育规划项目"、"成都武侯区教育规划项目"。②无偿在各地学校试验校本课程与教师专业发展项目，并争取获得地方教育行政部门的制度认可，从而革新地方的课程体系与教育专业成长制度。如真爱梦想基金会为农村中小学开发"梦想课程"，大学生草根志愿团体发明"顶岗实习"制，等等。③与地方政府建立契约性的合作关系，让政府"购买"民间公益组织提供的教育服务，推动政府教育行政运作机制与职能转型，如上海浦东新区向上海成功教育管理咨询中心"购买"专业服务，委托后者全面管理一些薄弱学校，推动全区优质教育均衡发展。② 这几类行动说明，在一些改革力度比较大的地方，由于政府积极转变教育管理职能，民间公益组织已可以和政府在教育制度创新方面形成一定互动，这种互动关系既为民间公益组织参与基础教育与课程改革治理提供了体制保障，也让政府多了一种新的教育发展及治理机制。

（三）在一线的教学领域中从事课程与教学创造

直接介入一线教学，从事课程与教学创造，是民间公益组织参与国家课程改革治理最普遍的行动。在这方面，影响最大的无疑是那些"官办民助"的社会团体。如中国青少年发展基金会、中国教育学会。"希望工程"至今已让 300 多万贫困学生有机会接受起码乃至优质的基础教育。不仅如此，

---

① 21 世纪教育研究院. 第二届地方教育制度创新奖颁奖典礼暨高峰论坛[Z]. 2010:17.

② 文汇报. 上海浦东尝试政府购买教育服务推进均衡优质发展[EB/OL]. http://www.gov.cn/gzdt/2009-04/20/content_1290133.htm, 2009-4-20/2011-12-3.

它还为其他公益基金会参与基础教育发展确立了典范行动模式，包括：①"援建希望小学"；②捐建旨在开展素质教育的电子音像馆和图书馆；③开发文化、体育、艺术等充满"希望"的课程；④培训农村中小学教师。[①] 像真爱梦想基金会便基本上是在"希望工程"架构的行动模式以内展开课程与教学创造。至于中国教育学会这样的教育专业类的社会团体则主要是发挥自己的教育体制背景与专业影响力，通过面向全国举办研修班、建立课题申请与教学实验基地等行动，来介入一线的课程与教学改革。[②]

除中国青少年发展基金会和中国教育学会等代表性社会团体贡献的行动模式外，还有一种值得一提。这便是"为中国而教"这一民间公益组织创办的行动模式。作为一家致力于改善落后地区和弱势群体教育状况、推动教育均衡发展的民间公益组织，"为中国而教"的理念来自于"为美国而教"(teaching for America)。后者由普林斯顿大学高年级学生温迪·科普(W. Kopp)于 1991 年发起，其基本使命是动员美国名校高年级本科生前往教育落后地区志愿支教两年。20 年来，"为美国而教"已从申请者中挑选了 2 万名大学生教师，大部分都来自常春藤联盟、加州大学、密歇根大学等一流名校，堪称美国最著名的"开创大学生支教历史"的民间公益组织。[③] 在"为美国而教"的启发下，曾任天安投资有限公司总经理的沈世德先生发起成立"为中国而教"，其行动模式也是招募优秀大学生，为"他们提供人生价值与专业能力的一系列培训"，"协助他们到农村去当两年的志愿者教师"。2009 年，在南都公益基金会、陈一心家族基金会、北京师范大学等的支持下，"为中国而教"项目开始正式启动，至今派出两批志愿者教师，为近两千名学生提供优质教育服务。[④]

最后一种值得一提的一线行动模式是百年职校的办学模式。近十年来，许多民间组织参与办学都是为了盈利，另一些虽然创办了非营利学校，

---

① 中国青年报.希望工程 20 年座谈会上的发言[EB/OL]. http://zqb.cyol.com/content/2009-11/20/content_2944856.htm，2009-11-20/2011-12-3.

② 龚兵等.中美教育专业团体的功能比较——以中国教育学会和美国全国教育协会为例[J].学会，2009(1)：22—26.

③ Kopp，W. *A Chance To Make History*[M] New York：Public Affairs，2011；Kopp，W. *One Day，All Children*[M]. New York：Public Affairs，2003.

④ 为中国而教. 2009/2010 年度报告[EB/OL]. http://www.21tfc.org/who/report.html，2011-10-18.

却因为公益精神不坚定，内部管理机制、师资、课程教学体系等原因，也不足以取得优异公益办学。[①] 与之不同，百年职校则发展出了真正公益且高效的办学模式。首先，百年职校有着十分坚定的公益哲学，创始人姚莉认为“慈善是一种生活方式”，而她也做到了“以慈善为生”，并因此感动了社会各界要为百年职校出钱出力。其次，作为企业精英，姚莉深知，慈善同时还是一种“能力”，好人未必能做成好事，所以百年职校建立了一套成熟的管理体系，该体系讲究“程序正义”，将所追求的公益结果分解成正确、高效的执行程序，不允许无谓浪费时间、精力和公益经费。[②] 坚定的公益精神，加上讲究“程序正义”的运作机制，可谓百年职校办学模式的内在动力。更令人钦佩的是它的课程与教学创新，百年职校的确是在为农民工子女的发展提供真正有价值的通识与技能教育。“入学第一课学的不是数学语文，而是怎么打饭，怎么使用抽水马桶，怎样融入城市。”语文课则“被分成国学、应用文写作和语文知识讲座三部分，重德育、重实用”。“英语课一律不教阅读、写作、语法，就是听和说，因为这才是将来工作真正需要的，即‘服务业生存英语’”。“数学课，要用什么就教什么，比如电气工要知道三角函数。”为此，“百年职校自编教材，挤掉所有水分，只教学生干货”。在通识教育方面，百年职校从学生实际与办学目标出发，认为通识教育就是“培养好习惯”，即“适合未来就业需求，能成为一名好员工的习惯”：包括“讲卫生、讲礼貌、遵守纪律、勤奋工作、热爱劳动、承担责任”等。[③]

百年职校的教学模式已成为北京市教委特批的“试点”项目，这为百年职校模式产生广泛的课程改革影响提供了一定的体制基础，但更重要的一点是，姚莉认为只有这样设计教学，才可以让农民工子女学到真本领，成为“新公民”，才可以为支持百年职校的企业输送优秀员工。从这一意义上讲，百年职校的办学模式就不仅仅表现为公益精神加上高效、正义的运行机制，更表现为依靠这些精神与机制创造出了真正以学生发展为中心、并且能够赢得政府、企业、社会等各方信任与支持的优质高中教育。正如其他民间公

① 朱健刚．行动的力量——民间志愿组织实践逻辑研究[M]．北京：商务印书馆，2008.

② 姚莉．用梦想填平沟壑[M]．北京：北京出版社，2008.

③ 中国青年报．怎样“用梦想填平沟壑”[EB/OL]．http://news.163.com/08/0726/09/4HP5D8HC000120GU.html，2008-7-26/2011-12-3.

益组织正在以各种实际行动为国家治理课程改革、推进素质教育和教育公平提供各种有益的资源、专业知识、校本课程和师资，百年职校的办学行动则是在切实解决这个高中课程改革治理难题，即如何“为学生提供丰富多样的选择机会，满足不同学生的发展需要，适应社会对多样化人才的需求”，[①]破解以“应试教育”为本或纯粹学术化、精英化的高中教育。

（四）“社会化”的公益力量动员

如何动员有益的社会力量乃至普通公民参与基础教育发展与课程改革，是本书考察的民间公益组织关注的最后一大议题，同时也是国家、各级政府及理论界在课程改革深化时必须解决的难题之一。对于这一难题，理论界虽然屡屡强调，要去争取社会支持，但至今也未显著突破；必须依靠社会力量才能发展的民间公益组织则围绕这个问题建构起了多重的“社会动员领域”，并且切实将诸多不同的社会力量整合进了自己的基础教育与课程改革事业中。

那么，民间公益组织在“社会动员领域”采取了哪些常规行动呢？从中国青少年发展基金会、南都公益基金会、真爱梦想基金会、中国教育学会、21世纪教育研究院、“为中国而教”以及百年职校等机构的动员活动来看，民间公益组织会因为背景、组织结构不同而在动员机制上呈现一定差异，有的额外具有体制化的动员机制，有的则只能探索“社会化”的动员机制，但其动员任务却是相同的，即最终都是靠社会力量，因此必须设法将民间或社会蕴含的公益力量动员起来。以下便以中国青少年发展基金会为例，揭示民间公益组织的“社会化”动员模式及其演变。

中国青少年发展基金会可以依赖体制化的动员机制，也就是让“团中央”发文件，鼓励全国共青团员捐款助学。但创始人徐永光认为，如果这样做“肯定会失败”，而“必须直接面向社会”。于是，徐永光带领其团队从1989年10月到1990年1月期间，印了50万份传单，发往全国工矿企业。一年下来，筹集到了二三十万元，但成本也耗去十几万元。可见印传单是一种成本高、效果低的最原始的社会化动员模式。从1991年开始，徐永光等人又想到，报纸发行量有几百万份，因此开始试验另一种社会动员模式——打募捐广告。不久，《人民日报》《光明日报》《工人日报》《中国青年报》等均

① 张华，李雁冰．普通高中课程改革的问题、理念与目标［A］．钟启泉等．普通高中新课程方案导读［M］．上海：华东师范大学出版社，2003：64.

出现了“希望工程”募捐广告。各界捐款“一夜之间不知扩大了多少倍”。[①]徐永光等人摸索了两年多，才抓住了“广告”这一经济社会转型期最有效的社会动员机制。

然而，相对于转型时期数量庞大的失学儿童来说，翻了几倍的捐款依然十分有限。更重要的是，社会对于“希望工程”作为一项公益教育事业的低认知度并没有发生质的改变，这将严重制约“希望工程”的发展。一次在全国 29 个省市展开的调查显示，到 1998 年，仍有近三分之二的公众不知道谁发起了“希望工程”。[②] 可见必须发展新的社会动员机制。这一次中国青少年发展基金会采取了“运动式”动员模式，通过实施大规模的公益项目，尽可能多地调动公众参与，使中国青少年发展基金会的“希望工程”深入人心，将“希望工程”打造成“公益品牌”。这些新发展出来的大型公益项目包括“1＋1 救助”、“百万爱心行动”、“百万爱心再行动”、“春蕾计划”等。正是这些运动式的动员与活动，最终将中国青少年发展基金会的“希望工程”打造成了“国内最具社会影响力的公益品牌”。[③]

作为全国民间公益组织的杰出代表，中国青少年发展基金会先后设计的三种动员模式，从“印传单”到“打公益项目广告”，再到发起“运动式”的大型公益活动，自然也会被其他民间公益组织效仿。南都公益基金会、真爱梦想基金会、21 世纪教育研究院、“为中国而教”以及百年职校等都曾使用上述三种动员模式，区别仅在于形式、平台与影响领域无法达到中国青少年发展基金会的标准。各类民间公益组织在借鉴有效经验的同时，还在积极探索新的社会动员机制，诸如媒体与网络动员。有的甚至意识到，必须对公众进行教育启蒙，才可以使公众学会以理性的方式讨论、参与教育改革，进而才可以为国家教育发展奠定更好的社会基础与舆论基础。

在动员机制创新与公众教育启蒙方面，21 世纪教育研究院（以下简称 21 世纪）的行动值得一提。2009 年，21 世纪联合腾讯公益慈善基金会、南都公益基金会等组织发起了“腾讯公益新公民创新奖”，其目的是为了评选、

---

① 孙立平等. 以社会化的方式重组社会资源——对“希望工程”资源动员过程的研究[J]. 中国扶贫论文精粹，2001：39—41.

② 希望工程评估课题组. 关于希望工程社会影响和社会形象的调查评估报告[R]. 1998.

③ 中国青少年发展基金会. 20 年希望工程成就最具社会影响力的公益品牌[EB/OL]. http://www.prnews.cn/press_release/28335.htm，2009-11-6/2011-12-3.

推广社会各界的农民工子女教育创新做法，激励各界人士携手“致力于改善农民工子女的教育环境与质量”。21世纪除了在搜狐等著名网站上制作教育专题访谈节目，在其他互联网平台上开设教育论坛外，还与国家图书馆合作，于每月第二周周末面向大众开设公益讲台，即“新民教育讲台”，邀请科技、经济、社会和文化界的知名人士发表对于中国教育的思考和对改革中国教育的建议，消除社会过于功利化的教育观念，培养公众以理性的方式思考、参与中国教育改革。①

至此，民间公益组织的课程改革参与领域中的常规行动可以总结性地概括在表4-1中。

表4-1 民间公益组织的课程改革参与领域及常规行动

	参与领域	常规行动
民间公益组织的课程改革参与行动	政策形成与实施	直接介入政府的政策活动
		开展独立的政策研究
	地方教育制度创新	引起舆论参与
		搭建平台，激励地方教育制度创新
		与地方政府建立合作关系
	课程发展与革新	开展课程与教学项目
		为贫困地区提供优秀师资
		为特殊人群创办公益学校
	课程改革的多重关系协调	动员社会公益力量
		社会宣传与公众启蒙

二、为赢得社会支持、扩大影响采取的辅助行动

各类民间公益组织在各自建构的参与领域里通过采取多元行动，来分担国家基础教育发展与课程改革治理重任，其中不少民间公益组织的参与行动与责任分担都能赢得不同程度的国家认可与支持。但就总体而言，民间公益组织仍是“外围参与者”。与此同时，民间公益组织也不想被体制束

① 21世纪教育研究院.21世纪教育研究院简介[EB/OL].http://www.21cedu.org/index.php?m=content&c=index&a=lists&catid=2,2011-12-12.

缚，失去其相对客观、自主及“由下而上”的问题分析与行动能力。[①] 对民间公益组织来说，赢得国家认可与支持固然十分重要，但这只是停留在渴望国家重视并提供更适宜的制度成长环境上，比赢得国家认可与支持更为重要的是赢得社会各界的认可与支持。

如果不能赢得社会认可与支持，民间公益组织便连行动所需的资源都无法获得，更不要提行动能被社会理解，进而成为一种真正的民间变革力量。当然，在国家与社会之间并不存在非此即彼的对立关系，民间公益组织在努力赢得社会支持时，依然会寻求与国家保持一定的有利关系。至少各类民间公益组织都必须在国家的宏观管理制度、教育政策与变革议题下展开合理的社会化发展努力。这一点可以说是民间公益组织在面对国家时必须保持的起码有利关系，从而为自己的合理行动与创造奠定合法的政策依据，然后可以其他合法合理的方式争取更有利的国家关系。总之，民间公益组织必须寻求与国家建立最有利的关系，同时重点争取社会支持。

然而恰恰在争取社会支持这一点上，民间公益组织曾面临更大困难。就本书所考察的民间公益组织而言，有许多倒是很容易就与国家建立起了起码的有利关系，即达到国家规定的登记管理标准，形成符合国家政策需要的活动计划，如中国青少年发展基金会、南都公益基金会；有的相对曲折些，如21世纪教育研究院便因为不被所在地的政府业务主管部门“喜欢”，至今也没有注册成渴望已久的市级或区级“社会团体”，只好到工商局注册，这样注册有点“名不正”的别扭感，或许也会影响组织的“非营利”本质和社会形象。不过，如果能以非营利的公益教育参与业绩来彰显组织特征，照样可以赢得良好的社会支持与影响。而赢得良好的社会支持与影响，正是更大的困难，因为在民间公益组织最初成长的20世纪90年代，社会往往不相信会有“真正的公益”这回事。这导致许多民间公益组织在起步阶段，常常只能依靠创始人的个人声望与能力来争取社会支持与影响。

(一)起步阶段的社会支持及影响争取方式

社会之所以不信任公益，与国家权力长期支配社会，社会自身没有公认

---

① 何珊云. 企业类民间公益组织访谈记录[Z]. 2011-4-7.

的公益组织有关，以至于公众相信政府是唯一的公益力量。[①] 甚至进入中国社会的西方组织也不认为中国有真正的民间公益组织与事业。在这一点上，百年职校发起人姚莉的体会很深刻。为了把百年职校办得“透明、干净”，姚莉在基础教育界率先向国际著名会计师事务所发出申请，要它负责学校审计工作，但两个月后，得到的答复却是拒绝，因为那家国际著名会计师事务所认为，中国不存在能达到其审计要求的慈善机构。这件事刺痛了姚莉，使她决心把百年职校办成“透明、干净”的民间公益组织。

幸运的是，中国社会固然长期以来缺乏公益意识与公益成绩，所有事情都得由政府负责，但社会各界不乏有识之士，他们不仅深刻理解慈善对于中国社会的重要意义，而且愿意尽力做些公益事情。此外，还有许多普通的“好人”，也可能支持公益。这些有识之士与普通的“好人”正是民间公益组织最原始的社会基础。为调动、争取他们的支持，中国青少年发展基金会主要通过地毯式的宣传与运动，奋斗十年，终于使自己的公益事业深入人心。在这个过程中，创始人徐永光的投入、决策与运作能力起到了至关重要的作用，徐永光也因此被公益界视为开拓者与效仿榜样。像百年职校和21世纪教育研究院虽然组织不起地毯式的宣传与运动，但起家阶段同样主要是靠创始人的个人声誉、公益事迹与号召力，来积累最初的社会支持与影响。而社会各界确实有许多有识之士就因为被创始人的个人声誉与公益事迹深深折服，自愿加入了后者的公益事业。

姚莉在近些年价值观愈加“资本化”的形势下，毅然放弃风光的经济位置，全心投入为进城农民工子女创办好学校，这一事件本身就有号召力。像清华大学土木工程系教授王作垣了解情况后，便做起了百年职校的志愿者教师，每天“早上7点钟就要骑自行车从家里出发，再换乘城铁，倒地铁，最后步行到学校。每天花在路上的时间有3个多小时。”湖北作家协会副主席邓一光则因为目睹姚莉在“汶川大地震”期间的慈善表现而自愿成为“百年职校的一名义工”。[②] 21世纪教育研究院理事长杨东平也以自己的一系列

---

① 沈原.市场、阶级与社会[M].北京：社会科学文献出版社，2007：273—300；孙立平等.以社会化的方式重组社会资源——对“希望工程”资源动员过程的研究[J].中国扶贫论文精粹，2001：39—41.

② 庞亚斌.全盘放弃生意 创办中国农民工子弟免费职校第一人[EB/OL].http://cjsb.cnxianzai.com/shenghuo/2009/0513/140546.html，2009-5-13/2011-12-4.

公益事迹，从协助梁从诫发起第一家环保公益组织“自然之友”，到策划《实话实说》、《凤凰大讲堂》等公益民生节目，再到提倡“教育公平”，让社会各界人士认识到他确实有心推动公益事业。正如复旦大学熊庆年教授所提示的那样，2004 年杨东平被《南方人物周刊》评为“影响中国的 50 个公共知识分子”之一，2007 年又被《南风窗》评为“年度十大公益人物”。这些不仅为 21 世纪教育研究院积累了“无形的社会资本”，而且可以吸引许多“志同道合者”。[①]

（二）发展过程中赢取社会支持与扩大影响的多元方式

如果说“个人魅力”是民间公益组织起家阶段所能依靠的“本钱”，那么在组织发展过程中，为了从社会那里获得相对有保障的经费、人员支持，同时也为了扩大组织的公益成就与社会影响，便不能仅靠“个人魅力”了，而必须另外采取行动，方可以赢取更多的社会支持，扩大自己的影响力。事实上，所有的组织都是如此。即如教育理论界要想扩大变革影响力，同样得采取“社会化”的发展措施。就此而言，天生只能靠“社会”成长的民间公益组织倒是可以提供不少经验。综观本书所考察的民间公益组织，可以用建构“关系网络”来解释它们的经验，但这一概念显得过于笼统，从交往对象的角度进一步梳理的话，它们主要采取了以下几种方式，来赢取更多社会支持和扩大影响。

1. 发挥组织创始人的政治、社会影响力，从政治界、学术文化界的精英人士那里获得各种象征性或实质性的认可与支持。民间公益组织大都缺乏体制渠道，但它们却可以通过和政府官员、“两会代表”等政界人士发展私人关系，使自己的意愿与“建议”进入地方乃至国家的政策议题考虑范围。一些民间公益组织创始人或领导人本身就是“两会代表”，或“国家教育咨询委员会”、地方教育发展规划小组、课程改革领导小组的成员，因此可以直接通过这些体制机制来为民间公益组织争取“政治资本”。另外，积极邀请学术文化界的知名人士参与领导组织，或参与组织的主要活动，也是民间公益组织惯用的策略，这可以提升组织的学术文化形象，为项目实施争取更多的知识与专业力量支持。

2. 与经济及社会各界热心公益的“成功人士”建立经费支持及合作关系。经济界固然是以“谋利”为本，但也有许多“成功人士”试图追求更有意

---

① 熊庆年，张珊珊. 一个教育 NGO 的组织生态——21 世纪教育研究院观察[J]. 现代大学教育，2011(4)：3.

义的生活，资助公益便是其首选的更有意义的生活。[①] 事实也是如此。大连百年集团董事长便想“做些公益”，只是苦于无法亲自办理。当得知姚莉想为农民工子女兴办“真正有用的学校”，当即捐出开办费 100 万元人民币。[②] 近两年百年职校之所以能在北京、南京、成都、武汉等地办起 6 所分校，正得益于经济界热心公益的“成功人士”的大力支持。姚莉也善于将他们组织起来。如 2010 年 12 月 12 日，百年职校与中国青少年发展基金会、中国留学人才发展基金会、欧美同学会商会，携手在北京国贸大酒店举办“百年爱心慈善晚宴”，邀请朱迅、曾子墨、曹启泰、房祖名等 800 多名社会各界人士出席。[③] 当晚便筹得善款“人民币24 629 866元、港币1 000 000元、美元98 415元、欧元17 500元”。“全部捐款由中国青少年发展基金会受理，定向拨付‘希望工程职业教育助学计划’实施学校——百年职校。”[④]

3. 与主流媒体保持紧密的互动关系，邀请富有公益心且具有一定独立精神的媒体人士参与组织的公益教育活动。在这一点上，21 世纪教育研究院的行动颇具代表性。它不仅邀请媒体人士加入理事会，而且几乎所有重要的政策参与活动，都会邀请有影响的媒体参与进来。2011 年 10 月，该机构为纪念“课程改革十周年”，邀请刘坚、程方平、朱小蔓、田慧生、谢小芩、李子健等两岸知名课程专家和“一线课程改革精英”370 余人专门举办了“新课堂、新教育”高峰论坛。这次论坛的一系列观点便是由《光明日报》《中国青年报》《21 世纪经济报道》等媒体发表。例如《中国青年报》发表的重要观点是各地教师对于课程改革的评价，包括“仅四分之一教师对新课改成效满意，新课改后教学难度加大，学生课业负担加重，新课改在高中成效最差”。[⑤] 可见许多地方在执行课程改革的过程中都严重走样。21 世纪教育

---

① 20 世纪初，韦伯在其《新教伦理与资本主义精神》一书中就曾论证过这一点。而最近有关乔布斯、比尔·盖茨、巴菲特等人的研究，更是反复指出了这一点。

② 姚莉. 干干净净办慈善[EB/OL]. http://www.parkland.cn/article/2008/0728/article_313.html，2008-7-28/2011-12-20.

③ 中国网络电视台. 2010 百年爱心慈善晚宴实录[EB/OL]. http://igongyi.cntv.cn/20110118/101646.shtml，2011-1-18/2011-12-4.

④ 完美新闻中心. 古润金董事长出席 2010 百年爱心慈善晚宴[EB/OL]. http://global.perfect99.com/WebPage/News8517.html，2010-12-20/2011-12-4.

⑤ 21 世纪教育研究院. 十年课改说成败[EB/OL]. http://www.21cedu.org/index.php? m=content&c=index&a=show&catid=124&id=2599，2011-10-21/2011-12-4.

研究院所要做的正是通过媒体力量，呼吁政府及社会各界重视课程改革面临的问题，拿出新的政策与制度变革措施。

4. 在民间公益组织内部与其他民间公益组织形成相互支持的关系，整体提升民间公益组织的影响力。最近，复旦大学学者完成的一项研究指出，就民间公益组织的发展而言，"民间公益组织间的合作"才是其"走出困境，实现发展的更优选择"。[①] 这一认识没有从更广域的社会化视角考察民间公益组织的发展与行动策略，但在本书考察的民间公益组织中，"民间公益组织间的合作"确实也是争取更多社会支持、扩大组织影响的基本方式。中国青少年发展基金会，作为资历最高的民间公益组织，更是为民间公益组织内部的相互支持做了牵头工作，并为许多民间公益组织提供了支持。例如，百年职校不是公募基金会，没有资格公开筹款，但由中国青少年发展基金会出面，便可解决国家管理体制造成的技术难题。中国青少年发展基金会早期领导人徐永光辞职创办南都公益基金会后，该基金会仍旧在积极支持其他志同道合的民间公益组织，甚至形成了一个以中国青少年发展基金会、南都公益基金会为中心的民间公益组织内部联合体。又如真爱梦想基金会在新的省份开展资助学校的选点工作中，借助陈一心基金会在当地已经具备的关系网络，更好地与地方教育部门开展项目合作。在百年职校、为中国而教、21 世纪教育研究院等机构的公益教育活动中，也总能看到它们的活跃身影与支持作用。

综上所述，民间公益组织参与课程改革的辅助行动归纳为表 4-2。

表 4-2　民间公益组织参与课程改革的辅助行动

	阶段	辅助行动
民间公益组织参与课程改革的辅助行动	起步阶段	发起人的个人声誉与号召
		吸纳志同道合者
	发展壮大阶段	寻求政界文化界的支持
		与企业等社会各界建立合作
		与主流媒体保持密切互动
		在民间公益组织间建立合作联盟

① 朱春，程银宏. 民间公益组织间合作的逻辑与实现[J]. 改革与开放，2011(5)：123.

梳理至此，民间公益组织在志愿分担国家课程改革治理重任的过程中所采取的主要行动大致都已“浮出水面”了。应该承认，这里并没有将民间公益组织所付出的具体行动全部梳理出来，而是重点从此前勾勒的四大参与领域出发，对四大参与领域里的主要参与行动做了梳理。实际上，民间公益组织在其他领域也有具体行动。如在国际交往领域，许多民间公益组织都曾与福特基金会等国外非政府组织有过合作，只是进入21世纪以来这种合作减弱了，民间公益组织更多是依靠本土社会力量。此外，民间公益组织与大学教育理论界的关系状况其实也值得考察，因为它们都是课程改革空间中的活跃力量，分析民间公益组织为处理这一层关系而采取的行动，也可以揭示二者之间的那种看上去互动频繁但暗自难免仍要去区分的张力，[①]然而本书对此也没有去考察。

造成上述遗漏的根本原因在于，本书所关心的核心问题是探讨民间公益组织已为国家治理课程改革做了哪些有益的事情。只需把民间公益组织开辟的几大有利于国家课程改革治理的参与领域及其在每个领域采取的主要行动勾勒出来，便可以解答民间公益组织正在帮助国家解决哪些课程改革治理难题。只是它们所做的事情尚未引起国家课程改革“权力联合体”及理论界的正式重视。从本书的分析来看，民间公益组织显然不应被忽视，因为它们早已成为课程改革空间一股影响强大，课程与教学成果十分显著的基础教育变革力量。接下来便要分析，对国家课程改革治理而言，这股力量究竟可以起到什么样的补充功能，从而可以从民间公益组织的角度思考如何创新、完善国家现有的课程改革治理体系与机制。

---

① 熊庆年，张珊珊.一个教育NGO的组织生态——21世纪教育研究院观察[J].现代大学教育，2011(4):3;何珊云.企业类民间公益组织访谈记录[Z].2011-4-7.

第五章

民间公益组织的课程改革治理功能、意义与展望

民间公益组织的课程改革参与表现充分说明，它们是值得国家及各级政府重视、培育的课程改革治理新机制。本章即是从这一点出发，探讨民间公益组织组织的课程改革治理机制创新意义，其基本观点是认为，国家及理论界可以通过引入民间公益组织，大力发展课程改革的公共治理机制，进而革新、增强国家现有的课程改革治理体系与能力。为此需要进一步认识民间公益组织在课程改革治理方面所能起到的积极功能，同时展望在现有体制下，发展民间公益组织这一公共治理机制所面临的问题与困境。

第一节　被忽视的民间公益组织及其课程改革治理功能

民间公益组织在国家课程改革治理方面贡献多年，但仍未真正赢得国家及理论界的切实重视，常常只能被划入抽象的"社会力量"范畴。这意味着，要使国家及理论界真正重视民间公益组织的课程改革治理作为及其功能，首先必须"具体化"当前过于抽象的"社会力量"视野。言外之意，只有国家及理论界进一步将视野切实落到各种在课程改革及基础教育发展中起作用的"具体的社会力量"上，才可能正视民间公益组织，进而思考民间公益组织的课程改革治理功能，及其对于国家革新已有课程改革治理机制的意义。

一、民间公益组织：亟须正视的课程改革治理力量

这里之所以将民间公益组织看作急需正视的课程改革治理力量，是因为从实际表现来看，民间公益组织早已成为国家课程改革进程中的一股有

益力量，只是国家及理论界已有的“社会力量”视野尚不能深入民间公益组织及其在课程改革方面付出的努力。就此而言，课程改革的确需要不断进行视野革新。课程改革正式启动时，国内理论界就意识到，课程改革也是一个“概念重建”过程，[①]但国内理论界的“概念重建”显然跟不上国内课程改革的实际发展状况，其突出表现之一正是，尽管民间公益组织已为国家课程改革分担了许多治理重任，但直到今天它仍然是一股被理论界忽视的课程改革治理力量。

相比之下，美国理论界20世纪70年代形成的课程“概念重建”运动则超越了博比特、泰勒以来以“课程开发与评价”为主题的理论框架：不仅启用了历史、政治学、社会学等人文社会学科的分析视野与概念工具，而且启用这些新理论工具的目的正是为了追踪、考察在美国课程改革中起作用的各种政治、经济、社会与文化力量，[②]使课程理论能够“理解”新时期力量作用关系更为复杂的课程改革局面。可以说，对于政府、市场和社会这三大类在课程改革中起作用的力量，美国课程学界都已形成较为深入的研究。

以“社会力量”为例，美国课程理论界从20世纪80年代起便开始探讨“种族”、“性别”和“阶层”背景不同的社会群体具有什么样的课程改革愿望与行动。[③] 同样，美国许多课程领导之所以从90年代起开始引入治理理论，也是因为注意到了必须突破以往的以单一主体（政府）为中心的管理视野，正视各种可能起作用的力量。尽管直到现在，联邦及地方政府的课程领导力量或联邦课程改革“权力联合体”也没有与课程改革空间中的其他力量达成从此太平的治理关系，但辨识各种主体及其力量，并尝试说服它们接受联邦政府的课程改革计划，却成了各级课程领导的基本任务。

可以说，就美国的情况而言，仅仅课程理论界的“概念重建”努力就可以反衬出国内理论界在追踪课程改革复杂演变状况方面的视野滞后性。当然，本书之所以提出要正视民间公益组织在课程改革治理中的角色与功能，并不仅仅是为了深化国内课程理论界的“概念重建”努力，使民间公益组织

---

① 钟启泉．寻求课程范式的转型——中国大陆基础教育课程改革的进展与问题[J]．比较教育研究，2003(1)：7.

② Pinar, W. *Intellectual Advancement through Disciplinarity: Verticality and Horizontality in Curriculum Studies*[M]. Sense Publishers, 2008.

③ [美]威廉·F. 派纳等，张华等译．理解课程[M]．北京：教育科学出版社，2003.

进入国内课程理论界的“概念”体系，而是为了通过分析民间公益组织这一已在本土课程改革进程中发挥积极治理作用的具体的“社会力量”，为国家课程改革寻找一种新的治理机制。但在此之前，仍需强调一点，在中国，无论民间公益组织如何发展，都不可能改变国家及各级政府在课程改革中的权威地位。

对于国家及各级政府在课程改革的权威地位，吴康宁教授曾形象地将其称之为“强大的官方力量”。之所以说“强大”，正“是因为政府通过其为数众多的职能部门，对教育改革进行着全方位、全过程、高强度的控制，同时扮演着教育改革的设计者、指导者、管理者、监督者及调控者的角色”。整个“中国教育改革甚至可以说基本上是官方主导的改革”。然而吴康宁教授同时还指出，这一“强大的官方力量”并非一定真的“强大”，相反时常显得“弱小”，“不少教育改革甚至有点官方孤军奋战的悲壮色彩”。在分析为什么“官方力量”容易陷入“孤军奋战”的困境时，吴康宁教授特别提到三点原因，其中第二点原因正是，“作为教育改革主导方的政府未能得到民间的探索智慧与实践智慧的有力支撑。现行管理体制不利于鼓励与支持民间智库对教育改革进行完全独立的反思、研究、批评及建议，阻碍着民间智库无拘无束地形成与表达自己的探索智慧，从而限制了民间智库在帮助官方反思、设计、推动、评价教育改革方面实际发挥的作用”。[①]

从本书研究的民间公益组织来看，管理体制确实会“限制”它们的作用，但民间公益组织也不想“无拘无束地形成与表达自己的探索智慧”，而是会在国家权力允许的范围内，在国家基础教育发展与课程改革难题及需要以内，理性地建构自己的参与领域与行动。更重要的是，虽然现行管理体制不利于民间公益组织更好发挥作用，但民间公益组织仍默默为国家发展基础教育、推进课程改革提供了有力支持。吴康宁教授看到了主导教育改革的政府既“强大”又“弱小”的矛盾特征，其提出“民间智库”这一概念，也有意要去正视民间组织的教育改革力量，然而分析实际的民间力量时，其视野却被一种消极的界定限制了，忽视了 20 世纪 90 年代以来民间公益组织为国家及各级政府提供的积极支持，甚至认为，“民间意愿”及力量“通常只是分散

① 吴康宁.中国教育改革为什么会这么难[J].华东师范大学学报(教育科学版)，2010(4)：16.

地存在于一个一个的个体身上，并无公认的代言人物及有组织的集中表达”。①

事实显然并非如此。近30年来，中国经济社会转型的一大显著成绩便是诞生了一大批凝聚、表达民间经济、社会和文化意愿的民间组织。教育领域也出现了一批凝聚、表达民间教育意愿的民间公益组织。这里的关键仍在于，必须切实深入“改革开放”以来中国社会形成的各种具体的民间力量，将抽象的“社会力量”，具体化为实实在在的民间公益组织，进而考察它们的所作所为，如此才可以为基础教育发展与课程改革寻找更多有益、且有组织的民间力量。

应该说，国家教育改革政策文本近来已开始正视民间公益组织，最突出的表现便是《国家中长期教育改革与发展规划纲要》在构思“政府教育管理职能转型”时，提出要积极“发挥行业协会、专业学会、基金会等各类社会组织在教育公共治理中的作用”。在正视民间公益组织这一点上，一些地方政府甚至前几年便开始了实践探索。如浦东新区政府就与一些民间公益组织建立了“契约化”的“伙伴”治理关系，出资“购买”后者提供的“教育服务”。例如，刘京海等人创办的民间教育咨询组织便是政府的教育服务“购买”对象。② 虽然这里尚不清楚浦东新区政府自身对于民间公益组织参与教育治理做了怎样的深入研究，但却可以看出它对某些民间公益组织的重视与信任。这种重视与信任正是进一步认识民间公益组织的治理参与行动及其治理功能必不可少的前提态度。

国家与一些地方政府的积极态度无疑有利于改变对于民间公益组织的忽视状况。如果将视线转移到课程理论界，同样可以看到许多有利于正视民间公益组织的理论动向。靳玉乐、蒋建华等人便在使用“市民社会”、“第三领域”等概念来界定“社会力量”，并希望通过这些来自社会的课程改革新主体，革新中国已有的“课程权力”结构。虽然中国课程改革领域其实并未（也不会）出现西方意义的与政府“课程权力”并驾齐驱的“市民社会”、“第三领域”；与此同时，无论社会出现何种新主体，都不可能改变“国家主导、社会

---

① 吴康宁.中国教育改革为什么会这么难[J].华东师范大学学报（教育科学版），2010(4):16.

② 陈静静，杜玥.“委托管理”是促进城郊教育一体化发展的有效措施——刘京海校长访谈[J].浦东教育，2011(11):4—12.

参与”的总体治理格局，但这一“概念重建”努力本身显然有利于进一步深化课程理论界对于“社会力量”的认识与重视。

在教育理论界，近年来也有许多学者在尝试界定政府、市场以外的“社会力量”。例如叶澜教授的“多元教育变革主体”论就指出，当代中国的“多元教育变革主体”可以分为“利益主体”、“决策主体”和“行为主体”三大类，而每一类主体又都有“政府”、“社会”和“教育内部”这三个不同层面的来源。[①] 叶澜教授的“多元教育变革主体”论无疑可以激励人们去考察“社会”层面的“教育利益主体”、“教育决策主体”和“教育行为主体”。本书所考察的民间公益组织便是来自“社会”层面的课程改革治理主体，它们承载了一定的“利益诉求”（包括国家、公民与农民工子女的教育诉求），又在参与决策或直接成为办学者。此外，孙绵涛教授最近也推出了“民间”、“个人”、“社会组织”等概念，来界定在基础教育发展与课程改革中起作用的“社会力量”。孙教授甚至提出，虽然《规划纲要》强调要“发挥社会其他力量改革的积极性”，但“还很不够，因为从实际来看还是政府在左右教育改革”，今后应该将“民间”、“个人”、“社会组织”以及“教育组织自身”转变成“教育改革的主导力量”。[②]

需要指出的是，这些理论主张容易忽视中国教育治理的总体格局，即社会对于政府的依赖，以及社会无论怎么自我组织起来都不可能取代政府的“主导”地位等基本国情。但这些主张确实可以提醒人们正视“社会”中各种被忽视的“教育变革主体”。总之，无论是一些地方政府的教育治理创新实验，还是课程及教育理论界提出新概念来界定、争取“社会力量”，都显示出一种对于“社会力量”的积极认可态度。本书特意将民间公益组织作为考察对象，分析它们的课程改革治理功能及机制创新意义，一定意义上正是为了进一步推进地方政府、理论界争取“社会力量”的实践与理论努力。接下来便根据民间公益组织的实际作为，归纳民间公益组织具有什么样的课程改革治理功能。

---

① 叶澜．新基础教育论——关于当代中国学校变革的认识与探究［M］．北京：教育科学出版社，2008：146.

② 孙绵涛．改革教育的主导力量根基在民间 而不是政府［EB/OL］．http://business.sohu.com/20100514/n272128085.shtml，2010-5-14/2011-12-9.

二、民间公益组织的课程改革治理功能

关于民间公益组织的课程改革治理功能，国内课程及教育理论界尚没有专门研究。相比之下，西方教育理论界对于民间组织的教育治理功能倒是形成了诸多比较成熟的研究成果，其中近年来引人注目的观点是认为，民间公益组织可以在政策制定与实施领域提供问题解决方案及良好的人力支持、"社会资本"与社会基础，[①]为各类边缘或"被排除的人群"提供"教育服务"。[②]

此外，国内外其他领域的非政府组织研究也提供了不少值得参考的分析框架。有的认为民间组织可以优化政府职能，使政府从具体的"社会事务"中解放出来，[③]有的逐一分析民间组织在经济、社会救济等事务中的具体功能，[④]还有的则从更广域的社会及人文进步角度认为，民间组织可以重振当代日益萎缩、单调和冷清的公共领域与社区生活，促进公益精神、言论自由、多元主义以及自我牺牲等民主价值的传播，提升个人的社会成就感与

---

① Mondal, A. H. Social Capital Formation: The Role of NGO Rural Development Programs in Bangladesh[J]. *Policy Sciences*, 2000(33): 459-475; Heintz, S. The Role of NGOs in Modern Societies and an Increasingly Interdependept World[R]. Annual Conference of the Institute for Civil Society, Zhongshan University, Guangzhou, China, January 14, 2006. http://www.ifce.org/pages/envirolink_Articles5m06Role.htm. 2011-12-28; Smirnov, O. et al. The Role of NGOs in Education Reform: Effective Conflict Prevention and Tolerance Building[R]. Second International Summit on Conflict Resolution Education. March 28, 2008;黄忠敬.课程政策[M].上海:上海教育出版社,2010:138—140.

② Ross, H. Challenging the Gendered Dimensions of Schooling: The State, NGOs and Transnational Alliances[A]. Postiglione, G. A. ed. *Education and Social Change in China: Inequality in a Market Economy*[C]. New York: M. E Sharp, Inc. 2006: 25-52; Hsua, Carolyn L. "Rehabilitating Charity" in China: The Case of Project Hope and the Rise of Non-Profit Organizations[J]. *Journal of Civil Society*, 2008, 4(2): 81-96; Rose, P. NGO Provision of Basic Education: Alternative or Complementary Service Delivery to Support Access to the Excluded? [J]. *A Journal of Comparative and International Education*, 2009, 39(2): 219-233.

③ 陈旭.社会事务这个盘口让非政府组织去接[N].社会科学报,2004-4-15(2).

④ 饶鹏等.非政府组织的功能与作用综述[J].市场论坛,2006(12):7—9;邹珊珊.民间组织的功能研究——从汶川地震看我国民间组织的发展[J].马克思主义与现实,2009(3):66—68;谭国志,王远少.非政府组织在农村发展中的角色研究[J].学会,2010(4):16—22.

社会归属感。[①] 再有一些略显激进的评论甚至认为，民间组织可以成为经济社会转型的“主力军”。[②]

从本书考察的民间公益组织的活动与作为来看，除“主力军”外，上述国内外理论界的民间组织功能概括似乎都可以得到验证。本书作者在访谈过程中听到的许多民间公益组织叙述也能支撑这一点。只不过，与理论界习惯于用专业术语来概括民间组织的功能不同，民间公益组织人员往往使用“日常语言”来形容自己的组织功能。例如，当概括民间公益组织的社会资源整合这一特殊功能时，理论界往往会用“社会资本”，[③]而民间公益组织的叙述则显得非常口语化，没有任何社会学的专业术语：

> 政府、公司想做什么事，只需要向它的下级部门发布一道命令，下面便会有人把事情做出来，尽管做得好不好，是另外一回事。我们显然做不到这一点。不过，我们能做政府或公司部门做不到的事情。我们没有行政权力，更提供不了任何职位或利益诱惑，但我们却可以将一群志同道合的人团聚在一起做事，并使许多热心公益事业的人的慢慢关注这件事，无私地支持这件事。包括你们学术界，恐怕也很难做到这一点。[④]

类似这样的叙述可谓数不胜数，它们与民间公益组织朴实的课程改革参与行动一样，均可以让人们真切感受民间公益组织在课程改革治理方面的积极功能。

但这些经验性的行动和口语化的叙述也向理论研究提出了挑战，尤其是该以什么样的核心概念来界定民间公益组织的总体功能或角色，更是会觉得很难找到合适的术语。也许最简单的办法是把民间公益组织数不胜数的相关行动与叙述一一列出，来澄明民间公益组织的课程改革治理功能。然而这样做又起不到多大的理论效果，无法让主导课程改革的国家及各级

---

① 李培林，徐崇温，李林．当代西方社会的非营利组织——美国、加拿大非营利组织考察报告[J]．河北学刊，2006(2)：74；陈丽琴．农村公共空间的退缩与女性的政治参与——对湖北省S村公共空间的分析与思考[J]．中华女子学院学报，2009(3)：64—68.

② 高春颀等．非政府组织是推动经济转轨主力军[N]．中华工商时报，2005-11-11(1).

③ 卢咏．第三力量：美国非营利机构与民间外交[M]．北京：社会科学文献出版社，2011：24.

④ 何珊云．某基金会项目骨干小王(化名)访谈记录[Z]．2011-9-30.

政府迅速认识民间公益组织的有益功能。要想赢得理论界的注意,就必须采纳理论界熟悉的概念。然而理论界的许多概念,如"公民社会"、"主力军"等又不适合解释民间公益组织在我国课程改革领域扮演的角色与功能。

经过多重考虑,本书最终决定扬弃"公民社会"、"第三力量"、"主力军"等理论界已有的核心概念,而是坚持本书此前就已做出的界定,即无论中国课程改革治理体系怎么演变,都不会逾越"国家主导、社会参与"的总体格局,在此格局中,民间公益组织始终是"国家课程改革的积极参与者"。如此界定民间公益组织的总体角色既尊重了国家在课程改革治理中客观已有的权威地位,又符合民间公益组织自身的实际情况及愿望:它们只想积极参与,同时希望国家及理论界能够正视它们的积极功能,为它们分担更多责任,发挥更大功能,创造更好的政策与制度环境。从这一点出发,本章认为,民间公益组织具有以下三项值得国家及理论界重视的课程改革治理功能。

(一)优化国家课程改革的政策工具及地方实施的制度环境

这一功能主要源于民间公益组织在参与国家政策活动及推动教育制度创新方面付出的执著努力。民间公益组织不仅建立起了自己的基础教育政策研究平台与影响体系,而且重点围绕近些年左右课程改革的热点与难点问题,形成了一系列的实证研究、解决方案与志愿行动。正是这些努力,使得民间公益组织具有了这项功能,即优化国家课程改革的政策工具,同时为各地课程改革争取更好的制度环境。以下具体从两方面来阐述这一功能。

1. 优化国家课程改革的政策工具。围绕学校、课程、教学、评价、教师等方面制定的一系列政策乃是国家及地方政府推动课程改革的基本工具。[①] 除教育学会外,本书所考察的其他几类民间公益组织都没有参与《国家基础教育课程改革纲要》这一核心课程政策文本的制定,也没有进入国家课程改革的"权力联合体",但民间公益组织围绕课程改革在实施过程中涉及的具体问题做了许多政策分析,尤其是社会各界广泛的热点问题,如择校、学业负担、考试改革等,民间公益组织更是开展过许多政策研究与公共探讨。民

---

① Hamilton, L. Assessment as a Policy Tool[J]. *Review of Research in Education*. 2003, 27: 25-68; Smith, L. K. et al. Reforming Practice or Modifying Reforms? Elementary Teachers' Response to the Tools of Reform[J]. *Journal of Research in Science Teaching*, 2007, 44(3): 396-423.

间公益组织甚至通过社会关系网络、每年的"两会"等途径，将民意带入国家教育政策的修订与完善，从而可以优化国家治理课程改革的政策视野与政策工具。

在这一点上，21 世纪教育研究院的表现堪称显眼。依靠近十年来积累的民间公益组织联合体及广泛的"社会资本"，同时借助于"两会"和杨东平 2010 年当选国家教育咨询委员会委员，专门负责高考制度改革的调研与咨询，21 世纪教育研究院在"教育公平"、"传统文化教育"、"高考改革"、"农村学校布局调整"等社会各界广泛关注的议题上形成了一系列的政策建议与行动，而且其中不少建议都受到了"高层关注"。其政策参与功能却十分清楚：即围绕基础教育发展亟待解决、《课程改革纲要》没有具体展开的热点与难点问题，表达自己的政策思考与建议，促使社会各界人士尤其是国家决策层不断革新、完善已有的政策工具，来解决课程改革及基础教育发展无法回避的现实难题。

2. 优化各地课程改革的制度环境。如果说政策是由国家及各级政府在特定时期为实现某一目标而制定的法令、方针、意见、规划、条例等的总称，[①]那么，另一种直接对课程改革尤其是各地课程改革实施产生重大影响的力量便是制度。至于什么是制度，则如许多制度经济学家所说的那样，是指社会各部门及各社会群体长期以来都在遵守的一系列正式、看得见的活动规则，和各种难以把握但影响巨大的传统、风气与习俗等。[②] 毫无疑问，正如国家及各级政府有责任不断为课程改革提供更精良的政策工具，改革各种不利于课程改革推进的制度，同样也是国家及各级政府首先必须承担的基本的课程改革治理职能。

但实际的情况是，尽管国家先后为课程改革提出了旨在"推进素质教育"、"促进教育公平"的最高政策，许多地方政府仍不愿将精力花在课程改革上，更妄谈破除地方上的各种不利于课程改革推进的陈规陋习。理论上，

---

① Dunn, W. N. *Public Policy Analysis: An Introduction* (*2nd Edition*) [M]. Englewood Cliffs: Prentice-Hall. 1994; Dye, T. R. *Understanding Public Policy* (*11th Edition*) [M]. Upper Saddle River: Pearson Education, 2005; 陈振明. 政策科学[M]. 北京：北京大学出版社，1997.

② 约翰·罗杰斯·康芒斯. 制度经济学[M]. 北京：商务印书馆，1962；凡勃伦，李开夏译. 有闲阶级——关于制度的经济研究[M]. 北京：中央编译出版社，2011；道格拉斯·诺斯. 论制度[J]. 经济社会体制比较，1991(3)：55—61，64.

这就为民间公益组织发挥作用预留了空间。事实上，民间公益组织也在以自己的志愿行动弥补地方政府的制度变革功能缺失，主要表现为两点：①民间公益组织无以遏制日益功利化的办学与教育观念，却为基础教育事业注入了一种真正非营利的教育创造与服务精神，并在社会上大力彰显这种有利于课程改革的公益教育精神。②评价并奖励地方政府革新所辖教育系统内的陈规陋则，促进地方教育教学水平的均衡发展。民间公益组织目前的地方政府教育绩效评价模式还有许多不足之处，诸如并未深入了解地方政府的实际制度改革作为，难免被人怀疑是在作一场民间评价政府的秀，但毕竟开启了民间组织评价政府教育改革绩效的先例，可以为将来建立真正科学有效的民间评价机制积累经验。

（二）为国家治理课程改革筹措资源与提供“优质教育”服务

合理的政策与制度为国家治理课程改革搭建了必需的行动框架，但真正要把课程改革治理好，还须合理投入充足的资源。大多数民间公益组织，从中国青少年发展基金会，到南都公益基金会、百年职校、为中国而教，再到各种草根志愿团体，都选择了以实际行动，为各地学生提供资源与“优质教育”服务。这是民间公益组织直接以实际行动分担国家课程改革治理重任。从民间公益组织的实际行动来看，这一功能具体表现为以下两点：

1. 为国家治理课程改革提供物质与人力资源。提供物质与人力资源可以说是所有民间公益组织的基本功能，区别仅在于活动领域不同而已。[①]本书考察的民间公益组织已为国家治理课程改革配置了大量的经费与物质资源。到2009年，中国青少年发展基金会共筹得善款56.7亿元，建成希望小学15 940所，使340万失学儿童得以重返学校。[②] 真爱梦想基金会仅在2010年也筹得善款1718万元，为各地贫困学校建成118间现代化的梦想中心，51间梦想书屋，共计图书50多万册。[③] 至于提供人力资源，尤其是优秀师资，则以“为中国而教”这家民间公益组织为代表。虽然与“为美国而教”20年来组织了2万名名校高年级本科生前往落后地区支教2年相比，2008年成立的“为中国而教”只是刚开始在中国追求“为美国而教”的奇迹，

---

① 王名．中国的非政府公共部门[J]．中国行政管理，2001(6)：39—43.

② 中国青少年发展基金会．20年希望工程成就最具社会影响力的公益品牌[EB/OL]．http://www.prnews.cn/press_release/28335.htm，2009-11-6/2011-12-3.

③ 真爱梦想基金会．2010年度报告[R]．2011：8.

但如果将基础教育领域100多家表现活跃的民间公益组织及其志愿者加在一起，却是一支庞大的民间课程改革队伍。

2.分担国家课程改革治理的“优质教育”创造与供给难题。国家治理课程改革的直接目标是扭转20世纪80年代以来愈演愈烈的“应试教育”，发展对国家、对社会和对学生成长真正有益的“素质教育”。或者简单地说，就是创造、提供“优质教育”。但全国范围内的学生背景及其发展需求差异实在太大，地方政府的课程改革治理体系与机制也难以改变地方学校的“应试教育”取向，即使其中有许多“新课程”，也往往是为一般意义的“学生”服务，许多升学无望、就业无门的学生因此等于是在陪读。真爱梦想基金会、百年职校等民间公益组织便是将注意力放在这些特殊的学生身上。真爱梦想基金会在各地农村学校推广“梦想课程”计划，是为了给将来进入城市发展的农村学生免费提供教育服务，使他们提前养成一些进入城市发展必需的视野与素质。百年职校的教育创造与供给功能更是引人瞩目，其服务对象正是前途渺茫的城市农民工子女。百年职校不仅是全国第一家全免费的中等职业教育机构，而且以其大胆且有效的课程改革与创新，将许多城市农民工子女培养成了创业者与“新公民”，堪称创造了一种真正以学生发展和社会进步为本的中等教育传奇，因此被许多媒体、公益机构及北京市教委视为教育改革的典范。

（三）改良国家课程改革治理的社会基础及公众参与

民间公益组织善于动员社会力量与普通公民参与教育发展，正是这一特点赋予民间公益组织另一大功能，即改良国家课程改革治理的社会基础及公众参与。

任何教育改革都离不开社会支持，有些“社会力量”，如诸多“出版商”，看上去是“课程改革的支持者”，实则却是“靠课程改革吃饭的人”，因此常常是在以商业行为暗中“瓦解和破坏课程改革”。[①] 如何规划、协调这些复杂的社会力量，为课程改革创造良好的社会基础与公众参与局面，因此成为国家课程改革治理的基本任务之一。民间公益组织的社会力量动员行动有利于改良国家课程改革治理的社会基础与公众参与。具体表现如下：

1.发展、扩大国家课程改革治理的公益“社会力量”联合体。深化课程

---

① 吴康宁.谁支持教育改革——兼论教育改革的社会基础[J].教育研究与实验，2007(6)：5.

改革的一大紧迫任务便是争取"社会支持"。不过,"社会"实在复杂,即使从中争取来了许多"力量",也很难辨识其心意。与诸多性质复杂的"社会力量"不同,民间公益组织则由于机构本身具有的特殊性质,决定了它们必须是非营利的公益力量,而不是假借课程改革之名为组织自身谋利,否则便会从民间公益组织的行列中驱逐出去。总之,民间公益组织投身课程改革,会给国家课程改革治理注入更多公益性的社会力量,因此有利于改良国家课程改革的社会基础。

中国青少年发展基金会曾出现过信誉危机,一些草根组织,如复兴学校,更是由于成名后出现内耗而最终解散,但本书重点关注的基金会、民办非企业、非营利学校等民间公益组织始终都是从非营利的公益教育理想出发展开自己的志愿参与行动。如南都公益基金会将企业经营积累起来的3亿元资金用来赞助民间的公益教育创造,百年职校将各界捐助的7 000万元全部用于在全国6个大城市为城市农民工子女创办全免费的中等职业教育,真爱梦想基金会2011年筹款3 000万元用于其"梦想课程"扩大计划。这些组织还建立起了严格的财务审查与公布机制,连公益项目负责人年薪都公布。[①] 不仅如此,它们还与其他热心公益的组织形成了"事业联合体"。这些民间公益组织及其"事业联合体"都是国家课程改革治理的良好社会基础,只是这一功能尚未被国家及理论界充分认识。

2.引导公众理性参与国家课程改革治理。对于主要(甚至只能)依靠社会力量获得发展的民间公益组织来说,能否让公众理解、支持其公益事业,乃是组织成立之后的头等大事。无论是拥有强大官方体制背景的中国青少年发展基金会,还是只能注册成企业的21世纪教育研究院,都是在努力争取公众理解与支持的过程中逐渐壮大其公益教育事业的。国家治理课程改革时,也要努力让公众理解、支持课程改革,并使公众以理性的方式参与进来。正是这一相同处境,使得民间公益组织等于是在替国家引导公众理性参与课程改革治理。民间公益组织本身就扎根于公众,可以更近距离地争取公众的理解与支持。它们不仅能够迅速将社会各界对于中国教育有着深刻认识的公益人士、精英人士团结起来,而且还通过公开举办各种公益教育论坛、志愿者活动等对普通公众进行教育启蒙。这些都显示了民间公益组织的公共作用,即引导公众理性参与国家课程改革治理。

---

① 真爱梦想基金会.2010年度报告[R].2011:6—7.

以上只是从民间公益组织的主要参与领域及行动出发，重点梳理了民间公益组织的三大课程改革治理功能。事实上，民间公益组织还有其他值得国家、地方政府、理论界乃至学校重视的课程改革治理功能。例如，当前理论界及学校都在设法建构可以持续推进课程改革的“专业共同体”，而民间公益组织作为一种特殊的社会组织，恰恰就是一种真正志同道合的“专业共同体”。言外之意，它们正是国家课程改革进程中来自民间的“专业共同体”建设者，其在这方面的突出功能表现为：促进非营利的公益“专业共同体”在课程改革治理领域中的形成与发展。此外，还可以从其他角度解读民间公益组织的积极功能。但以上三大功能已足以说明民间公益组织的所作所为对于国家治理课程改革具有什么价值。进而言之，民间公益组织的这三大功能足以证明，它是一种值得国家、各级政府及理论界重视的课程改革治理机制。

第二节　民间公益组织的课程改革治理机制创新意义

就课程改革而言，国家所拥有的覆盖范围最广、也最被人熟知的治理机制正是教育部设计的三级课程管理体系。从治理理论的角度看，即使三级课程管理体系能够完全按照教育部最初设计的制度规则运作起来，也只能调动有限的课程改革治理力量，解决部分课程改革治理难题。在此情况下，国家及各级政府必须支持教育行政部门发展新的课程改革治理机制，以增强国家及各级政府的课程改革治理能力。接下来即是探讨三级课程管理体制的机制缺失，以及引入民间公益组织到底能给课程改革治理带来什么新机制。

一、三级课程管理体系及其治理机制缺失

新中国成立以来，一直实行“中央集权的课程管理制度”，其基本特征是四个统一，即“统一课程政策、统一课程设置、统一课程标准、统一教材”。[①]这套制度不会完全遏制地方、一线学校以及民间的课程创造力。相

① 李思明.三级课程管理体制的再认识[J].现代教育科学，2010(6)：20.

反，地方及民间一直保持活跃的教学改革氛围。[①] 但在中央集权的制度框架下，地方确实无需主动进行课程改革，学校原则上也只需落实国家课程方案，这是导致"学校课程往往是一个模子"的根本制度原因。[②] 课程改革及三级课程管理制度的建立都由此而产生。

(一)三级课程管理制度的形成与政策表述

教育部从 1996 年起在山西、江西和天津试行三级课程管理。[③] 三年后，国家颁布《关于深化教育改革全面推进素质教育的决定》，"试行国家课程、地方课程和学校课程"上升为国家意志。[④] 两年后，国务院和教育部在全国范围内启动课程改革，正式决定"实行国家、地方、学校三级课程管理"。自此，三级课程管理成为国家治理课程改革的基本制度工具。

直到现在，国家也没有推出新的宏观制度工具，仍是依靠 2001 年设计的三级课程管理制度来驾驭全国范围内的课程改革。理论界则在努力发展课程改革治理功能更为成熟的三级课程管理体系。[⑤] 按照《课程改革纲要》的设计标准，三级课程管理体系应该表现为这样一幅上下携手、分工明确的课程改革治理图景：

> 教育部总体规划基础教育课程，制定基础教育课程管理政策，确定国家课程门类和课时。制定国家课程标准，积极试行新的课程评价制度。
>
> 省级教育行政部门依据国家课程管理政策和本地实际情况，制订本省(自治区、直辖市)实施国家课程的计划，规划地方课程，报教育部备案并组织实施。经教育部批准，省级教育行政部门可单独制订本省(自治区、直辖市)范围内使用的课程计划和课程标准。
>
> 学校在执行国家课程和地方课程的同时，应视当地社会、经济发展

---

① 吕型伟. 一位"老教育工作者"七十年的教育反思[J]. 校长阅刊，2006(3)：35—39

② 国家教委基础教育司. 全日制普通高级中学课程计划(试验)[J]. 学科教育，1996(4)：2—7.

③ 吕达等. 独木桥？阳光道——未来中小学课程面面观[M]. 北京：中信出版社，1991：63.

④ 中共中央，国务院. 中共中央、国务院关于深化教育改革全面推进素质教育的决定[N]. 人民日报，1999-6-17(1).

⑤ 冯新瑞. 完善三级课程管理体制 保障综合实践活动课程有效实施[J]. 教育科学研究，2010(12)：61—64.

的具体情况，结合本校的传统和优势、学生的兴趣和需要，开发或选用适合本校的课程。各级教育行政部门要对课程的实施和开发进行指导和监督，学校有权力和责任反映在实施国家课程和地方课程中所遇到的问题。[①]

上述三段文字便是三级课程管理制度的政策表述。相比于“中央集权的课程管理制度”，上述设计的显著变化是一改过去课程事务仅由国家（教育部）单独处理，而是由国家（教育部）、地方教育行政部门和学校共同负责课程改革的管理重任。然而正如一些学者指出的那样，三级课程管理制度改革只是在国家教育行政与学校体系之内展开课程决策与管理革新，并未涉及教育体系外各种左右课程改革的力量，即使能够在全国范围内把“国家、地方与学校”的课程管理权调整好，其实仍“只有教育行政权力一极”在起作用。[②] 另一些学者则认为，三级课程管理制度只是一种政策构想，是在假设各地的教育行政部门和学校都是高度自觉的“理性人”，能自动“高效完成所分派的职责”，但从“三级课程管理体制实施所遇到的问题看，理性人假设却是虚妄的”。[③]

诸如此类的分析显然从不同侧面揭示了三级课程管理制度在全国范围的课程改革治理的局限性：一方面，治理主体结构单一，只有教育体系内的力量；另一方面，现实中教育体系内的管理主体并非都是高度自觉的“理性人”。但此类分析本身仍显得过于抽象，提出的问题往往短期内无法解决，没有深入探讨与课程改革的实际需要相比，三级课程管理体系具体有哪些机制缺失，又该如何弥补机制缺失，从而形成相对发达的课程改革治理体系。

国家及地方政府乃是课程改革治理的最高主体。然而从三级课程管理的政策表述来看，国家权力并不直接负责课程改革的管理重任，而是由教育部代表国家负责，教育部能做的事乃是“总体规划基础教育课程”，包括“制定基础教育课程管理政策，确定国家课程门类和课时。制定国家课程标准，积极试行新的课程评价制度”。同样，省级地方政府也不直接管理地方课程

---

① 教育部.基础教育课程改革纲要(试行)[N].中国教育报，2001-7-27(2).

② 蒋建华.权力多极化的课程权力定位——超越中央与地方的思维框架[J].教育学报，2005(2):26—31.

③ 余进利.我国基础教育三级课程管理体制实施述评[J].当代教育科学，2004(4):24.

的设计及实施，而是由省级教育行政部门根据国家课程管理政策及本地情况，负责本地的国家课程实施与地方课程发展。与美国联邦政府、州政府自20世纪80年代以来就开始直接领导课程改革相比，中国课程改革实际的最高领导仍是中央及地方政府下面的教育部和地方教育行政机构，国家权力及地方政府并不直接出面主持课程改革，这一点自然会降低课程改革的实际权威程度与执行力度。①

事实上，就目前三级课程管理制度的结构与内涵来看，无论其直接主持者是国家及地方政府，还是教育部及地方教育行政部门，都只能产生十分有限的课程改革治理功能，解决一部分课程改革治理难题。因为从三级课程管理制度的政策表述来看，其所涉及的问题领域只是国家课程与地方课程发展本身。至于课程改革必然涉及的组织建设、资源配置和社会关系等问题领域，三级课程管理制度几乎没有涉及。甚至对于自身所要处理的有限问题领域，三级课程管理体系也没有成分估计其中的问题，进而做出更健全的政策安排。这表明，三级课程管理制度存在多重内外治理机制缺失，即使国家及各级政府亲自运用这套制度工具来治理课程改革，或许也无改大局。先来看三级课程管理制度的内部治理机制缺失。

（二）三级课程管理体系的内部治理机制缺失

无论是从治理理论出发，还是以美国课程治理体系作为参照，都可以发现三级课程管理体系的内部治理机制缺失，即在自身关注的有限问题领域里，三级课程管理制度都没能发挥良好的治理功能。具体来说，从三级课程管理体系所要处理的问题来看，其内部治理机制缺失表现为以下四方面：

1. 新课程本身的政策框架。即三级课程管理制度对于所要管理的新课程活动没有形成明确的政策框架。最突出的例证便是“综合实践活动”的课程发展问题。《课程改革纲要》明确提出：“从小学至高中设置综合实践活动并作为必修课程，其内容主要包括：信息技术教育、研究性学习、社区服务与社会实践以及劳动与技术教育。”②但十年过去了，对于这门必须发展的国家课程具有什么样的内涵以及如何实施，国家并未正式出台政策，来治理当前杂乱无章的综合实践活动发展状况。如郭元祥教授指出的那样，一些地

---

① 王嘉毅，赵志纯. 我国农村基础教育课程改革：问题与对策[J]. 教育研究，2010(11)：27.

② 教育部. 基础教育课程改革纲要(试行)[N]. 中国教育报，2001-7-27(2).

方教育行政部门之所以不去考虑如何制订“综合实践活动课程的实施方案和评价方案”，理由正是“《综合实践活动指导纲要》没有正式颁布”，以至于在一些地方，根本没有“谁对国家课程计划的严肃性负责”。[1]

2. 教材发展领域的治理机制缺失。许多地方都不知如何界定或干脆不实施综合实践活动一类的新课程，只是从一个政策制定层面反映了当前三级课程管理体系的内部治理机制缺失。事实上，对于课程改革领域的另一重要层面，即新课程的教材开发，三级课程管理制度也不能对其中出现的乱象加以有效治理，仍无法走出“一放就乱，一统就死”的政策怪圈。如张华教授所言，地方可以“规划地方课程”后，本该为实现课程改革目标服务的教材开发与发行，竟异化成“以争夺经济利益为目的的商战”，“地方教育行政部门为了获取私利剥夺教师与学生的教材选择权，与出版社联合进行教材垄断发行。”[2]更有甚者，一些地方“质量低劣”的“官方教材”为了通过教材审查，竟使用“障眼法”。[3] 新课程教材开发领域的这些不良迹象表明，三级课程管理体系中的教材管理机制急需完善，以便可以在全国范围内形成真正高质量的以课程改革目标为本的教材发展体系。

3. 一线课程改革活动的认可、评价与激励机制缺失。更不利的内部治理机制缺失或许还不是课程政策与新课程教材开发不健全，而是对于一线学校与教师难能可贵的课程改革作为，以及对于一线学校与教师的各种敷衍与应付做法，三级课程管理制度均没有形成有力的认可、评价与激励机制，进而促使一线学校与教师真正将课程改革作为自己的责任，而不是围绕“应试教育”组织课程与教学活动。言外之意，如果一线学校与教师觉得，课程改革就像“应试教育”那样是一件有利可图的事情，同时，国家及地方政府也形成了健全的宏观课程改革政策框架，那么一线学校与教师便会积极投入国家及地方政府建构的课程改革之中。

而现实的问题恰恰是，在国家及地方政府设计的三级课程管理体系中，既没有对课程改革本身所要发展的各种“新课程”及其教学实践提出健全的政策界定，也看不到强有力的认可、评价与激励机制，即让各地学校与教师

---

① 郭元祥. 谁对国家课程计划的严肃性负责[EB/OL]. http://tieba.baidu.com/f?kz=160874463,2006-4-21/2011-12-31.

② 张华. 道德的课程改革与民主的课程领导[J]. 全球教育展望，2006(4):11.

③ 余进利. 我国基础教育三级课程管理体制实施述评[J]. 当代教育科学，2004(4):23.

普遍觉得，投身国家政策框架下的课程改革是一件有“价值”的事情。尤其对于那些不计个人收益、真正热心课程改革的教师，三级课程管理制度也没有给予理解与支持。对于各类一线教师，三级课程管理只是笼统地要求他们“结合本校的传统和优势、学生的兴趣和需要，开发或选用适合本校的课程，有权力和责任反映在实施国家课程和地方课程中所遇到的问题”。

因为缺乏有力的对一线课程改革实践的认可、评价与激励机制，许多本来很有热情的课程改革活动正处于后劲不足状态，少数留在其中专门负责课程改革的教师随时都可能会撤出。关于这一点，也可以以综合实践活动为例。冯新瑞教授近年来曾连续发表调查研究报告，其中显示，就全国范围内的抽样结果来看，专职从事综合实践活动的教师仅占 15.6％，兼职教师占到了 84.4％，只有“个别学校(7.6％)”配备了“专职教师”。冯教授认为，“学校仅依靠一两个专职教师来指导这门内容广泛的课程是不现实的，而兼职教师没有更多的时间和精力用在这门新课程上，仅靠他们，也会影响课程实施的效果。”为此，政府应“制定相关的政策，妥善解决综合实践活动指导教师的职称评定、业绩考核、工作量核算等方面问题。同时，将综合实践活动中初中学生的发展状况统筹纳入初中学生综合素质评价和高中招生制度改革中”。[①] 此类调研与呼吁正凸显了三级课程管理体系对于一线课程改革实践缺乏强有力的认可、评价与激励机制。

4. 缺乏以学生多元发展需求为本的课程发展机制。发起课程改革，是为了避免所有学生都去走“应试教育”的“独木桥”，获得真正有利于发展的各种“素质”或“能力”。但“学生”实际处境千差万别，因此必须考虑他们到底需要什么样的“素质”或“能力”。然而在政策文本中，无论是三级课程管理体系，还是课程改革本身，都是基于统一的“学生”概念，并未对现实中的学生及其实际处境和发展需求进行分类，创造多元的课程发展体系。《纲要》注意到了“农村中学课程”的特殊性，但只强调农村中学“在达到国家课程基本要求的同时，可根据现代农业发展和农村产业结构的调整因地制宜地设置符合当地需要的课程”。此外，《纲要》还指出，“城市普通中学也要逐步开设职业技术课程”。但这些都未进一步考察农村学生或城市学生的复

---

① 冯新瑞，王薇．我国综合实践活动课程实施现状调研报告[J]．课程·教材·教法，2009(1)：20；冯新瑞．完善三级课程管理体制 保障综合实践活动课程有效实施[J]．教育科学研究，2010(12)：61—64.

杂结构及其多元需求。例如，对于大量无法升学而留守农村或随父母流入城市谋求发展的农村学生，尤其是农民工子女，三级课程管理便没有形成具体的课程发展方案与实施机制。许多农村学生因此即使接受了新课程，也难以摆脱“就业无门、致富无术”的困境。[①]

（三）三级课程管理体系的外部治理机制缺失

广义地看，所谓三级课程管理体系的外部治理机制缺失既是指目前三级课程管理制度的政策文本只是在集中处理新课程发展本身的内务，几乎不涉及新课程发展的复杂外部社会关系，又表现为没有设计有效的机制，来调动各种具有积极功能的“社会力量”参与课程改革治理，形成“国家主导、社会参与”的课程改革治理格局。《课程改革纲要》在架构“课程改革的组织与实施”过程时，其实明确提出，应“建立教育部门、家长以及社会各界有效参与课程建设和学校管理的制度”，[②]但这些政策话语都是点到即止，并未给出具体的制度安排，也没有详细界定“社会各界”、“课程建设”和“学校管理”的内涵，以及它们如何“参与课程建设和学校管理的制度”。

更令人困惑的是，被笼统地点到要“参与课程建设和学校管理”的“社会各界”并未出现在三级课程管理体系中，真正负责课程管理的仍只有教育部、地方教育行政部门和学校这三类“教育部门”之内的主体。总之，对于“社会各界”如何参与课程改革管理，无论是三级课程管理制度本身，还是课程改革的总体政策框架，都没给出具体的政策指南与制度设计。正是这一点，造成了三级课程管理体系的外部治理机制缺失，以至于即使“社会各界”早就在积极推动课程改革，也不能正式进入教育行政部门主导的课程改革治理。可以说，只要三级课程管理体系不进行具体的政策与制度完善，来有效应对“社会各界”的参与，那么包括民间公益组织在内的“社会各界”仍会游离在教育行政力量之外发挥影响，三级课程管理体系也难以克服其自“出生”起就存在的外部治理机制缺失：

1. 难以驾驭课程改革的复杂社会力量作用关系。课程改革自一开始就不是仅仅只在教育体系内展开，而是在转型期的复杂社会结构中进行，能否有效驾驭社会力量的作用，便成了课程管理必须要解决的基本难题。随着经济社会转型及政治民主化进程的加速，各种社会要求也在不断觉醒、壮

---

① 杨爱玲. 基础教育课程改革存在缺憾的原因反思[J]. 教育学报，2007(1)：24.

② 教育部. 基础教育课程改革纲要(试行)[N]. 中国教育报，2001-7-27(2).

大。对于这一社会转型形势,国家最高决策层已采取有效的政治使命及国家权力完善措施,将新时期的各种社会力量统一到国家的经济社会发展战略轨道上来,同时依靠“民主”、“科学”的制度与机制创新,使国家经济社会发展能满足各种日趋激烈的社会要求。[①]

正如一些政策学者所指出的那样,与国家顶层政治与政策设计可以有效应对转型期的复杂社会局势相比,中国教育改革的政策与管理活动显然不够灵敏,跟不上国家顶层政治与政策的更新步伐,以至于教育改革的政策制定总是落后于转型期的复杂社会力量作用及其造成的问题。[②] 课程改革治理领域的情况也可以印证这一点。无论是国家及各地实际负责课程决策的课程改革“权力联合体”(领导小组),还是全国范围内课程改革治理的主要制度机制,即三级课程管理体系,都是仰仗教育系统内的行政与专业力量建构课程改革,没有充分考虑转型期的复杂社会力量及其课程改革意志。

在这种情况下,如果教育系统外的各种社会力量不注意课程改革,课程改革还可以在教育系统内按计划从上至下展开。同时,教育系统内积极推动课程改革的行政与专业力量也可以设法逐渐转化那些不理解、不支持但不公开反对课程改革的社会力量。但一旦遇到某些社会力量的故意发难,课程改革的三级课程管理体系及其治理功能便显得捉襟见肘,进而暴露其在社会力量面前的治理实力不足。从“数学课标”因为突然遭遇几位院士的发难,而不得不搁浅、修正,到“好事”的地方媒体记者激起万千家长在南京制造“高考风波”,致使南京的“课程改革”事业遭受重创,都显示了三级课程管理体系在驾驭复杂社会力量作用关系方面的机制缺陷。

2.没有纳入教育体系以外有影响的社会组织与力量。三级课程管理体系难以驾驭课程改革的复杂社会力量作用关系,一定意义上正显示了该体系急需革新现有结构,或至少应争取将已在基础教育领域发挥影响的重要社会组织与力量纳入并引导,形成治理能力更强大的课程管理体系,而不是等教育体系以外有影响的社会力量对课程改革公开“叫板”,才去应对,并且应对完了,也没有进一步适时发展合适的“社会参与”机制(如重组课程改革

① 林尚立.人民共和与统一战线:中国共产党建设国家的政治方略[J].经济社会体制比较,2011(4):1—6.

② 张秀兰.中国教育发展与政策30年[M].北京:社会科学文献出版社,2008:14—23.

领导小组)，争取与几大有影响的“社会力量”形成稳定的课程改革治理合作关系。

除曾公开批评数学课标的科学界人士外，另一股更有影响的社会力量便是企业界。近几年，随着“企业社会责任”这一新概念逐渐被越来越多的企业精英所接受，企业界明显突破了 20 世纪 90 年代末以来“教育产业化”时期的教育投资与牟利的粗俗模式，开始从“社会责任”、“公益理想”等立场出发介入基础教育。[①] 企业被视为“社会的最大组成部分”，[②]如何应对它们在基础教育领域可能掀起的强大影响，无疑是未来课程管理体系创新必须考虑的问题，否则无论是发生对抗，还是继续各自为政，都不利于凝聚更大的课程改革治理能力。此外，还有新闻媒体及家长等社会力量，三级课程管理体系同样没有发展有效的纳入机制。

3. 课程改革治理的社会评价、监督与认可。从治理理论的角度看，任何社会公共事务要想实现“善治”，都必须拿出让社会认可的业绩，为此就需要发展公开、透明的公共事务治理的社会评价、监督与认可机制。美国课程改革治理也按这一点原则建立起了相当成熟的课程改革绩效评价与公布机制，而且细化到了各州、各学科的课程改革项目投入了多少经费、师资资源，学生取得了什么样的学业成绩。虽然许多地方的课程改革结果都没有取得能令公众满意的成绩，[③]但这套机制本身却是课程改革实现对公众负责的基本工具，其核心精神乃是让社会各相关利益群体知晓课程改革的真相，如此才可以有效争取社会认可与支持。

目前的三级课程管理体系仍缺乏合适机制，可以让社会来评价、监督和认可课程改革治理进程。从课程政策制定的公众缺席；到一些地方的教材发展被教育行政部门及其出版社伙伴垄断，其他社会组织即使可以拿出质量更好的教材去竞标，也进入不了，一般公众更是不知道其中是怎么运作的，除了看见学生最终到手的是一些粗制滥造的所谓教材；再到能够证明课程改革治理绩效的学业评价与公布体系至今也没有形成，都反映了以目前的课程改革治理机制与能力，连让社会了解课程改革都很难做到，更不要提

---

① 南方周末. 企业社会责任创新特刊[N]. 2011-11-29(T1-T8).

② 李志艳. 企业社会责任的中国趋势[N]. 南方周末，2011-11-29(T1).

③ Kos, D. *School Transformation-It's the Governance Stupid*! [N]. Education Alternatives. Jun 11,2011.

让社会认可和积极参与课程改革治理。

至此，我国的三级课程管理体系的内部与外部治理机制缺失可以概括在表5-1中。

表5-1 三级课程管理体系的内部与外部机制缺失

三级课程管理体系的机制缺失	内部	新课程本身的政策框架缺失
		教材发展领域的机制缺失
		一线课程活动的认可、评价与激励机制缺失
		以学生多元需求为本的课程发展机制缺失
	外部	难以驾驭复杂的社会力量作用关系
		没有纳入有影响的社会组织与力量
		缺乏课程改革治理的社会评价、监督与认可机制

二、引入民间公益组织，发展课程改革治理新机制

面对三级课程管理体系的诸多机制缺失，显然必须发展新的课程改革治理体系与机制。引入已在发挥积极发挥课程改革治理功能的民间公益组织，不仅可以弥补三级课程管理体系的诸多机制缺失之处，而且能发展"国家主导、社会参与"的课程改革治理格局，提供一条切实可行的路径。这一点正是民间公益组织最基本的治理机制创新意义。

（一）民间公益组织：课程改革治理机制创新路径

首先可以明确的是，从民间公益组织的课程改革治理功能来看，引入民间公益组织，便能获得新的课程改革治理机制，进而完善三级课程管理体系，形成功能更为健全的课程改革治理。接下来，将结合理论界的相关探讨，对这一点做进一步的论述。

目前，理论界尚没有形成从治理角度思考课程管理模式更新的热潮。但近些年，已有不少学者开始探讨如何建构更有力的课程改革驱动体制，其中较有代表性的思路包括三点：①进一步增强地方执行课程改革的压力，"成立国家和地方课程改革领导小组，对课程改革进行宏观协调，提高课程

改革的决策层次和领导层次”[①]；②针对“各地教育行政部门的课程改革执行力不足”，应建立并推广一套机制、功能齐全的国家“课程改革政策执行框架”；[②]③革新课程改革过于封闭的“权力结构”，“向社会放权”，发展“民主、开放、科学的课程发展机制，发动社会各界关注支持新课程”。[③]

三种思路中，前两种是在寻求更有力的政府驱动，后一种则是在寻求社会驱动。如果将三种思路整合起来，便是在发展国家、地方政府、地方教育行政部门和社会联手推动课程改革的良好局面，而这种良好局面正是课程改革治理的基本特征。言外之意，仅从理论层面考虑，以教育行政力量为主的传统课程管理体系要想转型成动力机制更强大的课程改革治理体系，一方面必须发展地方政府、国家直接领导课程改革的机制，如王嘉毅教授所说“成立国家和地方课程改革领导小组”；另一方面，又必须能够动员“社会各界”参与课程改革治理，如此便可以发展“国家主导、社会参与”的课程改革治理格局，而不是仅仅依靠机制、功能有限的三级课程管理体系来驾驭课程改革。

除了寻求更有力的政府驱动和社会驱动外，理论界另一种更流行的驱动机制创新探索便是围绕“课程管理走向课程领导”推出的一系列管理机制革新思路与建议。课程改革纲要颁布不久，钟启泉教授便提出要以“课程领导”(curriculum leadership)来转变传统的“课程管理”方式。这一课程管理革新探索受启于美国“课程领导”思想，其目的是为了完善中国三级课程管理体系的课程改革驱动功能。在钟启泉教授看来：

> 课程管理其实是比较旧的，新近在美国多使用课程领导。这个词之所以新，主要表现为意在摆脱历来的“管理”思想：自上而下的官僚体制的“监控”、“管制”。亦即，改变学校接受上级行政部门的指令之后才开始围绕学校的课程展开活动和运作的认识，改变行政和管理是从学校的上司和外部提供驱动力的观念。因此，要从根本上改变这种模式，就得从“经营”、“领导”的功能出发，强调诉诸自身的创意和创造力，自

---

① 王嘉毅，赵志纯.我国农村基础教育课程改革：问题与对策[J].教育研究，2010(11)：25—30.

② 崔允漷.课程改革政策执行：一种分析的框架[J].教育发展研究，2005(10)：1—6.

③ 靳玉乐，罗生全.课程决定的权力关系及其运作[J].教育发展研究，2009(8)：74—78；本刊记者.新课程：实践、反思与行动——刘坚教授访谈录[J].小学青年教师，2004(1)：7.

> 律地、自主地驱动组织本身的意蕴与韵味。亦即，旨在实现从“课程管理”到“课程领导”的根本转型：学校本身要把日常的课程教学活动作为自身的东西加以自主地、创造性地实施。①

很明显，钟启泉教授引入“课程领导”这一新理念，是为了重建学校层面的课程管理，使学校成为课程改革的基层驱动机制——钟启泉教授将其称之为“学习共同体”。在钟启泉、靳玉乐、吕国光等课程学者的倡导下，理论界很快形成一股学校“课程领导”建构热潮。有的专注于提高校长的课程领导力，使校长从“行政权威”转向“专业权威”，②有的重点探讨如何发展课程领导型的“教师共同体”，③还有的则分析如何通过校本课程、教育专业培训等活动，来提高校长、教师的课程领导能力。④ 再有就是向西方国家的学校课程领导机制取经。⑤ 几年后，以尹后庆为代表的地方教育行政领导也开始推动学校层面的“课程领导”。⑥ 近些年，理论界仍在继续发展学校的“课程领导力”。⑦

有学者曾从概念辨析的角度质疑，与课程管理相比，“课程领导”并没多少新意，更不能将二者看成“相互对立的范畴”，认为“课程领导”可以取代课程管理，只是对后者做了一些“丰富与拓展”。⑧ 但此类辨析忽视了理论界的“课程领导”架构及其在学校层面的实践，确实已凝聚成一股课程改革驱动力量，其目标是要使学校成为更专业、更有效的课程改革治理机制。只是其视野与力度还不够。事实上，如果将“课程领导”可能涵盖的理论内涵全

---

① 钟启泉.从“课程管理”到“课程领导”[J].全球教育展望，2002(12):24.

② 吕国光.校长如何提高课程领导力[J].中小学管理，2002(8):18—20；钟启泉.从“行政权威”走向“专业权威”——“课程领导”的困惑与课题[J].教育发展研究，2006(7):1—7.

③ 黄显华等.课程领导与校本课程发展[M].北京：教育科学出版社，2005.

④ 靳玉乐等.校本课程发展背景下的课程领导：理念与策略[J].课程·教材·教法，2004(12):8—12；余进利.对“课程领导”与“课程管理”的甄别[J].当代教育科学，2005(20):21—23.

⑤ 王艳玲.美国中学课程领导机制探微——以加州托马斯·杰斐逊高中课程咨询委员会为例[J].全球教育展望，2006(3):19—24.

⑥ 尹后庆.聚焦课程领导 推进课程改革[J].上海教育，2010(7B):54—56.

⑦ 陈国民.课程领导：一个亟待关注的课程研究领域[J].教书育人，2009(6):87；梁蓉.领导型教师共同体：学校课程领导新发展[J].教学与管理，2011(1):28—30.

⑧ 季诚钧.课程管理与课程领导辨析——兼与靳玉乐先生商榷[J].教育研究，2009(3):98—102.

部发挥出来，并将其注入三级课程管理体系，不仅可以使学校变成更有效的课程改革治理机制，甚至还能发展出本书所追求的课程改革治理格局。因为在西方的语境中，“课程领导”作为一种新的课程管理理论，自20世纪70年代兴起以来，其诉求就不局限于在学校层面发展课程改革共同体，而是还涉及后来的课程治理理论所要建构的课程改革图景：让包括“其他社会人员”在内的“所有跟课程有利害关系的主体”均能“主动参与各种课程决策及学校课程变革”。①

就本书而言，之所以提出课程改革治理，本质上和提出“课程领导”一样，也是为了完善三级课程管理，发展更有力的课程改革治理体系与机制。但与国内的“课程领导”探索专注于学校层面不同，本书提出课程改革治理，不是为了革新学校、校长或教师的课程管理或课程领导能力，而是为了探讨国家及各级政府如何发展“社会参与”的课程改革治理机制。不仅如此，本书推出课程改革治理时，还将民间公益组织这一国内已有的“课程领导”探讨未曾注意的“社会力量”拉入考察视野，并因此找到了一条新的课程管理创新及课程改革深化路径，使课程改革治理新增一种有效机制。本章最后一点内容便来进一步分析，民间公益组织究竟可以为三级课程管理体系提供何种新的治理机制。

（二）治理机制创新意义的具体表现

要想创新目前的课程管理体系，增强其对课程改革的治理能力，既可以诉求于国家及地方政府的直接“出场”，也可以寄望于发展“社会参与”的课程改革治理机制。本书的观点则是认为，只要国家及各级政府能够正视早已在发挥积极课程改革治理作用的民间公益组织，便能为国家及各级政府的课程改革治理带来一种新的由公益“社会力量”组成的课程改革治理机制。引入民间公益组织，发展课程改革治理新机制，随之成为国家及各级政府创新课程管理体系，增强课程改革治理能力的有效途径。

需要指出的是，成为被国家认可的教育公共治理机制，其实也是一些民间公益组织领导人的心愿，因为这一结果有利于体制处境与制度环境都不够理想的民间公益组织更好地参与国家教育发展，同时也有利于国家教育发展。如一位民间公益组织负责人所言：

---

①　徐君.从课程管理到课程领导：课程发展的必由之路[J].课程·教材·教法，2005(6):10—12.

我们现在做的事情大都是在体制外进行的，虽然能够与一些地方政府达成项目合作关系，从地方政府那里获得一些他们自认为不方便做的事情，但这都是临时性的，事情做完便结束了，并没有什么政策或制度来保证我们可以一直参与政府想做的事情。

谈及一些备受关注的事情时，这位负责人更是希望加入政府的教育管理活动：

你看，现在许多人都觉得新课程的教材存在质量问题。我们也觉得，有些教材真的还不如50年代的老教材。这里面的原因，我想你可能也有所了解。现在，许多地方教材都被几个有关系的人垄断了，这些人只把抢市场、拉关系放在第一位，哪能编出好教材来。如果我们去找人编教材，然后也去招标，肯定能认真便出更好的教材。至少在我们这里，绝不允许从赚钱出发编写教材。但现在整个教材的编写与投标，我们都参与不进去。不光我们，社会上又有几个人知道，教材是怎么一回事。我们没有资格参与教材编写与竞争，那我们应该有监督权吧，但教材监督也是由教育厅安排。我们可以组织学术造诣深厚、并且懂教育的知名学者审查教材，比地方上教研员的水平高多了。但人家不会找我们做，政策里面没有这条规定。呵呵，或许人家也不欢迎我们去做。你看，这里面的情况的确有些复杂。

这位负责人继续说道：

体制限制还很多的情况下，我们可以把自己能做的事情做好。只要坚持把能做的事情做好，就会慢慢形成更大的教育驱动力量。我们相信，中国教育的健康发展需要更多元的驱动力。像过去那样，驱动力过于单一，只有“高考”这一根“指挥棒”在指挥大家都去过“独木桥”，便会导致方向与功能的不完整。现在的总体形势是好的，国家正在想办法慢慢开放各个领域，所以总有一天，各种体制外的公益力量也能进入政府管的教育事务中，形成更多元、更民主的教育发展格局。①

以上之所以连续援引田野考察及访谈过程中听到的民间公益组织的心声，是因为这些心声其实已经生动说明了民间公益组织可以成为什么样的

---

① 何珊云．民间公益组织发起人及骨干成员访谈笔记[Z]．2011-11-15．

课程改革治理新机制。只是如那位负责人所说，民间公益组织作为课程改革治理新机制，其所能形成的有益“驱动”目前因为存在体制限制而无法释放出来，还需等待国家进一步的体制改革与开放。

不过，正如那位负责人所言，总体形势的确是“好的”。2006 年 2 月，省级政府的扶贫项目招标首次向民间公益组织敞开。2007 年 1 月，又出现国务院的扶贫项目交给投标胜出的民间公益组织负责。[①] 随着改革与开放的不断深入，省级政府乃至国家有一天也会促使教育行政部门正式向民间公益组织开放基础教育发展重任。况且《国家教育改革与发展中长期规划》已首次提到“教育公共治理”，并明确鼓励“社会组织”参与“教育公共治理”。等到迎来具体落实的那一天，民间公益组织便能成为教育体制内的课程改革公共治理机制，进而带动课程管理体系的创新与完善。从民间公益组织具有的治理功能来看，倘若它们进入政府的课程管理体系，则不仅可以弥补现有课程管理体系的诸多机制缺失，而且能够带动以下几个方面的课程改革治理机制创新——它们正是民间公益组织的治理机制创新意义的具体表现。

1. 课程改革政策活动的民间参与机制。《课程改革纲要》提出“课程改革必须坚持民主参与、科学决策的原则”，同时要求“建立教育部门、家长以及社会各界有效参与课程建设和学校管理的制度”，但纲要并未架构具体的机制，来落实“民主参与”和“社会各界有效参与课程建设和学校管理”，只是“支持部分师范大学”成立“基础教育课程研究中心”，以此带动“专家、学者和中小学教师积极参与基础教育课程改革实践”。2010 年 4 月成立的国家基础教育课程教材专家咨询委员会和国家基础教育课程教材专家工作委员会，则是由国家层面的教育领导和“基础教育相关学科以及教育、课程、心理等领域的专家和教育教学一线专家 116 人组成”，[②]也未体现“社会各界有效参与课程建设”。

可以说，如何发展适宜机制，使“社会各界”能够民主参与课程改革的政策活动，仍是课程改革治理需要解决的机制创新难题。民间公益组织其实

---

① 韩洁. 国务院首次选择 11 家非政府组织参与农村扶贫项目[EB/OL]. http://www.cnr.cn/gundong/200701/t20070120_504381699.html,2007-1-20/2012-1-4.

② 刘华蓉. 国家基础教育课程教材专家咨询委员会在京成立[N]. 中国教育报，2010-4-15(1).

就是现成的"社会各界"参与课程政策活动的适宜机制。尽管教育政策参与型的民间公益组织,尤其是民间智库,目前尚未形成规模,只有21世纪教育研究院、长江教育研究院等极少一部分民间公益组织将教育政策参与作为主攻方向。这些为数不多的民间机构自身的组织体系也不健全。但它们可以为"社会各界"参与课程改革的政策制定与实施,提供有效渠道,也发表了许多民间立场与声音。在此基础上做进一步的组织完善,即可以成为课程改革政策活动的民间参与机制。

2.课程改革的公共资源配置机制。无论是三级课程管理制度,还是课程改革的总体规划,都未提到如何发展多元的课程改革资源配置机制。即使明确要安排专项资金,也没有给出总量、分配与资金来源渠道。民间公益组织最普遍的基本功能恰恰是为各地尤其是中西部地区的教育发展募集、提供公共资源支持。虽然有些民间公益组织不是真正的公共资源配置机制,其助学助教项目主要依靠政府财政投入,缺乏公共资源筹集能力,[①]但像中国青少年发展基金会、中国教育发展基金会等大型官办民助性的民间公益组织均具有相当强的公共资源筹集与配置能力。[②] 企业精英发起的民间公益组织也是如此。这两类民间公益组织完全可以成为课程改革的公共资源配置机制,为资源匮乏地区及师生的课程发展提供大量非财政的公共资源支持。

3.以学生多元需求为本的课程发展机制。如何满足国内背景、处境不同的学生群体的成长需求,创造有利于他们成长的基础教育,是课程改革治理最现实的目标,为此必须形成符合学生多元需求的课程发展机制。《课程改革纲要》提议要为农村学生和无法升学的城市学生创造多元的课程发展机制。这表明教育部十分关注包括留守儿童、城市农民工子女在内的特殊学生群体,也为此制定了许多新政策,如调整农村学校布局、责令流入地公办学校承担更多责任等。但教育部毕竟无法停下其他工作,专门为转型期新出现的特殊学生群体量身定做有益的课程发展计划。这就需要其他课程

---

① 例如,有学者曾指出,四川教育发展基金会所筹资金中的"90%都是通过财政拨款获得"。见:张永玉等.当前我国教育基金会的发展现状和问题分析[J].江西教育科研,2005(1):41.

② 张保庆.关于中国教育经费问题的回顾与思考[A].中国教育年鉴1999[C].北京:人民教育出版社,1999:4—8.

发展机制补充进来。

留守儿童、城市农民工子女等经济社会转型期出现的特殊学生群体正是许多民间公益组织的重点或专门服务对象。一些分工清楚的民间公益组织甚至联合在一起，形成了一套完整的集调查研究、资源配置、课程开发与就业安排于一体的课程发展体系。南都公益基金会 2007 年调查得出：全国 4 300万农民工子女，其中约2 000万随父母四处漂泊，成为流动儿童；约 2 300万留在家乡，成为“留守儿童”。南都公益基金会打算在未来 10 年内筹集 3 亿元资金，为农民工子女创办 100 所融“普通公民素养”与“职业技能”教育于一体的“新公民学校”。[①] 腾讯公益基金会等有影响的民间非公募基金会为真想梦想基金会的“梦想课程”、“为中国而教”的大学生志愿教师计划等民间公益组织的课程发展项目，提供经费支持，也可以说明，民间公益组织已发展出功能相当完整的课程发展联合体，可以为转型期的特殊学生群体提供更专业、更有效的基础教育服务。

南都公益基金会 2007 年估计，“随着中国的城市化进程加速，农民工子女动态累计将达到 1 亿人。”[②]2010 年，另一家民间公益组织恩派[③]则提出，“未来 20 年，中国的城镇人口还将会净增约 3 亿人，平均每年还将会有 1 000万～1 300万人要从农村转移到城镇。”[④]正是这一严峻教育现实，促使许多民间公益组织将自己打造成了专门为转型期特殊学生群体的成长需求提供优质教育服务的课程发展机制。将这些专门为特殊学生群体服务的民间公益组织引入课程发展与管理，显然可以弥补已有课程改革治理的机制缺失，使国家及地方的课程发展在满足学生多元需求这一点上发挥更大效力。

---

① 南都公益基金会“新公民学校”项目研究小组.“新公民学校”可行性研究报告[R]. 2007(5):5.

② 南都公益基金会“新公民学校”项目研究小组.“新公民学校”可行性研究报告[R]. 2007(5):5.

③ 作为一家知名的“公益组织发展中心”，恩派(NPI)是“在政府主管部门、国内外资助型机构、企业界、学界等关键‘拥护群’的支持下发展起来的一个公益支持性组织集合体”。该组织的第一个注册机构是 2006 年成立的上海浦东非营利组织发展中心。其组织理想是让“中国的社会创新者都能拥有一个政策鼓励、资源匹配、服务齐备、舆论推崇的成长环境”。见：恩派. 恩派 2010 年报[EB/OL]. http://www.npi.org.cn/uploads/magazines/report/3_1082_113548.pdf,2012-1-4.

④ 高强. 未来中国最迫切的[J]. 社会创业家,2010(1):20.

4.课程改革的“重要社会力量”动员与协调机制。民间公益组织的另一点治理机制创新价值便是能够将各种积极的“社会力量”带入课程改革,从而弥补现有课程管理体系在驾驭复杂社会关系方面的诸多机制缺失。民间公益组织善于凝聚学术文化界、媒体界及商界等几大关心且有实力推动基础教育发展的“重要社会力量”。缺乏合适的机制来赢得学术文化界、媒体界及商界等“重要社会力量”的支持,正是当前课程改革管理创新亟待解决的另一大难题。教育部最近发展了新的课程改革治理机制,但其思路仍是在动员教育系统内的“专家”力量,没有真正的机制创新,能够将学术文化界、媒体界及商界等几大“重要社会力量”整合进来。如果教育部想要切实争取这些力量的支持,民间公益组织显然就是现成的动员与协调机制。

5.课程改革的民间绩效评价与问责机制。在与民间公益组织的一般工作人员及志愿者进行交流时,经常会发现,他们并不知道“课程改革”是国家重大基础教育改革工程,尽管他们笼统地坚信自己做的事情均有利于推动课程改革。如一位工作人员所言:

> 我不知道课程改革原来是教育部特意发起的“重大工程”,我只觉得现在学校里的课程与教学的确需要改,因为很多东西都只是为了考试。不过,听你那么一说(指国家课程改革的基本情况介绍),我发现,我们做的事情其实都和国家课程改革密切相关。比如,给山区孩子提供图书,为山区教师做文化与教学培训,这些都是在帮助国家进行课程改革吧,虽然我们事先确实不知道国家课程改革这么一回事。①

王嘉毅教授不久前对西部地区国家基础教育改革政策的认知程度展开调查,也发现类似情况,并提出应“高度重视”政策宣传,“确保每一个利益相关者都能全面、准确、深入了解改革及其政策”。② 但要让课程改革真正赢得最广泛的社会支持,仅仅只是发展有效的宣传机制似乎还不够,必须能让公众了解、评价政府的课程改革责任与实际绩效。然而现有的课程管理体系中并没有提供相应的机制,来让公众了解、评价政府的课程改革责任与实际绩效。很明显,这一机制创新问题不解决,公众便无法对课程改革形成实

---

① 何珊云.真爱梦想基金会安徽田野考察笔记[Z].2011-12-1.

② 王嘉毅等.西部农村对“两免一补”的了解程度与实施效果研究——兼论我国教育改革与教育政策的宣传与普及[J].当代教育与文化,2010(2):78.

质性的认可，课程改革依然要在不理解、不支持的社会氛围中进行。

就近些年来的政府行政问责发展来看，自 2003 年长沙市在全国范围内率先推出行政问责制，再经过 2007 年温总理《政府工作报告》明确提出要“建立健全行政问责制”，政府治理绩效评价及问责制已被陆续引入各个公共事务领域，并依靠监察、人大等政府组织发展出了治理绩效及问责制的实施机制。[①] 而最前沿的绩效及问责机制创新探索正是发展“公民参与”的政府治理绩效评价及问责机制。尽管这一机制创新探索尚处于“象征性阶段”，即“政府给予或向公众提供政务信息，政府贯彻公开、透明性原则，逐步向公民开放施政信息，并向公民征询政策建议，接受公民监督”，但随着公众问责意识与组织能力的完善，必将会形成真正的民间绩效评价与问责制度。事实上，近些年已经出现了评价政府治理绩效和向政府问责的个人及非政府组织。一些学者即因此预言，公民“以非政府组织为载体来参与问责活动，将大大推动行政问责制的实施和完善”[②]。

相比于其他领域的政府绩效评价与问责制发展状况，课程改革领域的民间治理绩效与问责机制建设似乎还处于“象征性阶段”之前的阶段，既未形成专门的课程改革治理与绩效信息公布机制，也没有架构起向“公民征询政策建议，接受公民监督”的机制。但在教育领域发挥作用的民间公益组织却在发展“公民参与”的政府治理绩效评价及问责机制做了许多探索。以 21 世纪教育研究院为首的民间教育智库，更是开创了民间组织评估政府教育治理绩效的先河。虽然这种“自下而上”的绩效评估机制创新实验只是赢得了一些地方教育行政部门的象征性认可，远未成熟到可以作为各级政府现成的课程改革民间绩效评价与问责机制，但它毕竟为发展课程改革的民间绩效评价与问责机制，积累了经验。发展课程改革的民间绩效评价与问责机制，又是优化课程改革治理必不可少的基本环节，否则课程改革何以赢得公众实质性的认可与支持。

以上便是民间公益组织在课程改革治理机制创新方面蕴含的具体意义。很明显，上述分析是立足于民间公益组织的课程改革治理功能，同时也参照了现有课程管理体系的诸多治理机制缺失。事实上，对于民间公益组织能为现有的课程管理体系提供多少新的治理机制，上述分析并不完整。

---

① 沈杰. 提高地方政府执行力 完善行政问责制[J]. 特区理论与实践，2009(3)：68.

② 汪伟全. 公民参与：推进行政问责制的重要途径[J]. 探索与争鸣，2007(7)：38.

民间公益组织还可以提供第六或第七种治理新机制。即如之前提到的在教材编写与发行方面，民间公益组织也有意要组建“非营利”的民间教材开发机制，并且已经在环境保护教育、传统文化教育、农民工子女教育等课程发展议题上形成了自己的课程与教学体系，其质量也高于许多地方教研员开发的地方教材。然而上述五点已足以说明，对负责治理课程改革的各级政府来说，民间公益组织确实是一种值得引入的新机制。

尤其对一些“不作为”的地方政府来说，民间公益组织的机制创新意义更是弥足珍贵。关于这一点，一位民间公益组织发起人曾这样感慨：

> 我们也很关注，一些地方领导根本没有任何教育改革或课程改革作为，心思根本不在这上面，即使想到要抓一下教育了，也是教育 GDP 的思路，中考、高考升学率上去了，便搞个庆功会。如果下去了，便把教育局长抓来训斥一通。哪里会去找钱，找人，把教育办好。这样的地方领导，如何能搞好教育改革？想到这样的地方领导在管理教育，我们只能尽力多做一点。谁叫我们不忍看到还有那么多的孩子不能上好学呢？也许这就是所谓的书生意气吧，只能这样解释。那些真心要把教育抓好的地方领导，恐怕也是这样的人。①

从这段感慨中可以看出，对那些不作为的地方政府来说，民间公益组织等于是在填补它们的不作为造成的课程改革治理空缺，哪怕民间公益组织只是为这些地方筹集课程改革必需的资源，也是为这些地方政府免费贡献了一种公共资源配置机制，更别提为这些地方的教育进步提供课程发展服务，动员媒体力量关注这些地方的教育发展。因此问题仍是如何更新现有的课程管理体系，发展治理机制更加健全的课程改革治理体系，从而可以调动更多的力量应对当前的课程改革治理挑战，为每一位学生提供优质的课程与教育服务。

美国联邦及地方政府自 20 世纪 90 年代起就在发展这种动力更健全的课程改革治理体系，并试图超越“各级课程决策主体的政治本质差异”。②在中国课程改革空间中发挥影响的力量不存在美国式的“政治本质差异”。

---

① 何珊云. 民间公益组织发起人及骨干成员访谈笔记[Z]. 2011-11-15.

② Elmore, R. et al. eds. *The Governance of Curriculum*: 1994 *Yearbook of the Association for Supervision and Curriculum Development* [M]. The Association for Supervision and Curriculum Development, 1994.

即如本书考察的民间公益组织，便赞成“国家主导、社会参与”的治理格局。但与美国政府早已将企业、媒体和非政府组织等重要社会力量拉入课程改革治理相比，中国课程改革治理体系与机制的确显得落后许多，这自然会限制对于课程改革的治理能力。然而如何发展动力更健全的课程改革治理体系，又是一个庞大艰难的课题，本书所能做的只是立足于民间公益组织的实际行动与功能，尝试通过引入民间公益组织，寻找一条可行路径，为“社会力量”参与课程改革治理提供一个突破口，进而为以教育行政与专业力量为主的传统课程管理体系提供一种新的课程改革治理机制。接下来将展望一下，如果要使民间公益组织成为国家认可的新机制，参与课程改革治理，国家及民间公益组织自身还需要解决哪些基本问题。

第三节 民间公益组织参与课程改革治理亟待解决的问题

当前国家已正式提出要发展“教育公共治理”，但真正落实这一点精神，仍有很长一段路要走。尤其是在课程改革领域落实“公共治理”，吸纳民间公益组织，发展课程改革治理新机制，更是尚未成为国家教育改革的政策议题。这意味着，在课程改革治理方面，教育行政部门仍只需要按照传统思路，也就是调动教育系统内的力量，成立新的教育专家团队，以之作为新的课程改革治理机制。只有等到国家教育决策层正式决定要发展课程改革公共治理体系与治理机制，民间公益组织或许才可能正式成为国家认可的课程改革治理机制。

正如一位民间公益组织发起人所言，他们“不知道国家何时会颁布政策，支持他们与地方教育行政部门在课程发展方面建立相互信任的合作关系”。但在此之前仍可以提前探讨，如果要使民间公益组织正式成为国家认可的课程改革治理新机制，急需解决哪些问题。况且，在“扶贫”领域，国家2006年就开始在一些省份对“非政府组织和政府合作开展扶贫”进行“试点”，以“落实《中国农村扶贫开发纲要（2001—2010年）》中有关‘要积极创造条件，引导非政府组织参与和执行政府扶贫开发项目’的精神”。[①] 教育领域早晚也要走到这一步。

① 中国扶贫基金会.非政府组织和政府合作进行村级扶贫规划试点项目[EB/OL]. http://www.cfpa.org.cn/new/rar/a2.pdf,2006-11/2012-1-4.

一、优化民间公益组织的管理政策、制度环境与体制支持

引入民间公益组织，发展课程改革治理新机制，形成“国家主导、社会参与”的课程改革治理体系，首先需要国家完善已有的民间组织管理政策，为民间公益组织创造更好的制度环境与体制支撑。就目前民间公益组织参与课程改革治理所面临的体制与制度困境而言，急需解决以下几个问题。

（一）放宽登记条件，制定更合理的管理政策

有学者估计，中国除了登记注册的近 40 万家民间公益组织外，还有 300 万家没法登记的草根民间组织。[①] 当前在基础教育领域表现活跃的民间公益组织同样大多属于没有正式注册的“草根组织”。造成这一局面的制度原因乃是国家的“社会组织”、“民办非企业单位”、“基金会”和“企业”类非营利机构这四大民间组织的登记管理资格要求过高，如社会团体要求组织规模至少要达到 50 人，而成立非公募基金会则至少要有 200 万元的启动资金。另一方面，每个领域的民间组织注册指标也很有限，往往只有 1 个，而且常常被官办民间组织垄断。导致许多民间组织甚至不能注册成“民间非企业单位”，因为被告知“指标”用完了，只能去工商局注册成“企业”。而工商部门又没有分类管理，造成民间公益组织也需要缴税。这就需要国家发展相对宽松、合理的民间组织管理政策，进一步调动民间公益组织的积极性。

（二）民间公益组织的政府培育机制与治理合作关系

学界一直在呼吁政府采取措施，主动承担民间公益组织的培育工作，使其可以获得更好的发展条件，发挥更大的治理参与功能。[②] 一些地方政府确实已在积极推进公共领域的政府职能转型，发展“小政府、大社会”的治理格局。[③] 本书所考察的民间公益组织注意到了这些变化，有的民间公益组织如 21 世纪教育研究院，也与一些地方教育行政部门达成了一些项目合作协议。但就总体而言，由于国家并未针对“教育公共治理”出台具体的民间

---

① 王名. 走向公民社会——我国社会组织发展的历史及趋势[J]. 吉林大学学报（社会科学版），2009（4）：5.

② 陈向阳. 非政府组织在中国的现状及挑战[N]. 中国经济时报，2005-5-26.

③ 杨联民等. 上海全力培育非政府组织[N]. 中华工商时报，2003-1-28；张钟汝等. 国家法团主义视野下政府与非政府组织互动关系研究[J]. 社会，2009（4）：167—194.

公益组织培育措施，即便是那些合法注册的民间公益组织也没有获得政府的主动培育，反倒是民间公益组织内部一些颇具实力的非公募基金会，如南都公益基金会、腾讯公益基金会，在出资搭建民间公益组织“孵化器”。至于在课程改革与基础教育发展领域和政府形成合作的治理关系，国家更是缺乏政策设计。总之，如果要使民间公益组织发挥更大的课程改革治理功能，急需政府采取有效的培育和治理合作关系发展措施，甚至使民间公益组织进入课程改革的“权力联合体”和课程管理体系。

（三）发展专业化的政府领导与监督机制

自三大民间组织登记管理条例颁布起，国家便形成了一套双重管理体制，这套体制可以将民间公益组织置于国家权力的控制之下，但也难以对功能不同的民间公益组织加以有效的领导与监督，导致民间公益组织即使想去主动争取政府的管理与监督，也很难找到适宜的政策、法律和政府机制，常常只是在和“重登记、轻管理”的行政力量打交道。[①] 就本书所考察的民间公益组织而言，便存在教育政策参与、教育资源配置与直接从事课程发展等功能不同的民间公益组织，政府已有的民间组织管理体制显然不能对它们加以识别与区分。为此，就需要政府部门研制专业化的领导与监督机制，等将来民间公益组织与政府形成广泛的课程改革治理合作关系时，政府便可以对功能不同的民间公益组织加以有效领导与监督，使它们更好地发挥各自的课程改革治理功能。

林尚立教授曾指出：“政府对于民间组织的态度，多少有点像当年对私营企业的态度，既给其发展，又惧其发展。历史表明……对于现代社会成长的必然元素民间组织，政府必须正视其发展、壮大，且应当积极引导，正面开发其潜藏的功能性空间。为此，要建立适当、有效的规则和机制，做到保护与管理并重、规范与开发并举。”[②]各级政府形成积极的心态，“正面开发”民间公益组织“潜在的功能”，对民间公益组织采取有效管理与监督，其实也是本书所考察的民间公益组织的基本心愿。总之，政府主动完善相关管理政策与支撑机制，是民间公益组织正式成为课程改革治理新机制，发挥更大课程改革治理功能的前提条件。

---

① 陈向阳. 非政府组织在中国的现状及挑战[N]. 中国经济时报，2005-5-26.

② 林尚立，王华. 创造治理：民间组织与公共服务型政府[J]. 学术月刊，2006(5)：28.

二、民间公益组织自身的组织架构及运作机制完善

民间公益组织要想正式成为课程改革治理新机制，除需要国家为民间公益组织创造更好的政策、制度发展环境与体制支持外，更需要民间公益组织对自身的组织架构与运作机制不断加以完善。21 世纪最初几年，民间公益组织迎来新一轮发展高峰时，曾有学者指出，民间公益组织存在“内部管理混乱无章，组织性不强，活动无法正常开展”等问题，“有的社团”甚至是“无办公住所，无活动资金，无专职工作人员的三无社会团体”。① 而从本书重点考察的几家民间公益组织及其内部人员的分析来看，四大类积极参与课程改革的民间公益组织需要在以下几个方面进行组织自我完善。

（一）稳定的经费来源

这一点可以说是各个领域的民间公益组织普遍遭遇的问题。国外学者在研究中国环保领域的非政府组织时也曾发现，缺乏稳定的经费支持，是环保类非政府组织的第二大难题（第一大难题是与政府的关系）。② 本书考察的民间公益组织也大都存在经费危机问题，即使是拥有稳定经济基础的由企业精英创办的基金会也是如此。像 21 世纪教育研究院、为中国而教等，都因为自身没有盈利的企业作为基础，更是缺乏稳定的经费来源。不过，依靠各自的声誉、社会关系网络以及民间公益组织内部的相互支援，一般来说，民间公益组织都能找到公益项目开展所必需的经费。真正困难的是那些没有正式注册的草根组织，随时都可能发生解体。总之，如何形成稳定的经费来源，是民间公益组织自身组织建设必须解决的首要难题。

（二）健全的内部人才配置、培养与管理体系

中国青少年发展基金会、百年职校、南都公益基金会等民间公益组织都已形成比较稳定、团结的骨干群体，但仅靠几名骨干显然不足以应对其组织使命。它们又没有专门的人才培养机制，来为它们提供合格人才，以扩大它们的公益教育事业。目前，它们主要是靠组织的公益精神与实践来吸引那些热心于公益事业的人才，常常只有那些对组织创办人感到由衷钦佩的人

---

① 刘俊. 中国非政府组织（NGO）现状分析[J]. 台声，2005(6)：14.

② Cooper，C. M. ‘This is Our Way In’：The Civil Society of Environmental NGOs in South-West China[J]. *Government and Opposition*，2006，41(1)：99.

能够坚守到底。这表明，民间公益组织尚未发展出一套成熟的“理性化”的内部管理体系，可以为组织成员提供稳定的专业职位与较高的经济待遇，常常是靠强大但终归不确定的精神与情感力量维系组织运行。

例如，21 世纪教育研究院便被一些学者称为是“人治”组织，其组织结构及组织影响力都是建立在“个人”（即发起人杨东平）的基础上，甚至骨干成员也认为，如果发起人放手，组织或许便不存在了。[①] 另一位民间公益组织领袖梁晓燕也认为，她所在的民间公益组织主要依靠“类家庭氛围”维持运转。[②] “人格魅力”、“类家庭氛围”等诸如此类的“人治”力量曾在民间公益组织成长过程中发挥决定性的凝聚作用，但从长远来看，民间公益组织显然需要像那些真正成熟的西方非政府或非营利组织学习，建立一套健全的制度化管理体系，形成即使人不在组织也能高效运作的“理性化”的内部管理与运作体系。

（三）有效的公共监督与自律机制

清华大学 NGO 研究所所长王名教授曾指出，“中国 NGO 需要来自包括海外捐赠在内的大量的社会资源”，但十年前，中国 NGO 便因为“出现腐败而被曝光”，这就给民间公益组织的公信力蒙上了阴影。近年来，诸多红十字会腐败事件更是严重贬损了民间公益组织的社会公信度。就此问题，王名教授提出的解决办法是民间公益组织必须“形成规范和统一的问责与绩效评估体系”。[③] 虽然这些腐败事件多出自官办的民间公益组织，充分说明长期以来官方的民间公益组织一直缺乏有效的公共监督与自律机制，但各类非官方的民间公益组织同样缺乏有效的公共监督与自律机制。所幸民间公益组织已充分认识到了这一点，并因此在积极探索各种可以挽回或提高公信力的公共监督及自律机制。

一般来说，民间公益组织最容易想到的办法是通过组织活动年度报告，建立透明的财务公开机制，但这只能起到自律作用，依旧无法让公众监督民间公益组织，因此仍不能提高民间公益组织的整体公信度。在目前的体制环境下，民间公益组织又不能将提高民间公益组织公信度的责任推给政府，

---

① 熊庆年，张珊珊．一个教育 NGO 的组织生态——21 世纪教育研究院观察[J]．现代大学教育，2011(4)：3.

② 周丹薇．梁晓燕：NGO 需要类家庭氛围[J]．社会创业家，2011(6).

③ 王名．中国 NGO 的发展分析[J]．管理世界，2002(8)：30—43.

由政府为其设计公共监督与自律机制。如何发展能对所有民间公益组织展开有效监督，进而整体提高民间公益组织的纯净度与公信力，仍得依靠民间公益组织自身。在这一点上，最值得一提的或许是南都公益基金会发起人徐永光的努力。作为民间公益组织体系内“不老的领袖”，徐永光近年来最想做的事情之一正是建立可以有效监控所有民间公益组织的公共监督与自律体系。2010 年，徐永光联合“全国 35 家最知名的基金会，成立了基金会中心网，这是一个基于民间立场的行为，也是中国目前唯一一个对基金会信息全面披露的信息服务平台”[①]。

一年之后，这个信息披露平台“已搜集2 500多家基金会财务数据”。不久前，河南省宋庆龄基金会之所以“出了事”，“全因为在基金会中心网排行榜中，总资产和捐赠收入高居第一，公益支出却名落孙山”，基金会中心网也因此堪称“为媒体和公众监督公益事业提供了最专业的支持”。[②] 徐永光的努力为发展民间公益组织的公共监督与自律机制开辟了切实可行的道路。假以时日，公众必然可以获得有效途径，来监督民间公益组织的公益支出与绩效。如此就可以为民间公益组织的发展创造更好的社会环境。民间公益组织在这方面的探索，还能为将来发展健全的课程改革治理绩效公共监督机制提供经验，甚至直接为公众监督课程改革治理的各项支出与绩效提供有效工具。

综上所述，要想使民间公益组织正式成为课程改革治理新机制，更好地参与课程改革治理，需要国家、政府及民间公益组织的协调努力。对于这一协同努力过程，民间公益组织必须坚持“国家主导、社会参与”的治理总格局，而不可能逾越这一总格局。在此原则基础上，国家完全可以改变长期以来对于民间公益组织过于担忧的态度，为民间公益组织提供更宽松的政策、制度与体制环境，积极培养民间公益组织，并向民间公益组织敞开由教育行政力量单独管辖的课程改革治理事务。与此同时，民间公益组织也需认识到，即使从国家那里获得正式的资格来参与课程改革治理，也要进一步完善自己的经费来源、组织运行、公共监督与自律机制。

然而，这一切都还只是现实基础上的展望。实际上，国家、政府及民间公益组织在课程改革治理方面并未达成正式的制度沟通，民间公益组织仍

① 田磊. 不老的公益领袖[J]. 南风窗，2010(26)：32.

② 南方周末. 年度关注[N]. 2011-12-29(D28).

只能继续在体制外围开展各种对课程改革治理有益的活动。它们当中，有的希望自己有一天可以默默的消失——只要国家、各级政府把教育治理好了。百年职校创始人姚莉便说："我们是在替政府做事，等将来政府做到了让所有想接受教育的人都能接受教育的话，学校就办不下去了，使命也就完成了。"①民间公益组织作为课程改革治理的积极参与力量，会因为姚莉式的自我勉励一直存在下去。但如果国家及各级政府能尽早重视民间公益组织的课程改革治理功能，采取措施，正式将其视为课程改革治理新机制，便能形成更强大的课程改革驱动力，各级政府也可以更好地应对当前课程改革治理的双重挑战。

① 张小武．探访"百年职校"[J]．教育旬刊，2008(3)：33．

结语

此刻要做的是回到本书的基本议题，给出主要发现与结论。概而言之，对于如何在课程改革领域落实国家《中长期规划》提出的“教育公共治理”精神，开创“国家主导、社会参与”的课程改革治理格局，本书通过深入考察民间公益组织参与课程改革的实际表现，分析其积极的课程改革治理功能与治理机制创新意义，已为破解这一难题找到了一条切实可行的路径。以下即从这一点出发，归纳本书的主要发现与观点。

一、社会力量参与课程改革治理的可行路径

本书的研究首先可以说明，民间公益组织为决策层及理论界进一步动员“社会力量”参与课程改革治理，提供了可行的深化路径。具体来说，主要表现为以下几点：

1. 引入民间公益组织，可以深化决策层及理论界的“教育公共治理”探索。当前国家教育改革与发展正在面临的一大挑战乃是如何转变政府教育管理职能，吸纳社会力量参与教育决策及管理，发展“教育公共治理”体系与机制。对于这个问题，《国家教育改革与发展中长期规划》的解决思路是“积极发挥行业协会、专业学会和基金会等社会组织在教育公共治理中的作用”。

教育理论界提出的解决思路则更为多元：劳凯声教授提出要充分信任“市场力量”的公共教育供给功能，逐渐形成市场力量为主、政府有效监督的教育发展新局面；谢维和、袁振国等教授从顶层设计出发，认为应加强教育政策制定的“公共性”；刘复兴教授则强调“公民社会”的力量，呼吁在教育决策与管理领域发展“政府、市场与公民社会”的博弈机制，形成多元力量相互

妥协、共同驱动的教育发展格局。

课程学界尚未开始探讨如何发展课程改革的“公共治理”体系与机制，但钟启泉、崔允漷、张华等教授均意识到了课程改革必须争取“社会力量”的支持与参与。靳玉乐、王嘉毅等教授则分析过目前“课程权力”的结构性缺失、政府课程改革驱动力不足等问题，并提出了两大变革构想：一是“向社会分权”，将“第三领域”、“市民社会”的课程权力引入课程改革；二是建议国家与省级政府直接出面，组建更权威的“课程改革领导小组”。

但无论是课程学界，还是教育理论界，似乎都只能为本书提供一些宏观的改革理念与方向。有的理念，如“公民社会”或“市民社会”，是否符合国情或社会实际情况，还存在疑问之处，因为中国并不存在西方意义的能与国家政治权力并驾齐驱的“公民社会”或“市民社会”。其他适合的理念，如“市场”、“争取社会支持”、“向社会分权”等，又显得过于笼统，顺着这些概念，仍找不到具体的争取或依靠对象，进而发展以某一具体的“社会力量”为基础的课程改革治理新机制。

国家《规化纲要》倒是明确提到了“行业协会、专业学会和基金会”这三类“社会组织”，然而也是一笔带过，对于其中任何一类“社会组织”可以发挥什么样的“教育公共治理”角色，都没有给出细致解释。本书不仅将理论界试图争取的“社会力量”具体化为民间公益组织，而且切实考察了民间公益组织在课程改革治理中的具体作为与功能，因此可以深化决策层及理论界的“教育公共治理”探索，为开创“国家主导、社会参与”的课程改革治理格局，找到了切实可行的突破口。

2.引入民间公益组织，可以开拓“国际视野与本土行动”的新维度。就课程改革研究而言，国内理论界的“国际视野”一直指向英美等国，但对于这些国家的民间组织如何参与课程改革，却很少考察，引入民间公益组织，可以丰富国内课程理论界的“国际视野”。本书围绕民间公益组织展开的国际经验考察也表明，在分析英美等国的课程改革进展时，决不能忽视各类民间组织在课程改革治理中的作用。

事实上，英美等国政府及理论界早在20世纪90年代便形成了较为健全的体系架构。进入21世纪，又在不断协调课程改革中的各方力量，试图形成更健全、驱动力更强的课程改革治理体系。① 虽然英美等国远没有实现提高"教学质量"的课程改革治理目标,②但在发展多元力量共同参与课程改革治理这一点上,的确形成了相对更为成熟健全的体系架构,民间"利益群体"、非政府组织等也因此早就积极参与了政府的课程改革治理。

进而言之,引入民间公益组织,不仅有利于更全面地认识西方课程改革,而且能为中国发展"社会力量"参与的课程改革治理,提供经验参照,并为与西方课程界展开交流提供新主题。当然,更重要的一点仍在于,将民间公益组织这一具体的"社会力量"列为课程政策与管理研究的新对象,有利于更全面地考察本土课程改革的动力体系,进而为吸纳"社会力量"参与课程改革治理,创新本国课程管理,开辟可行路径。

二、走向"国家主导、社会参与"的课程改革治理

为了充分论证,通过引入民间公益组织这一具体的"社会力量",可以为发展"国家主导、社会参与"的课程改革治理,提供一条切实可行的路径,本书依次探讨了两个首先必须回答清楚的基础问题。从中可以看出,要想通过民间公益组织发展"国家主导、社会参与"的课程改革治理,首先需要明确以下几点:

1. 决策层及理论界需要从"治理"视角出发,分析国家及各级政府已有的课程改革治理体系与能力为何不足以应对当前的课程改革治理挑战,以及可以采取什么样的治理体系与治理机制创新措施。对于这个基础问题,本书的分析表明,当前国家及各级政府正面临双重课程改革治理挑战:既要继续从90年代末的"科教兴国"战略出发,发展"素质教育",扭转"应试教育",又要承担"和谐社会"新战略提出的"教育公平"要求,使"每一个孩子"都能享受优质的"素质教育"。

然而,各级政府已有的课程改革治理体系与能力并不足以应对上述课程改革治理挑战,在"压力型"体制的束缚下,只要中央没有亲自推动课程改革,许多地方政府便不会把课程改革当回事。面对各级政府课程改革治理

---

① Sanders, T. Forward, in Epstein, N. ed. *Who Is In Charge Here? The Tangled Web of School Governance and Policy*[M]. New York: Brookings Institute Press, 2004: vii.

② Ravitch, D. *The Death and Life of the Great American School System*[M]. New York: Basic Books. 2010.

体系与能力不足问题，本书认为，可行的解决思路是在坚持“国家主导”的同时，引入已在发挥积极治理作用的民间公益组织。由此，弄清民间公益组织正在发挥何种积极的课程改革治理功能，便成了本书的关键问题。

2.关于民间公益组织已在发挥何种积极的课程改革治理功能，首先需要分析民间公益组织到底“志愿”做了哪些对课程改革治理有益的事情。这正是通过民间公益组织发展“国家主导、社会参与”的课程改革治理体系必须回答的第二个基础问题。但这个问题并不容易回答。尤其对国内课程学界来说，民间公益组织参与课程改革几乎是一个完全没有涉足的领域，英美课程学界虽然有所涉及，但其分析工具，如“课程领导权”争夺、“意识形态”斗争理论，或各种以阶层、种族与性别差异为本的分析框架，往往又不适合解释本土民间公益组织的处境与行动。

幸运的是，通过立足本土的政治社会实情与本土课程改革的力量结构，同时扩大理论视野，吸收政治社会学的“国家权力变革”、“问题建构”、“社会关系网络”、“社会动员”，以及尼斯珀尔、坦纳课程学者提出的“课程空间”、课程改革的“权力基础”与“权力联合体”等理论，本书还是找到了一些颇具解释效力的概念工具，它们不仅可以合理分析自20世纪90年代以来的中国社会如何在国家权力变革的导演下，出现了民间公益组织的复兴局面，而且能够揭示民间公益组织参与课程改革的实际表现。

借助于“社会空间”及“课程空间”理论，本书认为中国课程改革空间是由多重力量建构起来的，其中国家权力居于最高的主导地位，并将实际的主导角色托付给各级政府的教育行政部门，由后者调动教育系统内的各方力量组建国家及地方课程改革的“权力基础”与“权力联合体”。但在中国巨大的课程改革空间中，发挥建构与影响作用的并不只有教育行政部门组建的“权力基础”与“权力联合体”，而是存在其他许多力量。

本书特别关注的其他力量包括：①教育体制外的体制力量，来自各级政府的非教育行政部门；②非政府力量，来自各政府部门以外的企业、学术界、媒体与社会。这两大类教育行政部门组建课程改革“权力联合体”时遗漏的力量一旦被调动起来，往往可以形成更大的作用力，甚至可以迫使教育部调整课程方案与行动。正是依靠各自的“社会关系网络”及“社会动员”机制，四大类民间公益组织可以“搭上”教育体制外、但同样能在课程改革空间中起作用甚至作用更大的多重力量，进而开拓广阔的课程改革参与空间。

民间公益组织进入课程改革空间后，依靠自己对于国家教育发展问题的把握开拓了四大有益于国家课程改革治理的参与领域，分别是：①政策的制定、实施与评估；②地方教育制度创新；③中小学课程发展与教学革新；④课程改革治理的多重关系协调与整合。这四大领域均蕴含了一系列国家课程改革治理必须解决的难题。为了协助国家解决这些问题，民间公益组织采取了多重的常规行动：①直接介入政府的政策活动与独立开展政策研究；②激励与推动地方教育制度创新；③在一线的教学领域中从事课程与教学创造；④“社会化”的公益力量动员与教育启蒙行动。为了争取社会支持与扩大影响，民间公益组织还采取了一系列的辅助行动，包括起家阶段积累“社会资本”和“公信力”，发展阶段争取政界、学术文化界的精英的支持，与商界、公共媒体领域的精英人士形成联合体。从开辟参与空间，到建构具体的参与领域，再到为解决领域内的教育问题采取一系列的行动，这些正是民间公益组织参与课程改革的实际表现，同时也清楚回答了民间公益组织“志愿”做了哪些对课程改革治理有益的事情。

三、民间公益组织作为课程改革治理新机制

弄清民间公益组织“志愿”做了哪些对课程改革治理有益的事情之后，便可以解答本书的关键问题，即民间公益组织具有何种积极的课程改革治理功能与机制创新意义。围绕这一关键问题，本书形成以下几点发现：

1. 民间公益组织具有以下三大显著的课程改革治理功能：①优化国家课程改革的政策工具及地方实施的制度环境；②为国家治理课程改革筹措资源与提供“优质教育”服务，也就是为国家治理课程改革提供物质与人力资源，同时分担国家课程改革治理的“优质教育”创造与供给难题；③改良国家课程改革治理的社会基础及公众参与，尤其是发展、扩大国家课程改革治理的公益“社会力量”联合体，引导公众理性参与国家课程改革治理。

2. 上述三大功能清楚表明，民间公益组织其实已经发展成为一种有效的课程改革治理机制，只要引入民间公益组织，即可以革新、完善现有的课程改革治理。为了凸显这些功能的治理机制创新意义，本书还探讨了三级课程管理体系的治理机制缺失：首先是内部机制缺失，包括新课程本身的政策框架不健全，教材发展领域的治理机制缺失，一线课程改革活动的认可、评价与激励机制缺失，以不同学生及其多元发展需求为本的课程发展机制缺失；其次是外部机制缺失，包括难以驾驭课程改革的复杂社会力量作用关系，没有纳入教育体系以外有影响的社会组织与力量，课程改革治理的社会

评价、监督与认可机制缺失。

从三级课程管理体系的内外治理机制缺失出发，本书认为，民间公益组织最基本的治理机制创新意义表现为：引入已在发挥积极发挥课程改革治理功能的民间公益组织，不仅可以弥补三级课程管理体系的诸多内外机制缺失，而且能为发展“国家主导、社会参与”的课程改革治理，提供一条切实可行的路径。进而言之，引入民间公益组织，能够带动以下几个方面的课程改革治理机制创新，甚至直接提供以下几种新机制：①课程改革的公共资源配置机制；②课程改革政策活动的民间参与机制；③以学生多元需求为本的课程发展机制；④课程改革的“重要社会力量”动员与协调机制；⑤课程改革的民间绩效评价与问责机制。

3. 上述观点充分说明，决策层与理论界的确可以将民间公益组织看成是值得引入的课程改革治理新机制。这也进一步论证了本书的核心假设，对于课程改革最高领导者即国家与地方政府来说，民间公益组织其实早已为开创“国家主导、社会参与”的课程改革治理格局，提供了一条切实可行的路径，实际负责课程改革重任的教育行政部门也可以不再局限于仅仅依靠三级课程管理体系或教育系统内的力量来推动课程改革。

但也必须看到，要使民间公益组织正式成为课程改革治理新机制，仍有很长一段路需要走。这不仅需要等待国家将“社会组织”参与课程改革治理列为政策议题，创新现有的民间公益组织管理政策，为民间公益组织参与课程改革治理创造更好的体制与制度环境，更需要民间公益组织进一步完善其自身的内部组织架构与运作机制，同时发展更透明、更具公信力的公共监督体系与机制。

最后值得强调的是，近几年来，在诸多“红十字会”事件的刺激下，民间公益组织已开始改良自身的组织架构、运行机制与公信力。与此同时，国家也在逐渐开放社会事务治理范围，为民间公益组织创造更大的发展天地。虽然即使教育决策层及理论界不去关注，也不会失去这股积极的民间课程改革推动力量，民间公益组织仍会在国家课程改革的“权力联合体”之外默默展开其“志愿”的公益教育行动，但如果教育决策层及理论界能充分重视民间公益组织，并与之形成信任合作的治理关系，便可以切实开创“国家主导、社会参与”的课程改革治理格局，为课程改革的健康深化与发展注入更强大的驱动力量。

中文参考文献

1. 安力. 百年职校建立第一所分校获赠捐款 360 万[J]. 职业与教育,2008(12):116.
2. 百年职校. 教育理念[EB/OL]. http://www.bnvs.cn/gybn0105.asp,2011-11-29.
3. 包心鉴. 社会组织参与社会治理[J]. 经济社会体制比较,2011(1):224—225.
4. 北京电视台. 姚莉和百年职校的故事[Z]. 非常接触,2008-7-16,19:35.
5. 北京市教委. 关于印发北京市普通高中课程改革实验工作方案(试行)的通知[J]. 北京市人民政府公报,2007(14):30—31,36—37.
6. 毕国均. 深化教育改革与教育中介组织[J]. 教育研究与实验,1998(3):23—26.
7. 蔡勤禹. 民间组织与灾荒救治[M]. 北京:商务印书馆,2005.
8. 操太圣,卢乃桂. 抗拒与合作:课程改革情境下的教师改变[J]. 课程·教材·教法,2003(1):71—75.
9. 陈斌蓉. 大学生支教感言[J]. 西部大开发,2007(11):28—29.
10. 陈国民. 课程领导:一个亟待关注的课程研究领域[J]. 教书育人,2009(6):87.
11. 陈静静,杜玥. "委托管理"是促进城郊教育一体化发展的有效措施——刘京海校长访谈[J]. 浦东教育,2011(11):4—12.
12. 陈丽琴. 农村公共空间的退缩与女性的政治参与——对湖北省 S 村公共空间的分析与思考[J]. 中华女子学院学报,2009(3):64—68.
13. 陈向明. 王小刚为什么不上学了:一位辍学生的个案调查[J]. 教育研究与实验,1996(1):35—45.

14. 陈向阳. 非政府组织在中国的现状及挑战[N]. 中国经济时报,2005-5-26.
15. 陈旭. 社会事务这个盘口让非政府组织去接[N]. 社会科学报,2004-4-15(2).
16. 陈学飞. 高校去行政化,关键在政府[J]. 探索与争鸣,2010(9):63.
17. 陈映芳. 行动者的道德资源动员与中国社会兴起的逻辑[J]. 社会学研究,2010(4):50—75.
18. 陈振明. 政策科学[M]. 北京:北京大学出版社,1997.
19. 崔允漷. 新课程“新”在何处?——解读《基础教育课程改革纲要(试行)》[J]. 教育发展研究,2001(9):5—10.
20. 崔允漷. 课程改革政策执行:一种分析的框架[J]. 教育发展研究,2005(10):1—6.
21. 崔允漷,俞英. 进一步推进课程改革的政策建议[J]. 教育理论与实践,2006(11):35—37.
22. 崔允漷,何珊云. 丛林之旅:校本课程十年[J]. 基础教育课程,2010(Z1):142—145.
23. 道格拉斯·诺斯. 论制度[J]. 经济社会体制比较,1991(3):55—61,64.
24. 邓正来. 关于“国家与市民社会”框架的反思与批判[J]. 吉林大学学报(社会科学版),2006(3):5—9.
25. 丁钢. 教育学学科问题的可能性解释[J]. 教育研究,2008(2):3—6,32.
26. 凡勃伦,李开夏译. 有闲阶级——关于制度的经济研究[M]. 北京:中央编译出版社,2011.
27. 范国睿,何珊云. 危机时代的教育变革——奥巴马政府的教育政策述评[J]. 教育研究,2011(2):98—102.
28. 范明林. 非政府组织与政府的互动关系[J]. 社会学研究,2010(3):159—176.
29. 冯新瑞. 完善三级课程管理体制 保障综合实践活动课程有效实施[J]. 教育科学研究,2010(12):61—64.
30. 付志宇. 论晚清财政危机与清政府的经济对策[J]. 现代财经,2007(11):95—97.
31. 高春颀等. 非政府组织是推动经济转轨主力军[N]. 中华工商时报,2005-11-11(1).
32. 高秉雄等. 公共治理:理论缘起与模式变迁[J]. 社会主义研究,2010(6):108.

33. 葛大汇. 教育评估中介的组织属性与法理分析——论上海市教育评估院面临的问题与改革方向[J]. 理论界,2008(12):188—190.
34. 葛大汇. 教育评估中的法团主义:行政力与专业联盟[J]. 华东师范大学学报(教育科学版),2009(4):8—15.
35. 格里·斯托克. 作为理论的治理:五个论点[J]. 国际社会科学杂志(中文版),1999(1):19—29.
36. 龚兵等. 中美教育专业团体的功能比较——以中国教育学会和美国全国教育协会为例[J]. 学会,2009(1):22—26.
37. 顾昕. 从国家主义到法团主义——中国市场转型过程中国家与专业团体的关系演变[J]. 社会学研究,2005(2):155—175.
38. 郭玉贵. 企业界参与教育改革与发展:美国的经验与启示[J]. 世界教育信息,2010(4):16—21.
39. 郭元祥. 教师的课程意识及其生成[J]. 教育研究,2003(6):33—37.
40. 郭元祥. 谁对国家课程计划的严肃性负责[EB/OL]. http://tieba. baidu. com/f? kz=160874463,2006-4-21/2011-12-31.
41. 光明日报. 国家基础教育课程教材专家咨询和工作委员会成立[EB/OL]. http://www. gov. cn/zwgk/2011-01/12/content _ 1783332. htm,2010-4-15/2011-10-26.
42. 国家教委. 国家教委关于支持中国青少年发展基金会实施“希望工程”的通知[EB/OL]. http://www. people. com. cn/item/flfgk/gwyfg/1992/206002199213. html,1992-11-2/2011-11-27.
43. 国务院. 民办非企业单位登记管理条例[EB/OL]. http://www. chinaacc. com/new/63/74/1998/10/ad5612111152018991442. htm,1998-9-25/2011-11-30.
44. 国务院. 社会团体登记管理条例[EB/OL]. http://www. chinanpo. gov. cn/web/showBulltetin. do? id = 16084&dictionid = 1202,1998-10-25/2011-11-30.
45. 国务院. 基金会管理条例[EB/OL]. http://tradeinservices. mofcom. gov. cn/b/2004-03-08/24310. shtml,2004-2-4/2011-11-30.
46. 国务院. 国务院关于深化农村义务教育经费保障机制改革的通知[A]. 中国教育年鉴 2006[C]. 北京:人民教育出版社,2006 .
47. 国务院办公厅. 国务院办公厅关于开展国家教育体制改革试点的通知[EB/OL]. http://www. gov. cn/zwgk/2011-01/12/content _ 1783332. htm,

2010-10-24/2011-1-12.

48. 贵州省教育厅. 关于成立贵州省普通高中课程改革实验工作领导小组及专家指导组的通知[EB/OL]. http://www.yqjy.gov.cn/index.php?option=com_content&task=view&id=949,2010-7-9/2011-11-19.

49. 哈贝马斯. 交往与社会进化[M]. 重庆:重庆出版社,1989.

50. 哈贝马斯,曹卫东等译. 公共领域的结构转型[M]. 上海:学林出版社,1999.

51. 韩洁. 国务院首次选择 11 家非政府组织参与农村扶贫项目[EB/OL]. http://www.cnr.cn/gundong/200701/t20070120_504381699.html,2007-1-20/2012-1-4.

52. 韩俊魁. NGO 参与汶川地震紧急救援研究[M]. 北京:北京大学出版社,2009.

53. 郝德永. 当代课程改革:方法的局限与症结[J]. 教育发展研究,2007(12):22—25.

54. 何立波. 情系教育的晚清总督端方[J]. 文史天地,2010(10):51—54.

55. 何珊云. 课程史研究的经典范式与学术意义——试析《1893—1958 年的美国课程斗争》[J]. 北京大学教育评论,2010(1):164—171.

56. 何珊云. 非政府组织与教育改革政策治理机制创新[J]. 教育发展研究,2011(21):18—21.

57. 何增科. 中国公民社会发展的制度环境影响评估[J]. 江苏行政学院学报,2006(4):80—86.

58. 贺晓星. 聋教育改革的社会学思考:非政府组织的"双语双文化"努力[J]. 教育学报,2008(4):51—57.

59. 胡伶. 教育公共治理与公民参与[J]. 教育探索,2009(10):15—16.

60. 湖南教育杂志社社论. 鼓起干劲,组织教育事业的大跃进[J]. 湖南教育,1958(3):4—5.

61. 黄显华等. 课程领导与校本课程发展[M]. 北京:教育科学出版社,2005.

62. 黄炎培. 八十年来——黄炎培自述[M]. 上海:文汇出版社,2000.

63. 黄忠敬. 课程政策[M]. 上海:上海教育出版社,2010.

64. 金东海. 发达国家教育中介组织及其借鉴意义[J]. 西北师范大学学报,1995(11):64—69.

65. 季诚钧. 课程管理与课程领导辨析——兼与靳玉乐先生商榷[J]. 教育研究,2009(3):98—102.

66. 靳玉乐. 普通高中课程改革的文化转向[J]. 异步教学研究,2004(5):33,36.

67. 靳玉乐等. 校本课程发展背景下的课程领导:理念与策略[J]. 课程·教材·教法,2004(12):8—12.
68. 靳玉乐等. 校本课程发展中大学与中小学合作的意义与策略[J]. 西南大学学报(社会科学版),2010(3):88—92.
69. 贾西津. 中国公民参与的非政府组织途径分析[J]. 中国非营利评论,2007(1):15—17.
70. 教育部. 面向21世纪教育振兴行动计划[EB/OL]. http://news.sina.com.cn/richtalk/news/china/9902/022523.html,1999-2-25/2010-4-8.
71. 教育部. 基础教育课程改革纲要(试行)[N]. 中国教育报,2001-7-27(2).
72. 江琳. 晚清教育改革中的张百熙和张之洞[J]. 兰州学刊,2007(6):188—191.
73. 姜美玲. 教育公共治理:内涵、特征与模式[J]. 全球教育展望,2009(5):39—46.
74. 姜美玲. 教育公共治理的国际经验及其启示[J]. 世界教育信息,2010(6):88—92.
75. 蒋建华. 权力多极化的课程权力定位——超越中央与地方的思维框架[J]. 教育学报,2005(2):26—31.
76. 康晓光. 创造希望[M]. 桂林:漓江出版社,1997.
77. 康晓光. 转型时期的中国社团[J]. 中国青年科技,1999(10):11—14.
78. 康晓光. NGO扶贫行为研究[M]. 北京:中国经济出版社,2001.
79. 康晓光. 分类控制:当前中国大陆国家与社会关系研究[J]. 社会学研究,2005(6):73—89.
80. 柯政. 理解困境——课程改革实施行为的新制度主义分析[M]. 北京:教育科学出版社,2011.
81. 劳凯声. 中国教育法制评论(1)[M]. 北京:教育科学出版社,2002.
82. 劳凯声. 社会转型与教育的重新定位[J]. 教育研究,2002(2):3—7,30.
83. 劳凯声. 面临挑战的教育公益性[J]. 教育研究,2003(2):3—9.
84. 劳凯声. 教育市场的可能性及其限度[J]. 北京师范大学学报(社会科学版),2005(1):15—22.
85. 雷晓宇. 徐永光:打造南都的"希望工程"[J]. 中国企业家,2008(1):112—115.
86. 李培林,徐崇温,李林. 当代西方社会的非营利组织——美国、加拿大非营利组织考察报告[J]. 河北学刊,2006(2):71—80.

87. 李勤. 中南海与希望工程[J]. 瞭望,1993(25):4—5.
88. 李晓英等. 科举制废除及绅士阶层在新式教育领域中的贡献[J]. 甘肃社会科学,2006(6):120—122.
89. 李彦荣. 浦东新区参与式公共教育治理模式研究[J]. 教育发展研究,2009(3):63—68.
90. 李永久. 我国地方政府创新的发展:制度空间与路径选择[J]. 财经政法资讯,2008(1):19—22.
91. 李征. 企业家向教育界集体发飙,七成不满教育现状[EB/OL]. 人民网教育频道: http://edu. people. com. cn/GB/9830933. html, 2009-8-11/2011-11-18.
92. 李志艳. 企业社会责任的中国趋势[N]. 南方周末,2011-11-29(T1).
93. 梁齐姿. 施善与教化[M]. 河北教育出版社,2001.
94. 梁蓉. 领导型教师共同体:学校课程领导新发展[J]. 教学与管理,2011(1):28—30.
95. 梁漱溟. 忆往谈旧录[M]. 北京:金城出版社,2006.
96. 梁晓燕. 教育 NGO 会议发言[EB/OL]. http://learning. sohu. com/20091127/n268549653. shtml,2009-11-27/2011-11-28.
97. 林尚立,王华. 创造治理:民间组织与公共服务型政府[J]. 学术月刊,2006(5):22—28.
98. 林尚立. 社会主义与国家建设——基于中国的立场和实践[J]. 社会科学战线,2009(6):1—10.
99. 林燕凌. 我国非政府组织研究[D]. 上海:复旦大学博士论文,2005.
100. 刘复兴. 论我国教育政策范式的转变[J]. 北京师范大学学报(社会科学版),2004(3):15—19.
101. 刘复兴. 市场条件下的教育公平:问题与制度安排[J]. 北京师范大学学报(社会科学版),2005(1):23—29.
102. 刘复兴. 政府的基本教育责任:供给"公平"的教育政策[J]. 北京师范大学学报(社会科学版),2008(1):5—10.
103. 刘俊. 中国非政府组织(NGO)现状分析[J]. 台声,2005(6):14.
104. 刘明珍. 公民社会与治理转型——发展中国家的视角[M]. 北京:中央编译出版社,2008.
105. 刘孙渊,马超. 治理理论视野下的教育公共治理[J]. 外国教育研究,2008(6):15—19.

106. 刘延东. 在全国教育工作会议上的总结讲话[A].《教育规划纲要》工作小组办公室. 全国教育工作会议文件汇编[C]. 北京:教育科学出版社,2010.

107. 卢咏. 第三力量:美国非营利机构与民间外交[M]. 北京:社会科学文献出版社,2011.

108. 罗生全,靳玉乐. 社会力量:课程变革的第三领域——一种基于课程权力的有效参与[J]. 中国教育学刊,2007(1):45—47,56.

109. 罗志田. 科举制废除在乡村社会中的后果[J]. 中国社会科学,2006(1):191—204.

110. 吕国光. 校长如何提高课程领导力[J]. 中小学管理,2002(8):18—20.

111. 吕型伟. 一位"老教育工作者"七十年的教育反思[J]. 校长阅刊,2006(3):35—39.

112. 马克思・韦伯,张乃根译. 论经济与社会中的法律[M]. 北京:中国大百科全书出版社,1998.

113. 马维娜. 中国教育改革释绎的时空逻辑[J]. 教育学报,2011(4):11—18.

114. 马云鹏,张释元,杨光. 努力提高教师对新课程改革的认识与理解:一所农村学校的个案研究[J]. 教育理论与实践,2008(4):44—47.

115. 孟繁华. 从竞争到合作:教育公共治理的运行机制[N]. 中国教育报,2008-11-14.

116. 南都公益基金会. 新公民计划项目概要[EB/OL]. http://www.naradafoundation.org/sys/html/lm_188/2009-06-24/160156.htm,2009-6-24/2011-11-28.

117. 南方周末. 中国 NGO 2005 年的九种表现[EB/OL]. http://news.sina.com.cn/c/2005-12-29/14218726578.shtml,2005-12-29/2011-11-20.

118. 南方周末. 企业社会责任创新特刊[N]. 2011-11-29(T1-T8).

119. 南方周末. 年度关注[N]. 2011-12-29(D28).

120. 南洋公学. 南洋公学高等小学堂章程[A]. 交通大学校史编写组. 交通大学校史资料选编[Z]. 西安:西安交通大学出版社,1986.

121. 潘希武. 突破官僚制:教育公共治理改革的前景[J]. 比较教育研究,2006(8):39—43.

122. 青岛市人民政府. 青岛市人民政府重大社会公共事项决策听证试行办法[EB/OL]. http://news.sina.com.cn/c/2004-01-03/05001492714s.shtml,2003-12-15/2011-11-19.

123. 庞亚斌. 全盘放弃生意 创办中国农民工子弟免费职校第一人[EB/OL].

http://cjsb.cnxianzai.com/shenghuo/2009/0513/140546.html,2009-5-13/2011-12-4.

124. 蒲蕊.公共教育服务体制创新:治理的视角[J].教育研究,2011(7):54—59.

125. 饶鹏等.非政府组织的功能与作用综述[J].市场论坛,2006(12):7—9.

126. 人民日报(海外版).百年职校:农民工子女在阳光中重新走进课堂[EB/OL]. http://news.xinhuanet.com/society/2005-11/16/content_3788155.htm,2005-11-16/2011-11-28.

127. 桑兵.清末兴学热潮与社会变迁[J].历史研究,1989(6):13—27.

128. 桑锦龙.教育中介组织建设:教育体制创新的重要环节[J].管理与评价研究,2000(4):31—35.

129. 申超.中美基础教育课程改革的政策比较——以《基础教育课程改革纲要(试行)》和《不让一个孩子掉队法》的比较为切入点[J].教育学报,2008(4):34—38.

130. 沈杰.提高地方政府执行力 完善行政问责制[J].特区理论与实践,2009(3):66—69.

131. 沈玉顺.我国高等教育评估中介机构建设探析[J].高等师范教育研究,1997(5):55—61.

132. 沈原.市场、阶层与社会[M].北京:社会科学文献出版社,2007.

133. 石中英.中庸之道:超越激进主义与保守主义[J].宁波大学学报(教育科学版),2004(6):1—5.

134. 史柏年."全球性结社革命"及其启示[J].中国青年政治学院学报,2006(3):55—60.

135. 孙广勇.社会转型中的中国近代教育会研究[M].武汉:华中师范大学出版社,2007年.

136. 孙立平.民间公益组织与治理:希望工程个案[A].俞可平.中国公民社会的兴起与治理的变迁[C].北京:社会科学文献出版社,2002.

137. 孙绵涛.改革教育的主导力量根基在民间 而不是政府[EB/OL]. http://business.sohu.com/20100514/n272128085.shtml,2010-5-14/2011-12-9.

138. 孙玮.转型期中国环境报道的功能分析——"新社会运动"中的社会动员[J].国际新闻界,2009(1):118—122.

139. 孙霄兵.从《教育规划纲要》看当前教育体制改革的着力点[J].求是,2010(18):55.

140. 檀传宝. 论教师“职业道德”向“专业道德”的观念转移[J]. 教育研究,2005(1):48—51.
141. 谭国志,王远少. 非政府组织在农村发展中的角色研究[J]. 学会,2010(4):16—22.
142. 谈松华,谢维和. 教育改革与制度创新研究[J]. 教育研究,2010(7):45—50.
143. 田磊. 不老的公益领袖[J]. 南风窗,2010(26):32.
144. 涂尔干著,陈光金译. 道德教育[M]. 上海:上海人民出版社,2001 年.
145. 屠莉娅. 课程政策过程的权力生态[J]. 全球教育展望,2009(11):15—18.
146. 田凯. 组织外形化:非协调约束下的组织运作——一个研究中国慈善组织与政府关系的理论框架[J]. 社会学研究,2004(4):64—75.
147. 汪伟全. 公民参与:推进行政问责制的重要途径[J]. 探索与争鸣,2007(7):36—38.
148. 王辉,王亚芳. 中国教育学会教育政策与法律研究专业委员会成立暨第一届年会综述[C]. 中国教育法制评论. 北京:教育科学出版社. 2002(1):443—447.
149. 王嘉毅. 课程与教学:制约农村基础教育发展的瓶颈[J]. 青年教师,2008(12):26—27.
150. 王嘉毅. 西部地区农村教师工资现状调查研究[J]. 继续教育研究,2010(4):63—65.
151. 王嘉毅等. 西部农村对“两免一补”的了解程度与实施效果研究——兼论我国教育改革与教育政策的宣传与普及[J]. 当代教育与文化,2010(2):74—79.
152. 王嘉毅,赵志纯. 我国农村基础教育课程改革:问题与对策[J]. 教育研究,2010(11):25—30.
153. 王健. 课程改革中的教学变革:若干困境与现实选择[J]. 教育学报,2008(4):26—33.
154. 王建华等. 端方与清末教育现代化[J]. 苏州大学学报,2002(3):114—118.
155. 王名. 中国 NGO 的发展分析[J]. 管理世界,2002(8):30—43.
156. 王名,刘国翰,何建宇. 中国社团改革——从政府选择到社会选择[M]. 北京:社会科学文献出版社,2001.
157. 王名. 走向公民社会——我国社会组织发展的历史及趋势[J]. 吉林大学学报(社会科学版),2009(4):5—12.

158. 王少非，崔允漷. 大学——中小学伙伴关系：一种分析框架[J]. 全球教育展望，2005(3)：35—39.

159. 王绍光. 多元与统一[M]. 杭州：浙江人民出版社，1997.

160. 王绍光，何建宇. 中国的社团革命[J]. 浙江学刊，2004(6)：71—77.

161. 王艳玲. 美国中学课程领导机制探微——以加州托马斯·杰斐逊高中课程咨询委员会为例[J]. 全球教育展望，2006(3)：19—24.

162. 王永林. 美国高等教育协会和大学与学院联合会——高等教育中介组织的个案研究及其启示[J]. 中国高教研究，2004(10)：63—65.

163. 王月胜. 简析美国 60 年代课程改革的失败原因[J]. 外国教育研究，1999(1)：32—35.

164. 威廉·F. 派纳等，张华等译. 理解课程[M]. 北京：教育科学出版社，2003.

165. 韦禾，钟启泉. 我国课程教材改革面临的课题——访课程论专家钟启泉教授[J]. 教育研究，1994(6)：24—27，47.

166. 为中国而教. 2009/2010 年度报告[EB/OL]. http://www.21tfc.org/who/report.html，2011-10-18.

167. 文汇报. 上海浦东尝试政府购买教育服务推进均衡优质发展[EB/OL]. http://www.gov.cn/gzdt/2009-04/20/content_1290133.htm，2009-4-20/2011-12-3.

168. 翁士洪. 整体性治理及其在非结构化社会问题方面的运用——以西藏林芝地区“希望工程”政策运作为例[J]. 甘肃行政学院学报，2009(5)：71—79.

169. 吴敖祺. 社会建设，NGO 更大的参与空间[J]. 绿叶，2011(3)：53—54.

170. 吴景松. 公共治理视野中我国教育局长领导行为的实证研究[J]. 国家教育行政学院学报，2008(3)：76—80.

171. 吴康宁. 制约中国教育改革的特殊场域[J]. 教育研究，2008(12)：16—20.

172. 吴康宁. 为什么中国教育改革这么难[J]. 华东师范大学学报(教育科学版)，2010(4)：10—19.

173. 新华社. 济南：课业负担要“听证”[EB/OL]. http://news.sina.com.cn/c/2008-03-10/041113548586s.shtml，2008-3-10/2011-11-19.

174. 谢维和. 公共利益：基础教育改革的首要坐标[J]. 校长阅刊，2005(4)：24—27.

175. 谢维和. 谈“办好人民满意的教育”的政策含义[J]. 教育研究，2008(6)：3—6.

176. 谢洋. 民间评价教育的一次有益尝试——首届地方教育制度创新奖评选侧记[EB/OL]. http://www.edu11.net/space.php? uid=10638&do=blog&id=381789,2008-11-7/2011-12-2.
177. 徐君. 从课程管理到课程领导:课程发展的必由之路[J]. 课程·教材·教法,2005(6):10—12.
178. 徐廷福. 论我国教师专业伦理的建构[J]. 教育研究,2006(1):48—51.
179. 许立新. 教师专业主义的再认与重建[J]. 比较教育研究,2009(8):72—76.
180. 熊耕. 美国高等教育协会组织研究[M]. 北京:知识出版社,2010.
181. 熊庆年,张珊珊. 一个教育 NGO 的组织生态——21 世纪教育研究院观察[J]. 现代大学教育,2011(4):2
182. 谢长法. 罗振玉:晚清教育改革的先行者[J]. 河北大学学报(哲学社会科学版),2003(4):17—21.
183. 姚莉. 用梦想填平沟壑[M]. 北京:北京出版社,2008.
184. 杨爱玲. 基础教育课程改革存在缺憾的原因反思[J]. 教育学报,2007(1):24—30.
185. 杨东平. 新中国"十七年教育"的基本特征[J]. 清华大学教育研究,2003(1):9—16.
186. 杨东平. 2020:中国教育改革方略[M]. 北京:人民出版社,2010.
187. 杨东平等. 地方教育制度创新研究报告[EB/OL]. http://www.21cedu.org/index.php? m=content&c=index&a=show&catid=8&id=2046,2010-12-7/2011-11-27.
188. 杨东平. 地方教育制度创新大有可为[J]. 教育与职业,2011(4):1.
189. 杨平. 黑格尔、马克思和葛兰西市民社会理论之比较[J]. 兰州大学学报(社会科学版),2007(6):85—89.
190. 杨卫明. 晚清社会与中国近代教育学会的发轫[J]. 内蒙古师范大学学报(教育科学版),2010(8):14—17.
191. 杨雪冬,赖海榕. 地方的复兴——地方治理改革 30 年[M]. 北京:社会科学文献出版社,2009.
192. 杨钊. 从十七年教育发展的历史看"两个估计"的反动实质[J]. 湖南师范学报,1977(4):43—46.
193. 叶澜. 新基础教育论——关于当代中国学校变革的认识与探究[M]. 北京:教育科学出版社,2008.
194. 佚名. 论今日吾国之教育[N]. 申报,1911-2-17.

195. 尹后庆. 从教育管理走向教育治理——政府转变管理职责方式的思考[J]. 上海教育科研,2008(1):4—6.
196. 尹后庆. 聚焦课程领导、推进课程改革[J]. 现代教学,2010(14):54—56.
197. 于锋. 拥抱希望——“希望工程”十年回眸[J]. 北京观察,2000(3):15.
198. 虞维华. 非政府组织与政府的关系——资源相互依赖理论的视角[J]. 公共管理学报,2005(2):29—32.
199. 余进利. 我国基础教育三级课程管理体制实施述评[J]. 当代教育科学,2004(4):22—25.
200. 俞慧娟. 课程改革的路必须走下去[J]. 人民教育,2005(24):21—24.
201. 俞可平. 治理与善治引论[J]. 马克思主义与现实,1999(5):37—41.
202. 俞可平. 中国公民社会的兴起与治理的变迁[M]. 北京:社会科学文献出版社,2002.
203. 郁建兴,周俊. 公共事务治理中的公民社会[J]. 二十一世纪,2008(4):100—107.
204. 袁振国. 全面建设小康社会时期的中国教育政策[J]. 民办教育研究,2003(5):1—7.
205. 袁振国. 缩小差距——中国教育政策的重大命题[J]. 北京师范大学学报(社会科学版),2005(3):5—15.
206. 袁红,黄文江,聂云. 理顺民办非企业单位登记权属迫在眉睫——对荆州城区民办非企业单位登记情况调查引出的思考[J]. 工商行政管理,2002(16):24—25.
207. 约翰·F. 沃克,哈罗德·G. 瓦特著,刘进,毛喻译. 美国大政府的兴起[M]. 重庆:重庆出版社,2001.
208. 约翰·罗杰斯·康芒斯. 制度经济学[M]. 北京:商务印书馆,1962.
209. 赵中建. 创新引领世界——美国创新和竞争力战略[M]. 上海:华东师范大学出版社,2007.
210. 赵中建. 质量为本——美国基础教育热点问题研究[M]. 合肥:安徽教育出版社,2010.
211. 张保庆. 关于中国教育经费问题的回顾与思考[A]. 中国教育年鉴 1999[C]. 北京:人民教育出版社,1999 .
212. 张华. 道德的课程改革与民主的课程领导[J]. 全球教育展望,2006(4):7—12.
213. 张健. 认真研究适合国民经济发展需要的教育计划和教育体制[J]. 人民教

育,1980(8):15—19.
214. 张乐天. 对新中国“前十七年”农村教育发展的政策考察[J]. 社会科学战线,2010(3):194—199.
215. 张民选. 国际组织与教育发展[M]. 上海:上海教育出版社,2010.
216. 张小武. 徐永光和他的“新公民学校”[J]. 教育,2008(12):38—39.
217. 张秀兰. 中国教育发展与政策 30 年[M]. 北京:社会科学文献出版社,2008.
218. 张钟汝,范明林,王拓涵. 国家法团主义视野下政府与非政府组织互动关系研究[J]. 社会,2009(4):167—194.
219. 浙江在线. 要不要建立课业负担听证制度,全省教育局长今讨论[EB/OL]. http://news. 163. com/10/0204/07/5ULMFVA2000120GR. html,2010-2-4/2011-11-19.
220. 郑伯华. 从革命的统一战线到建设的统一战线[J]. 中央社会主义学院学报,1997(7):19—20.
221. 邹谠. 二十世纪中国政治:从宏观历史与微观行动的角度看[M]. 香港:香港牛津大学出版社,1994.
222. 邹珊珊. 民间组织的功能研究——从汶川地震看我国民间组织的发展[J]. 马克思主义与现实,2009(3):66—68.
223. 周弘. 福利国家向何处去[J]. 中国社会科学,2001(3):93—112.
224. 中国扶贫基金会. 非政府组织和政府合作进行村级扶贫规划试点项目[EB/OL]. http://www. cfpa. org. cn/new/rar/a2. pdf,2006-11/2012-1-4.
225. 中国教育报. 王湛:健全管理制度,推动基础教育课程改革科学决策[N]. 中国教育报,2010-04-05(2).
226. 中国青年报. 怎样“用梦想填平沟壑”[EB/OL]. http://news. 163. com/08㊣09/4HP5D8HC000120GU. html,2008-7-26/2011-12-3.
227. 中国青年报. 希望工程 20 年座谈会上的发言[EB/OL]. http://zqb. cyol. com/content/2009-11/20/content_2944856. htm,2009-11-20/2011-12-3.
228. 中国青少年发展基金会. 20 年希望工程成就最具社会影响力的公益品牌[EB/OL]. http://www. prnews. cn/press_release/28335. htm,2009-11-6/2011-12-3.
229. 中国政府网. 温家宝总理主持召开五次座谈会征求对教育改革和发展建议[J]. 中国教育学刊,2010(3):57.

230. 中共中央. 中共中央关于教育体制改革的决定[J]. 中华人民共和国国务院公报，1985(15):475.

231. 中共中央. 关于建国以来党的若干历史问题的决议[EB/OL]. http://news.xinhuanet.com/ziliao/2002-03/04/content_2543544_3.htm，1981-6-27/2011-11-14.

232. 中共中央文献研究室. 建国以来毛泽东文稿(第 2 册)[M]. 北京：中央文献出版社，1988.

233. 中共中央，国务院. 国家中长期教育改革与发展规划纲要(2010—2020)[A].《教育规划纲要》工作小组办公室. 全国教育工作会议文件汇编[C]. 北京：教育科学出版社，2010.

234. 钟启泉. 素质教育与课程教学改革[J]. 教育研究，1999(5):46—49.

235. 钟启泉等. 课程改革促进教师专业发展的个案研究[J]. 全球教育展望，2002(8):12—17.

236. 钟启泉. 从"课程管理"到"课程领导"[J]. 全球教育展望，2002(12):24—28.

237. 钟启泉. 寻求课程范式的转型——中国大陆基础教育课程改革的进展与问题[J]. 比较教育研究，2003(1):6—10.

238. 钟启泉等. 普通高中新课程方案导读[M]. 上海：华东师范大学出版社，2003.

239. 钟启泉. 中国课程改革：挑战与反思[J]. 比较教育研究，2005(12):18—23.

240. 钟启泉. 从"行政权威"走向"专业权威"——"课程领导"的困惑与课题[J]. 教育发展研究，2006(7):1—7.

241. 钟启泉. 课程人的社会责任[J]. 全球教育展望，2006(9):16—22.

242. 钟启泉. 教学研究的转型及课题[J]. 教育研究，2008(1):23—29.

243. 朱春，程银宏. 民间公益组织间合作的逻辑与实现[J]. 改革与开放，2011(5):123—126.

244. 朱健刚. 行动的力量——民间志愿组织实践逻辑研究[M]. 北京：商务印书馆，2008.

245. 朱芒. 论我国目前公众参与的制度空间——以城市规划听证会为对象的粗略分析[J]. 中国法学，2004(3):50—56.

246. 21 世纪教育研究院. 对《国家中长期教育改革和发展规划纲要》的修改意见[EB/OL]. http://www.21cedu.org/index.php? m=content&c=index&a=show&catid=8&id=1426，2010-3-28/2011-11-15.

247. 21世纪教育研究院. 十年课改说成败[EB/OL]. http://www.21cedu.org/index.php?m=content&c=index&a=show&catid=124&id=2599,2011-10-21/2011-12-4.
248. 21世纪教育研究院. 21世纪教育研究院简介[EB/OL]. http://www.21cedu.org/index.php?m=content&c=index&a=lists&catid=2,2011-12-12.

外文参考文献

1. Amin, S. Unequal Development [M]. New York: Monthly Review Press, 1976.

2. Anderson, N. NEA Attacks Administration's Education Reform Plan[N]. The Washington Post, 2009-8-21.

3. Apple, M. Official Knowledge[M]. New York: Routledge, 1993.

4. Apple, M. Global Crises, Social Justice, and Education [M]. New York: Routledge, 2010.

5. Apple, M. Educating the "Rright" Way: Markets, Standards, God, and Inequality(2nd edition)[M]. New York: Routledge, 2006.

6. Arnott, M. A. et al. eds. The Governance of Schooling: Comparative Studies of Devolved Management[M]. London: Routledge, 2000.

7. Arnstein, S. R. A Ladder of Citizen Participation [J]. Journal of the American Planning Association, 1969, 35(4) :216-224.

8. Augustine, C. H. et al. Options for Changing the Governance System of the Los Angeles Unified School District: Presented to the Presidents' Joint Commission on LAUSD Governance[Z]. Rand Education, 2005.

9. Australian Association of Environmental Education. Sharing Wisdom for Our Future. Environmental Education in Action: Program and Abstract [C]. Canning Bridge, W. A. :Promaco Conventions, 2006.

10. Ball, S. J. Class Strategies and the Education Market: The Middle Class and Social Advantage[M]. London, Routledge Falmer, 2003.

11. Ball, S. J. Education Policy and Social Class[M]. London: Routledge, 2006.

12. Ball, S. J. New Philanthropy, New Networks and New Governance in Education[J]. Political Studies,2008,56(4):747-765.

13. Ball, S. J. Privatising Education, Privatising Education Policy, Privatising Edcuational Research: Network Governance and the "Competition State" [J]. Journal of Education Policy ,2009,24(1):83-99.

14. Ball,S. et al,Education Policy and Philanthropy - the Changing Landscape of English Educational Governance[J]. International Journal of Public Administration,2011,34(10):646-661.

15. Bastid,M,translated by Paul Bailey. Educational Reform in Early 20th—Century China[M]. Ann Arbor:The University of Michigan Press,1988.

16. Bevir, M. Democratic Governance[M]. Princeton: Princeton University Press,2010.

17. Brown,C. P. Keep It Cheap,Keep It Local,and Keep It Coming:Standards-Based Accountability Reform in Wisconsin[J]. Educational Policy,2008, 22(1):250-294.

18. Brown,J. et al. , Arne Duncan and the Chicago Success Story: Myth or Reality? [EB/OL]. http://www. rethinkingschools. org/restrict. asp? path=archive/23_03/arne233. shtml,2011-10-11.

19. Bourdieu,P. The Forms of Capital[A]. Richardson,J. G. ed. Handbook of Theory and Research for the Sociology of Education[M]. Westport: Greenwood Press,1986.

20. Bryk,A. S. & Sebring,P. B. et al. Organizing Schools for Improvement: Lessons from Chicago[M]. Chicago:University of Chicago Press,2010.

21. Castells, M. End of Millennium[M]. Mandel: Blackwell Publishers Inc. ,2010.

22. Catlaw, T. J. From Representation to Compositions: Governance Beyond the Three-Sector Society[J]. Administration Theory and Praxis,2007,29(2):225-259.

23. Chhotray, V. & Stoker, G. Governance Theory and Practice, A Cross Disciplinary Approach[M]. London:Palgrave MacMillan,2009.

24. Chrispeels, J. H. et al. Educational Policy Implementation in a Shifting Political Climate[J]. American Educational Research Journal,1997,34(3): 453-481.

25. Cornbleth, C. Curriculum in Context[M]. New York: Falmer, 1990.

26. Cooper, C. M. This is Our Way In: The Civil Society of Environmental NGOs in South-West China[J]. Government and Opposition, 2006, 41(1): 109-136.

27. Coser, L. A. Master of Social Thought [M]. Long Glove: Waveland Press, 2003.

28. Culp, R. J. Elite Association and Local Politics in Republican China: Educational Institutions in Jiashan and Lanqi Counties, Zhejiang, 1911-1937[J]. Modern China, 1994, 20(4): 446-477.

29. Daily Kos. School Transformation-It's the Governance Stupid! [N]. Education Alternatives. Jun 11, 2011.

30. Davies, G. See Government Grow: Education Politics from Johnson to Reagan[M]. Lawrence: University Press of Kansas, 2007.

31. D-Hammond, L. President Obama and Education: The Possibility for Dramatic Improvements in Teaching and Learning [J]. Harvard Educational Review, 2009(2): 210-223.

32. Dunn, W. N. Public Policy Analysis: An Introduction (2nd Edition) [M]. Englewood Cliffs: Prentice-Hall, 1994.

33. Dye, T. R. Understanding Public Policy (11th Edition) [M]. Upper Saddle River: Pearson Education, 2005.

34. Eisenstadt, S. Modernization: Protest and Change[M]. Englewoods Cliffs: Prentice Hall, 1966.

35. Elmore, R. et al. eds. The Governance of Curriculum: 1994 Yearbook of the Association for Supervision and Curriculum Development [M]. The Association for Supervision and Curriculum Development, 1994.

36. Evans, P. ed. State-society Synergy: Government and Social Capital in Development [M]. Berkeley: Institute of International and Area Studies, 1995.

37. Evers, W. M. Secretary Riley Reignites the Math Wars[EB/OL]. Hoover Institution, Stanford University, http://www. hoover. orgnewsdaily-report/24316, 2000-1-7/2011-11-12.

38. Fesler, J. W. The Politics of the Administration Process[M]. Chatham: Chatman House, 1991.

39. Foucault,M. Power/Konowledge[M]. New York:Pantheon Books,1980.

40. Fowler, A. Civil Society, NGOs and Social Development: Changing the Rules of the Game[M]. Geneva: United Nations Research Institute for Social Development,2000.

41. Frederickson, H. G. Whatever Happened to Public Administration? Governance,Governance Everywhere[A]. Ferlie,E. et al. eds. The Oxford Handbook of Public Management[M]. New York: Oxford University Press,2005.

42. Fullan,M. The Future of Educational Change:System Thinkers in Action [J]. Journal of Educational Change,2006,7(3):113-122.

43. Giroux,H. A. America on the Edge:Henry Giroux on Politics,Education, and Culture[M]. Palgrave:Macmillan,2006.

44. Giroux,H. A. Obama' s Dilemma:Post Partisan Politics and the Crisis of American Education[J]. Harvard Education Review,2009(2):250-265.

45. Goodwin,M. Education Governance,Politics and Policy under New Labour [D]. Birmingham :University of Birmingham,2011.

46. Graves, W. B. Uniform State Action: A Possible Substitute for Centralization[M]. Chapel Hill: The University of North Carolina Press,1934.

47. Heintz, S. The Role of NGOs in Modern Societies and an Increasingly Interdependent World[R]. Annual Conference of the Institute for Civil Society, Zhongshan University, Guangzhou, China, January 14, 2006. http://www. ifce. org/pages/envirolink _ Articles5m06Role. htm. 2011-12-28.

48. Hilgartner,S. et al. The Rise and Fall of Social Problems:A Public Arenas Model[J]. American Journal of Sociology,1988,94(1):53-78.

49. Hon,Tze-Ki & Culp,R. J. The Politics of Historical Production in Late Qing and Republican China[M]. Leiden:Brill,2007.

50. Howell,J. ed. Governance in China[M]. Lanham:Rowman & Littlefield Publishers,2004.

51. Hsua,Carolyn L. "Rehabilitating Charity" in China:The Case of Project Hope and the Rise of Non-Profit Organizations[J]. Journal of Civil Society,Vol. 4,Issue 2,2008,pp. 81-96.

52. Jackon, P. W. ed. Handbook of Research on Curriculum[M]. New York: Macmillan Publishing Company, 1992.

53. Jung, R. K. The Federal Role in Elementary and Secondary Education, Mapping a Shifting Terrain[A]. Boyan, N. J. ed. Handbook of Research on Education Administration[C]. New York: Longman, 1988.

54. Kellner, D. Media Culture[M]. London: Routledge, 1995.

55. Kellner, D. Cinema Wars: Hollywood Film and Politics in the Bush-Cheney Era[M]. Oxford: Wiley Blackwell Publishing, 2010.

56. Kirst, M. W. Recent State Education Reform in the United States: Looking Backward and Forward[J]. Educational Administration Quarterly, 1988, 24(3): 319-328.

57. Kirst, M. W. Mayoral Influence, New Regimes, and Public School Governance[J]. Yearbook of the National Society for the Study of Education, 2005, 102(1): 196-218.

58. Kliebard, H. M. The Struggle for American Curriculum[M]. New York: Routledge, 1989.

59. Kliebard, H. M. Changing Course: American Curriculum Reform in the 20th Century[M]. Columbia: Teachers College Press, 2002.

60. Kooiman, J. Social-political Governance[J]. Public Management, 1999, 1(1): 67-92.

61. Kopp, W. One Day, All Children[M]. New York: Public Affairs, 2003.

62. Kopp, W. A Chance To Make History[M]. New York: Public Affairs, 2011.

63. Kraeger, P. NGO Legitimacy: Challenges with Globalization and Education Reform[J]. Public Administration Review, 2010, 70(1): 168-170.

64. Krasner, S. D. Sovereignty: An Institutional Perspective[J]. Foreign Policy, 2001, 122(1-2): 20-29.

65. Lefèbvre, H. The Production of Space[M]. Malden: Blackwell Publishers Inc., 1991.

66. Leithwood, K. et al. A Framework for Research on Large-scale Reform[J]. Journal of Educational Change, 2002, 3(1): 7-33.

67. Lin, Nan. Social Capital: A Theory of Social Structure and Action[M]. New York: Cambridge University Press, 2001.

68. Lin,Shangli. Two Modes of Social Construction:the CPC and the NGOs [J]. Social Sciences in China,2007,IX (2):129-138.

69. Manna,P. How Governance of K-12 Education Influences Policy Outputs and Student Outcomes in the United States[R]. Philadelphia:The Annual Meeting of the American Political Science Association,2006,8-31—9-3.

70. Manna, P. School' s in: Federalism and the National Education Agenda [M]. Washington,DC:Georgetown University Press,2006.

71. Marinetto, M. Governing beyond the Centre: A Critique of the Anglo-Governance School[J]. Political Studies,2003,51(3):592-608.

72. Martin, L. et al. Constructing a European Policy Space in Educational Governance: the Role of Transnational Policy Actors [J]. European Educational Research Journal,2002,1(2):290-307.

73. McAdams, D. R. What School Boards Can Do: Reform Governance for Urban Schools[M]. New York:Teachers College Press,2006.

74. McLaren, P. The Return of the Transformative Intellectual [J]. Left Curve,2009(33):18-121.

75. McLaren,P. ,et al. A Revolutionary Critical Pedagogy Manifiesto for the Twenty-First Century[J]. Education and Society,2009,27(3):59-78.

76. Migdal, J. S. State in Society: Studying How States and Societies Transform and Constitute One Other [M]. New York: Cambridge University Press,2001.

77. Moe,T. Special Interest:Teachers Unions and America's Public Schools [M]. Washington DC:Brookings Institution Press,2011.

78. Mondal,A. H. Social Capital Formation:The Role of NGO Rural Development Programs in Bangladesh[J]. Policy Sciences,2000(33):459-475.

79. Nash, K. Contemporary Political Sociology: Globalization, Politics, and Power[M]. Oxford:Blackwell Publishing Inc. ,2000.

80. Nash,K. ed. Readings in Contemporary Political Sociology[M]. Malden: Blackwell Publishers Inc. ,2000.

81. National Commission on Governing America's Schools. Governing America's Schools:Changing the Rules[R]. Denver: Education Commission of the States,1999.

82. Nelson A. P. New Social Movements: A Critical Review [J]. Annual

Review of Sociology, 1997(23): 411-430.

83. Nespor, J. Tangled up in School: Politics, Space, Bodies, and Signs in the Educational Process [M]. Mahwah: Lawrence Erlbaum Associations Inc. , 1997.

84. Obama, B. What's Possible for Our Children [Z]. http://www.denverpost.com/news/ci_9405199, 2010-2-5.

85. Perry, J. E. Labor's Battle for Political Space: The Role of Worker Associations in Contemporary China[A]. Davis, K. N. & Perry, J. E. eds. Urban Spaces in Contemporary China: the Potential for Autonomy and Community in Post-Mao China[M]. Cambridge: The Press Syndicate of the University of Cambridge, 1995.

86. Pierre, J. Introduction: Understanding Governance [A]. Pierre, J. ed. Debating Governance[M]. New York: Oxford University, 2000.

87. Pierson, C. The New Governance of Education: The Conservatives and Education 1988-1997 [J]. Oxford Review of Education, 1998, 24 (1): 131-142.

88. Popkewitz, T. S. et al. Restructuring of Social and Political Theory in Education[J]. Educational Theory, 2008, 47(1): 287-313.

89. Prasenjit, D. Cultrue, Power, and the State, North Rural China. 1900-1942 [M]. Stanford: Stanford University Press, 1988.

90. Powell, W. W. et al. eds. The New Institutionalism in Organization Analysis[M]. Chicago: The University of Chicago Press, 1991.

91. Rankin, M. Elite Activism and Political Transformation in China, Zhejiang Province, 1865-1911[M]. Stanford: Stanford University Press, 1986.

92. Renee, M. Knowledge, Power and Education Justice: How Social Movement Organization Use Research to Influence Education Policy[D]. Los Angeles: University of California, Los Angeles, 2006.

93. Rhoads, J. K. Critical Issues in Social Theory[M]. Pennsylvania : The Pennsylvania State University Press, 1991.

94. Rhodes, R. The New Governance: Governing without Government[J]. Political Studies, 1996, 44(4): 652-667.

95. Rhodes, R. Governance and Public Administration [A]. Pierre, J. ed. Debating Governance[M]. New York: Oxford University Press, 2000.

96. Rose,P. NGO Provision of Basic Education: Alternative or Complementary Service Delivery to Support Access to the Excluded? [J]. A Journal of Comparative and International Education,2009,39(2):219-233.

97. Ross, H. Challenging the Gendered Dimensions of Schooling: The State, NGOs and Transnational Alliances[A]. Postiglione, G. A. ed. Education and Social Change in China: Inequality in a Market Economy. New York: M. E Sharp,Inc. ,2006.

98. Rowe,W. The Public Sphere in Modern China[J]. Modern China,1990,16(3):309-329.

99. Rubington, E. & Martin, S. W. The Study of Social Problems: Seven Perspectives(6th Edition)[M]. New York: Oxford University Press,2003.

100. Rust,V. et al. Educational Reform in Norway and in England and Wales: A Corporatist Interpretation[J]. Comparative Education Review,1990,34(4):500-522.

101. Rust, V. et al. Shifting Perspectives on Comparative Research [J]. Comparative Education,2001,37(4):501-506.

102. Rust, V. The Meanings of the Term Comparative in Comparative Education[J]. World Studies in Education,2002,3(1):53-68.

103. Rust, V. Educational Reform in Western Europe, in Education Encyclopedia[M]. New York: Macmillan,2003.

104. Rust, V. The Progressive Tradition in American Education [Z]. unpublished manuscript,2010.

105. Salamon, L. Nonprofits: The Results Are Coming In[J]. Foundation News,1984(26):116-223.

106. Salamon, L. The Emerging Sector[M]. Maryland: The Johns Hopkins University,1994.

107. Salamon,L. Partners in Public Service[M]. Maryland: The John Hopkins University Press,1995.

108. Schmitter,P. C. Still the Century of Corporatism? [A]. Frederick B. Pike & Thomas Stritchn. The Neo-Corporatism: Social and Political Structure in the Iberian World[C]. Notre Dame: University of Notre Dame Press. 1974.

109. Schmitter, P. C. et al. eds. Trends toward Corporatist Intermediation [M]. Beverly Hills: Sage,1979.

110. Schneider ,J. W. Social Problems Theory :the Constructionist View[J]. Annual Review of Sociology,1985(11):209-229.

111. Schwartz,J. Environmental NGOs in China:Roles and Limits[J]. Pacific Affairs,2004,77(1):28-49.

112. Silova,I. et al. How NGOs React:Globalization and Education Reform in the Caucasus, Central Asia and Mongolia[M]. Bloomfield: Kumarian Press,2005.

113. Skoepol,T. Bringing the State Back In:Strategies of Analysis in Current Research[A]. Evans, P. et al. eds. Bringing the State Back In[M]. Cambridge:The Press Syndicate of the University of Cambridge,1985.

114. Smirnov, O. et al. The Role of NGOs in Education Reform: Effective Conflict Prevention and Tolerance Building[R]. Second International Summit on Conflict Resolution Education,2008-3-28.

115. Smith,M. L. Political Spectacle and the Fate of American Schools[M]. New York:Routledge Falmer,2004.

116. Spector,M. et al. Constructing Social Problems[M]. New Brunswick: Transaction Publishers,2009:71-95.

117. Stoker, G. Urban Political Science and the Challenge of Urban Governance[A]. Pierre, J. ed. Debating Governance[M]. New York: Oxford University Press,2000.

118. Stevenson, D. L. State Control of the Curriculum and Classroom Instruction[J]. Sociology of Education,1991,64(1):1-10.

119. Sunderman, G. L. Holding NCLB Accountable[M]. Thousand Oaks: Corwin Press,2008.

120. Tamir,E. The Politics of Education Reform:State Power and the Field of Educational Policy in New Jersey[D]. Michigan State University,2006.

121. Tanner, L. N. Curriculum Change in Science: Power and Process[J]. Educational Leadership,March,1969:571-575.

122. Timar, T. B. The Institutional Role of State Education Departments: A Historical Perspective[J]. American Journal of Education,1997,105(3): 231-260.

123. Timar,T. B. School Governance in California[Z]. UCLA's Institute for Democracy,Education & Access,2002.

124. Timar, T. B. The "New Accountability" and School Governance in California[J]. Peabody Journal of Education, 2003, 78(4): 177-200.

125. Turner, V. Dramas, Fields, and Metaphors: Symbolic Action in Human Society[M]. Ithaca: Cornell University Press, 1974.

126. Urban, W. J. More than Science and Sputnik: The National Defense Education Act of 1958 [M]. Tuscaloosa: University of Alabama Press, 2010.

127. Uvin, P. et al. Think Large and Act Small: Toward a New Paradigm for NGO Scaling Up[J]. World Development, 2000, 28(8): 1409-1419.

128. Victor, N. et al. eds. The New Institutionalism in Sociology[M]. New York: Russell Sage Foundation, 1998.

129. Vinson, K. D. A Review of "Why Foucault? New Directions in Educational Research? [J] Educational Studies, 2008, 44(1): 83-90.

130. Wallerstein, I. The Modern World-System, Vol. I: Capitalist Agriculture and the Origins of the European World-Economy in the Sixteenth Century[M]. New York: Academic Press, 1974.

131. White, G. et al. In Search of Civil Society: Market Reform and Social Change in Contemporary China[M]. Oxford: Clarendon Press, 1996.

132. Whitehead, M. In the Shadow of Hierarchy: Meta-governance[J]. Policy Reform and Urban Regeneration in the West Midlands, in Area, 2003, 35 (1): 6-14.

133. Willis, P. Learning to Labor: How Working Class Kids Get Working Class Jobs[M]. New York: Columbia University Press, 1977.

134. Wirt, F. M. et al. The Political Dynamics of American Education[M]. Berkeley: McCutchan Publishing Corporation, 1997.

135. Wong, K. & Dreeben, R. et al., Education Policy: Integrated Governance as A Reform Strategy in Schools[J]. International Journal of Economic Development, 2000, 2(2): 218-255.

136. Wong, L. et al. Dilemmas Confronting Social Entrepreneurs: Care Homes for Elderly People in Chinese Cities[J]. Pacific Affairs, 2006, 79(4): 623-642.

137. Zijda, J., Rust, V. International Handbook on Globalization, Education and Policy Research[M]. London: Routledge, 2005.

后　记

我还记得第一次去华东师范大学课程与教学研究所参加硕士生复试面试，当老师们问我为什么要选择“课程与教学论”时，那时的我凭着年轻人的热血回答：“我觉得如果教育是一个人的话，那么‘课程与教学’就是这个人的血液。我们对于教育所有的信念、理想、追求都需要‘课程与教学论’而成为可能。如同一个人，缺少了血液，就无法维系一个人的生存。”当时参加专业面试的老师有崔允漷教授、胡惠闵教授、吴刚平教授和张华教授。我不知道他们当时对于我这样稚嫩的回答是如何评价，但于当时的我而言，似乎这个答案给了我自此作为一个课程研究者的坚定信念。

在华东师大，我有幸在崔允漷教授门下学习。硕士的两年中，我体会到在课程理论中从不同视角与维度进行学术探索的乐趣，也体验到了深入中小学一线推进课程改革的责任与艰难。但这种由于学科特殊性带来的学术研究生活的一体两面，却让我甘之如饴，也在人生的十字路口选择继续以“课程”为我博士生研究阶段继续努力的方向。

我很感恩我的导师崔老师在学术旨趣上给我的空间和自由。我时常因为研究过程中一些无法解答的问题爬上师大一村他五楼的工作室，向他请教。在讨论博士研究方向的时候，由于我当时对研究课程变革过程中的不同群体之间的角逐与斗争有比较大的兴趣，我希望能进一步考察其中的中观层面的组织，如专业学会等。在美国加州大学洛杉矶分校（UCLA）社会科学与比较教育系访学的一年中，我的导师 Val Rust 教授、Peter Mclaren 教授、John Mcneil 教授以及其他老师、学友都给了我许多学术上的帮助。他们有的让我了解了美国课程历史变革的脉络，有的从批判教育学视角展现了当下美国课程界的努力，有的则以不懈的研究热忱让我明白一个“课程人”在实践领域和学术领域中的辛勤耕耘。在实地走访美国中小学和参加大量学术年会中，我也耳濡目染地认识到美国教育组织的重要作用，进而思考在我国社会转型期的课程改革进程中，是否也可以找到发挥积极作用的社会组织。这也逐渐成为我博士期间研究的主要方向。令人欣喜的是，在我国教育领域中，已涌现出许多正在发挥积极变革作用的民间组织，这为本书提供了相当丰富的本土经验基础。

在回国之后，在对中国课程领域中的各种社会组织的进一步筛选和分析后，我将研究的对象选定为民间公益组织。这一对象的选择和界定是一个非常复杂的过程，首先需要回应大多数课程学者的疑惑就是，究竟是否有这样的公益团体在课程改革的现场中发挥着参与治理的作用。这个答案在我与一批教育公益人相识之后以及在长期了解与参与他们的工作中，已经没有任何疑问。如“真爱梦想”团队，在与专业课程人士的合作中，他们已经非常专业地做着自己擅长的慈善事业。课程作为一个融合理论与实践一体的领域，除了学者的理论探索之外，还依赖着广大课程实践者，其中理应包括社会力量的参与。在本书中，作为一个课程研究者，我试图认真考察在课程领域中我们时常忽略的专业领域以外的力量，揭示这些民间公益组织作为课程改革治理机制创新的意义。作为关注中国课程改革中社会力量功能与影响的研究，本书选择了一个具体的社会力量，即民间公益组织，从而为创新我国课程改革的治理机制提供一个新的视角。由于本书行文仓促，在研究中依然存有未竟之言，这也将会是我日后进一步研究完善之处。

在本书的写作过程中，我得到导师崔允漷教授的悉心指导，也得到了华东师大课程与教学研究所其他老师们的指点。来到浙江大学工作后，从学生向教师身份的转换也使我在课程理论的研究和实践中，有了新的感受与思考，为进一步完成此书提供了新的思路。在此期间，浙江大学的师长们及研究伙伴都对我的研究给予了多方面的支持。另外，浙江大学出版社的编辑李玲如老师也与我长谈，提供了颇多专业意见，帮助我进一步修改书稿。我的学生马斯婕、毛玮洁、梁文倩也为本书的校对做了大量工作。在此一并谢过。

何珊云
2014 年 3 月 30 日于浙江大学西溪校区

索 引

图表索引

图书在版编目（CIP）数据

课程改革的治理机制创新研究：基于民间公益组织的视角／何珊云著．—杭州：浙江大学出版社，2014.6

ISBN 978-7-308-13098-1

Ⅰ．①课… Ⅱ．①何… Ⅲ．①课程改革—研究—中国 Ⅳ．①G423.07

中国版本图书馆 CIP 数据核字（2014）第 074075 号

教育发展战略与决策研究丛书

课程改革的治理机制创新研究

——基于民间公益组织的视角

何珊云 著

责任编辑 李玲如
封面设计 续设计
出版发行 浙江大学出版社
（杭州市天目山路 148 号 邮政编码 310007）
（网址：http://www.zjupress.com）
排　　版 杭州中大图文设计有限公司
印　　刷 德清县第二印刷厂
开　　本 710mm×1000mm 1/16
印　　张 14.75
字　　数 250 千
版 印 次 2014 年 6 月第 1 版 2014 年 6 月第 1 次印刷
书　　号 ISBN 978-7-308-13098-1
定　　价 42.00 元